日暮乡关何处是
——我和我的两个故乡
池田澄江等 著
黑龙江教育出版社

图书在版编目（C I P）数据

日暮乡关何处是 ： 我和我的两个故乡 / （日） 池田澄江等著. -- 哈尔滨 ： 黑龙江教育出版社， 2015.9
（来自日本的和平之声）
ISBN 978-7-5316-8459-6

Ⅰ. ①日… Ⅱ. ①池… Ⅲ. ①日本－侵华－遗弃－儿童－史料 Ⅳ. ①D829.313②K264.06

中国版本图书馆CIP数据核字(2015)第224847号

纪念中国人民抗日战争暨世界反法西斯战争胜利70周年重点出版物
来自日本的和平之声 / 安平 主编

日暮乡关何处是——我和我的两个故乡
池田澄江 等著

出 品 人 李久军
项目统筹 赵 力
项目策划 安 平 李绍楠
责任编辑 葛 然 李绍楠 潘丽娜
封面设计 鲲 鹏
责任校对 刘晓艺
出版发行 黑龙江教育出版社
（哈尔滨市南岗区花园街158号）
印 刷 哈尔滨市石桥印务有限公司
开 本 640毫米×960毫米 1/16
印 张 21.5
字 数 220千
版 次 2015年12月第1版
印 次 2015年12月第1次印刷
书 号 ISBN 978-7-5316-8459-6
定 价 50.00元

黑龙江教育出版社网址：www.hljep.com.cn
如需订购图书，请与我社发行中心联系。联系电话：0451-82533097 82534665
如有印装质量问题，影响阅读，请与印刷厂联系调换。联系电话：0451-82342231
如发现盗版图书，请向我社举报。举报电话：0451-82533087

这里讲述的是20位残留日本遗孤与中国养父母的故事

这里传递的是日本遗孤对中国养父母的情怀

这里彰显的是中国养父母感天动地的大爱

……

这里是泪的诉说,这里是爱的延续

这里是历史的铭记,这里是和平的祈福……

编　委　会

为了不应忘却的感念与人性光辉的弘扬（代序言）

1987 年 5 月，日本有名的文学艺术月刊《文艺春秋》开始连载一部名叫《大地之子》的纪实小说。该小说甫一问世便风生水起，直至 1991 年 4 月连载完毕，始终佳评如潮。说起来，该书深得嘉许其来有自。为了撰写该作品，早在 1958 年便获得第 35 届直木文学奖的山崎丰子从 1984 年起奔赴中国，3 年间曾 3 次获得时任中共中央总书记胡耀邦的接见，得以到当时尚未对外国人开放的农村直接采访日本在华残留孤儿，先后与 300 多人面谈。1995 年由中日两国共同制作的同名电视连续剧《大地之子》拍摄制作完成，当年 11 月 11 日到 12 月 23 日，日本 NHK 电视台每周六黄金时段播出，共 7 集，每集 89 分钟，最后一集 109 分钟。由于深获好评，剧组又将剪掉的 40 分钟加进来，重新剪辑版连续剧于 1996 年 3 月 11 日至 3 月 20 日播放，共 11 集，第 1 集 90 分钟，第 2 集起为 60 分钟。2001 年以后，NHK 电视台每隔几年播放一回。

应该说，中国人收养日本孤儿无论出于什么动机，其显现出来的是中国人的善良，也是人性中的“善”。实际上，中国人这样的善举还有很多，如二战期间，时任中华民国驻维也纳总领事的何凤山曾向大约 4 000 名犹太人发放了前往上海的签证，当时在奥地利有 50 多个国家的外交官，而主动对犹太难民提供庇护的只有何凤山一人。何凤山敢于帮助他们，使他们免遭纳粹的杀害，被后人称为

"中国的辛德勒"。就救人的动机而言,站在人道制高点上的中国人何凤山是德国人辛德勒根本无法望其项背的。另外,时任伪满洲国驻德国的外交官王替夫则是二战期间又一位"中国的何凤山",他先后为犹太人办理了11 000多个签证,其中有5 000多个是冒着极大的风险签发的。二战期间,世界上很多国家都在排斥犹太人或对纳粹德国迫害犹太人视若不见,但中国人却在自己遭受日本侵略之际救助和接纳了数万名犹太人。

如果说,中国人民庇护犹太难民是出于单纯的正义和良知召唤,那么在对待日本战俘及其遗孤的问题上,则更加显示了一个伟大民族特有的博大胸怀和善良美德。自1946年5月7日起,中国政府本着人道主义的理念,在232天时间里先后从辽宁葫芦岛港遣返日本侨民和日军战俘158批,总计1 017 549人,其中侨民1 000 942人,日军战俘16 607人。可以说,这是在人类遣返侨民史上没有先例的举动。与此相对照的是,苏联于1945年8月出兵中国东北、朝鲜半岛、库页岛与千岛群岛后,将60万日军战俘送到西伯利亚及其他地方进行强制劳动,因在极度严寒的环境下忍受饥饿与超体力劳动,仅在一个冬天就死掉55 000多名战俘。

在日本,关于中国残留日本孤儿、残留妇女问题、战后留在中国的日本人情况、中国政府遣返日本侨民、战俘问题等,日本学者从各个视角研究的论著、作家艺术家实施的多体裁创作与当事人及当事团体的大量记录、回忆录等,可谓连篇累牍,据笔者不完全统计,多达数百种。

就日本各种作品而言,其中的文学艺术与美术音乐作品,如《大地之子》《四重奏》《生狱》《在红色夕阳的满洲走向"昭和"之旅》等十余部小说,《母亲的悲剧》《大地之子》等十余部电视连续剧,以及《生存还是毁灭之犯罪者》等少量电影,沼波万里子《青苔之道:歌集》等几部诗歌集,《追逐流云》《在低矮的树下》《中国残留孤儿》等多部音乐制品，都影响较大。

当然，学术论著数量更是不胜枚举，如《满洲：记忆和历史》《满洲移民的历史社会学》《中国残留孤儿的社会学：活在日本和中国的三代人的一生》《移住和适应:关于中国归国者的适应过程和援助体制研究》《“中国残留日本人孤儿”的“人性回复”诉讼：追踪八地裁的国家赔偿请求诉讼》等，数量不下于百十篇，视角各异，精品纷呈。

另外，各大学、社团法人乃至国家文部科学省等机构经常推出课题供学者申报、研究，如《关于中国残留孤儿的老后状态研究》《关于中国残留孤儿认同的日中比较调查》等都是这种情况。

值得一提的是，回忆录、被害者证言、记录及记事、写真集等是各类作品中的最大宗，诸如《无法容忍死掉！从满洲逃脱》《望乡的钟：中国残留孤儿之父·山本慈昭》《渡满是为了什么呢？东京都满洲开拓民的记录》《忍风耐雪：某中国残留孤儿的记录》《我们是什么人？中国残留孤儿们的今天……》等，都是其中有名的作品。

还应该大书一笔的是各类法律援助、法律指导与研究类作品，如大阪府民生部福祉课编《中国归国者等援护关系法令·通知集》、东京都社会福祉协议会编《中国归国者关系法令·通知集》，以及《中国残留孤儿归国者的人权保护：被称为国家的集团和个人的人权》《弃民的去向：对中国残留归国者的战后处理问题和战争责任》《被国家抛弃:中国残留妇人如何起诉国家呢？》等，都是其中有价值的作品。

为了方便归国者适应日本社会，各级政府及社会团体出版了不少指导归国者生活与就业的书籍，如《中国归国者定居促进课题和对策》（全国社会福祉协议会中国归国者定居对策委员会，1981年）、《中国归国者援护关系资料集》（大阪府民生部福祉课编，1984年）、《为了归国孤儿及其家族的生活指导手册》（厚生省援护局庶务课编,1987 年)等。

相对于日本,中国作为反法西斯战争的胜利者,我们并没有太多研究本国政府和人民如何用人道主义对待普通敌国侨民、如何履行日内瓦公约并用人道主义精神对待敌国战俘等,没有下功夫研究善良的中国老百姓如何养育侵略者遗孤,或普通敌国侨民的遗孤。就电影与电视剧作品而言,仅有谢晋于 1991 年导演的《清凉寺的钟声》、林和平于 2009 年监制的《小姨多鹤》等两三部。至于学术研究著作更是少得可怜,仅有《残留孤儿的社会适应性研究》《文化休克与边际人格的生成——残留孤儿日本社会适应过程中的文化冲撞》《战后日本遗孤称谓考》《日本归国残留孤儿眷属之社会适应性论析》等不到十篇论文,以及《日本遗孤调查研究》等一两部专著。

2015 年 9 月,适逢中国人民抗日战争胜利 70 周年之际,全国各地推出了许多关于抗战的图书、影视作品等。虽然其中不乏有价值的作品,但唯独缺少最能表现中国人民包容、善待敌国战俘、遗孤的历史类、文学类作品。而事实上,这类体裁的作品往往最具有直抵人心的震撼力!中国人民在 14 年艰苦卓绝的抗战中付出了巨大的民族牺牲,但作为战争的胜利者却没有虐待战俘和遗孤,反而以伟大的人性之光包容和感化着侵略者及其后代,这在人类历史上都是绝无仅有的义举!忘记历史就意味着背叛。对于我们来说,客观记述和传播这一个个感人肺腑的故事,发现和传承先人留下的实实在在的美德,是时代赋予我们的光荣使命。

本丛书主编安平女士,早年留学日本,并在日本获得博士学位,对日本社会有着深刻了解,并始终关注和致力于中日两国民间友好交流事业,特别倡导策划由归国日本遗孤、曾参加中国军队的日本籍战士、少年时代曾经历过伪满洲国统治的日本友人等,或撰写回忆文章,或进行人物访谈,或组织各种交流和纪念活动,用大量第一手珍贵史料,再现当年日本侵华战争给两国人民带来的巨大灾难及中国的民族独立事业与中国人民不计前嫌、以德报怨的慈悲情怀。以期通过这段历史的亲历者对战争、遗孤问题的现身说法，和对中日关系的认识，在还原历史的基础上，推动民间乃至官方对过去历史的重视和反思；在正确对待历史、面向未来的问题上，通过自下而上的互动取得共识，在此基础上推动两国官方和民间的友好往来，助推中日关系的长久和平发展。

这部“来自日本的和平之声”丛书共有三部，分别是《日暮乡关何处是——我和我的两个故乡》《难忘一家人——一个日本籍中国人民解放军战士的真实记录》与《赤血残阳映黑土——一个日本少年的“满洲国”经历》。其中，《日暮乡关何处是——我和我的两个故乡》由 20 位遗孤于 2015 年 7 月撰写的文章构成。2015 年 7 月，50 余名日本战后遗孤组成了“日中友好之会感恩团”到黑龙江“中国养父母公墓”进行祭扫。这些绝大多数年龄超过 70 岁的老人们，长时间不辞辛劳地往返日本各地与中国黑龙江等养育他们的地方，或探望或照顾或祭奠含辛茹苦抚养他们长大的中国养父母。这些宝贵的世间情谊与感恩之心无不吐露出普通人的人性光辉和仁慈力量。自 1945 年 8 月以来，这些日本遗孤大多经历的是从刚降生的婴儿或不懂事的儿童与日本亲生父母的骨肉分离，在懵懂之中被中国养父母收养的过程。接着，在国共内战中生存下来，在新中国成立初期物质贫乏的环境下长大。最后，在人过中年之际操着早已成为母语的汉语踏上了回日本的寻亲之路。经过艰难的过程，他们才逐步适应了日本社会，并在所谓“同胞”们的异样目光中，在所谓祖国的经常不理解的氛围中挣扎着生活。

在这 70 多年的漫长岁月里，这些孤儿们是如何在其父辈曾经欺辱践踏过的异国成长的？那些中国养父母如何在战乱之际、饥饿年代抚养大了这些敌人的后代？他们回到日本后是如何生活的？他们如何看待中国和日本两个故乡？这些都是人们想了解的。不消说，这些彰显跨国恩情的事迹，不但值得遗孤两个故乡的人们了解，也值得世界上爱好和平的人们了解。正是有感于这种人世间少有的大爱，催生了胡晓慧、丁一平女士及其团队挖掘这方面素材、出版这方面图书的热情，以期让这些平凡的人们讲述他们不平凡的故事，展现发生在中国或只有在中国才能产生的人间真情、人性光芒。

《难忘一家人——一个日本籍中国人民解放军战士的真实记录》是山边悠喜子女士的回忆录。山边悠喜子女士是数万日本籍东北民主联军(后改为中国人民解放军第四野战军)中的一员。山边悠喜子女士在书中讲述了她16岁参加人民解放军及其在其间的快乐、宝贵与增长才干的时光。作者所在的卫生队中既有日本籍西医，也有中国籍中医，大家不分医种，也不分国籍，彼此之间相处和谐，互相照顾，互相爱护，结成了生死与共的战友情。同时，作者首次体会到了当地人民对东北民主联军的信赖和真心支持，从而第一次学会了“军民一家人”这个词，并亲身体会到了那些号称“皇军”的日军与民主联军的差距。作者自1953年归国后每每遭遇困难时，都会回想中国战友的话，用在中国的宝贵经历激励自己。后来作者及其团队经常到中国考察，与中国官方、民间组织及人士交流，将今天中国的发展与成就，特别是战争的历史真相告诉日本年轻人，以期通过自己的积极活动促使日本政府真诚反省过去，促进中日关系发展。期待中国东北成为连接中日友好的坚实纽带，期待彼此成为互相理解的“一家人”，并期待世世代代将友好传统发扬下去。

《赤血残阳映黑土——一个日本少年的“满洲国”经历》是竹内治一先生的小说体回忆作品。竹内先生少年时期在“满洲国”度过，亲身经历了日本人从“满洲”征服者、欺辱中国人到被苏联红军虐待，再到被其曾经凌辱的中国人宽待的历程。为此，作者希冀根据历史事实，特别是个人亲身体验，以小说的形式讲述那段真实的历史：那场历时14年的侵华战争不仅使中国人民及亚洲各国人民苦难深重，也使日本普通百姓深受其害。内心的良知让作者不断呼吁：那是一场侵略战争，绝不能让那样的战争再次重演！竹内先生作为在日本开业行医的医院院长，在长达40年的医者生涯中，履行着救死扶伤的医生本分，但他更念念不忘的是参加各种揭露日本侵略战争罪行的集会，参加各种呼吁和平、敦促日本反省战争责任、倡导中日友好相处的学术演讲会、报告会与实地调查等。据该书中文翻译者笪志刚教授亲眼所见，竹内先生及夫人70岁之后还以患有痛风、糖尿病等慢性疾病之躯，跋山涉水，远渡重洋，先后自费赴日本各地及中国参加九一八事变70周年学术研讨会、日本15年战争研究会，实地调查侵华日军遗留战争要塞、七三一部队罪行遗迹等。

应该说，当一个民族的悲悯之心跨越了种族乃至国界的时候，就愈发彰显出这个民族的伟大之处。就此而言，《日暮乡关何处是——我和我的两个故乡》无疑是一部展现中国人民善良品行与人性光辉的作品。《周易》有“君子以遏恶扬善，顺天休命”之说，意在贬斥恶劣行为，宣扬善良德行，以顺奉天意。可以说，《赤血残阳映黑土——一个日本少年的“满洲国”经历》与《难忘一家人——一个日本籍中国人民解放军战士的真实记录》两书就是痛斥恶行、赞美善行的好作品。

是为序。

于逢春

2015年11月24日于东京逆旅

目　录

目录顺序依据作者姓名汉语拼音首字母排列。

白山黑水育恩情
——白山明德

1988年，我带着养母和妻儿，离开生活了三十余年的中国，回到日本定居。可能很多人会奇怪，日本遗孤陆续回国定居，大部分都是携夫带妻或与儿孙同回，我为什么一定要带养母同时回去呢？原因很简单，亲生父母给我身，养父母给我爱，不忘生恩，更不忘养恩。

我1943年出生在中国长春，生父是日本军队的一名军人，侵华战争时带生母到中国。母亲在战争期间生下哥哥和我两个男孩。1945年日本战败时，生父已经去世(是战死还是病故不详)，生母带着两个年幼的孩子，生活十分艰难。当日本军人和眷属被遣返回国时，我的生母在当时的奉天(今沈阳)就辗转托人，让一位名叫坂野的日本裁缝师将年幼的我托付给养父母，只带着哥哥回国了。这些都是养父去世后，我从养父留给我的遗书和养母口中知道的。我的养父白剑秋(白澄)是东北长春人，曾经是国民党军队中的一名军官，家境殷实，养母金石纯是大连人，性格温和，知书达理。他们育有一女。因为想要个儿子，而又恰好与坂野有些交情，所以缘分使然，我遇到了他们，他们看到我时便欣喜地收养了我。

记忆中，养父为人耿直，心地善良，毕业于黄埔军校，是很有才华的人。1948年11月，身为参谋长的他率部起义，为沈阳和平解放贡献了一分力量。而后因为不甘心只做制图工作便留在了沈阳，参加了东北重建工作。新中国成立后，因为工作需要，养父又被调到湖北武汉，我和养母也随之移居那里。

记得小的时候，养母总是把我穿戴得整齐，给我做可口的饭菜，闲时还教我念《三字经》等古书。印象最为深刻的是家里的留声机常常放着唱片，那是养母特别放给我听的，她还教会我唱《苏武牧养》等歌曲。每次我们一起唱歌的场景都是那样的欢快，令人难忘。后来，我得了肋膜炎的病，妹妹也在当时得了肺炎。由于缺少抗菌素，我的病难以医治，急坏了我的养父母。但他们没有放弃，带着我到处求医。就在养父母为我四处奔走求医治病期间，妹妹的病却被耽误了。最后，我被治好了，而他们的亲生女儿却永远地离开了。我们难过极了，养父母由于失去了一个孩子，不想再失去我，所以对我是更加疼爱了。

我们和养母

我的小学是在武汉就读的，养父母对我很疼爱，对我的学习更是重视。也许是受养父的熏陶，我喜欢绘画，他们就鼓励我，还专门请人教我，从初中到高中，班级的板报设计和绘插图都是我来做。

所以，在我的心里，成为一名画家是我最大的心愿。

就在我无忧无虑地享受着养父母的关爱时，1957年，军人出身、性格刚直的养父因工作中得罪了人，被定性为“右派”发配到湖北沙洋农场接受劳动改造。我清晰地记得，从1961年我在武汉市第六中学读高中直到养父去世，老人家那么多年的光阴就是一直在那里度过的。直到1970年才得到平反恢复名誉，当接到省里安排他到博物馆工作的通知时，突如其来的变动使得养父他老人家瞬间无法适应，终因过于激动而突发脑出血离世了。养父自从到了农场后，再也没有回到过武汉，没有与我们生活在一起。也许，这是我们全家一生最大的遗憾吧！养父离开了我们，我们悲伤至极，但还是要坚强地面对。当时我和养母住在灯光昏暗、陈设简陋的租赁房子中，生活极其艰难，但是性格刚强的养母并不气馁，依然坚持让儿子必须读书，哪怕自己去做帮佣维持生活赚取家用也不让我辍学。

记得我上高中时，我的语文老师王洪玉来家访，养母和老师谈了很多有关我学习的事情，很诚恳地拜托老师多关心我。高考时我怀着当画家的梦想报考了中央工艺美术学院，笔试成绩虽然合格，但是因为养父所谓的政治问题，我最终没有被录取。这对于我们母子来说是个很大的打击，一度非常失望。当时，一些没考上大学的同学都去支边支农了，我惦念养母一人在家不放心，就留在了武汉，但是一时间也没有找到工作。那时的我年少不懂事，做事情也欠考虑，1965年，我留母亲一人在家，独自报名到湖北大沙湖场区支农去了。农场的艰难环境、繁重劳动让我和许多年轻同伴吃了许多苦，而每逢累到至极时也更加思念家中的母亲。让我难忘的是，当时的母亲并未因为儿子的唐突之举而埋怨、责怪，而是一个人在武汉给人当临时工，省吃俭用攒钱资助支农的儿子。

在农场期间，场里见我是个知识青年，又能写会画，就将我分配到农场子弟校担任中学的语文教师，同时还兼做农场的宣传工作。我性格比较内敛，待人也温和，工作中不声不响，就知埋头苦干，所以很受农场职工和学生的称赞。后来我与来这里支农的妻子相识相恋并结为夫妻，儿子也在这里出生了。

这期间，养母一直孤身一人居住在武汉。一次，养母不慎摔倒跌伤，待伤养好后，我才知道。她说怕影响我工作，所以受伤时没有告诉我。至此我再也不放心她一人在武汉居住，就将养母接到农场，我们一家三代四口人终于生活在一起。虽然养母从大城市来到农场生活有很多不适应，但是能与儿子一家人生活在一起，儿孙绕膝还是令她非常满足的，从此以后养母就一直没离开过我们。

关于我的身世，我的养父母一直都是对外保密的，也许是生怕这唯一的儿子离开他们的缘故吧！直到得知养父在劳动改造的沙洋农场病逝的消息，我悲痛万分之余赶去为养父送终。在送走养父之后，农场负责人交给我养父留下的遗书，其中提到了我是日本遗孤，这时我才知道自己的真实身份。我因失去养父而悲伤，更因这份养育之情而感动。过去，我不知道自己的身世，也就不知道父母是养父母，所以对父母施予自己的爱没有特别的感觉，觉得像其他父母一样，是对儿女天生的爱，自然的爱。直到1982年，养母在亲人劝说下才告诉我关于我的身世。当我知道自己是一个日本军人的后代，却得到中国军人收养，悉心养育成人时，我感到分外震惊。在日本侵华的残酷战争期间，中国人民和中国军人以质朴的人类同情心收养军人的遗孤，这在古今中外的战争历史上，恐怕是绝无仅有的善举了。

中日建交后，日本在华的遗孤寻亲、认亲渐成热潮，我在养母的鼓励下，回到东北长春，走访养父的亲友，向他们了解亲生父母的情况，寻找托孤的人证或物证，并请公安部门协力调查，出具证明材料。1985年11月，我获得日本政府批准，作为日本遗孤团的副团长赴日本寻亲。在电视广播寻亲会上，我作为代表表达了遗孤们渴望找到日本亲人的拳拳之心。当时电视台连续数天播放,吸引了一些日本人来认亲。但是我的亲人却一直没有出现。活动到最后一天时,一位日本老人找到我,说:“我听了你的讲话很感动,虽然我不是你的亲人,但是我愿意推荐一位曾在日本政府移民局工作过的日本老妇人,共同作为担保人接受你返回日本。”(注:按照日本政府的规定,遗孤要想回国,必须在确认遗孤身份后,要有自己亲人或找到其他日本人作为保证人担保其在日本的生活等事宜,方可以办理签证回国。)1988年初,日本的山村文子老人风尘仆仆地从日本来到中国,来到湖北我所在的农场见到我们一家人。我至今还记得和她的对话。

“你的儿子和你一起回日本吗?”

“一起回!”

“你的妻子也和你们一起回日本?”

“一起回!”

“那你的养母呢,随不随你回日本?”

“随我一起回去!”

老人回日本没多久,就帮我们邮寄来了签证,1988年2月5日,我们一家四口顺利地回到了日本。

回国后,我们住在政府提供的公营住宅里,并进入语言培训班快速学习日语。我也设法通过各种渠道寻找亲人,但是一直没有任何线索。后来孩子入学读书,妻子参加职业培训后也工作了。我因为有绘画基础,就找到一家名为北典社的地方,在那里从事图案和文字的制作、缝纫手工印刷工作。这里有一位能够绘印日本家纹图案的老师傅,我就跟他学设计,绘制家纹。(注:在日本,每个家族或家庭都有一个家纹,它表明家族的身份、血统、出身和门第等。家纹是家族和家庭的纹章和标志,由动物、植物、物品等图案或象形文字绘成,一般印制在家族人们的服装和物品上,用于人们办理神事和祭祀、丧失等活动，如在逝者的灵堂一定要悬挂家纹。）通过自学努力，我的技术提高了，能够胜任很多难度大的工作。养母说过，“好好干，这是积德的工作。”我听从教诲，安心干了13年，并得到会社社长的信任，后来日本前首相小泉的母亲逝世时，家中灵堂中布置的家纹，就是由我一手誊印制作的。想到我回到日本，能靠自己在中国时学到的技艺基础养家糊口，就更加怀念养育我的故乡，感激我的养父母给我提供的良好生活和教育环境。

按照日本的规定，归化加入日本国籍的人，必需改成日本人的姓氏。回到日本的遗孤，找到自己亲人的就都自然沿用了自己家的姓氏，没找到亲人的，一般就随保证人的姓氏了。我也曾被要求用保证人的姓氏。但是我忘不了中国东北，忘不了养父母的恩情。“白明德”是养父母给我起的名字，我是绝对不能丢掉的。深思之后，我给自己取名“白山明德”，意味着在白山黑水的中国东北大地上，一个叫“明德”的日本孩子在这里出生，在这里被白氏养父母抚养成人。

我和友人在“NPO 法人中国归国者·日中友好之会”会所内的饺子制作区

1993年 12月 19日，我的养母在日本逝世，遵照养母的遗愿，叶落归根，我和妻子捧着养母的骨灰回到中国武汉，把母亲安葬在武昌石门峰陵园。每年的清明节，我都要请武汉的同学张纯、黄传斌、康清之等好朋友替我到养母墓前扫墓祭奠，我每次回到武汉，也都要去祭扫。养父母之爱给了我这样的感悟：他们的爱是穿越战争的人间大爱，是人性光辉的写照。

现在，我回到日本已经近三十年了，算起来在中国和日本两个国家生活了相同的年头。虽然身在日本，但是经常想起中国的东北，想起武汉的同学，想起大沙湖农场。那时候的中国还很贫穷，但是留在那里割舍不断的亲情和顽皮，留在那里挥之不去的汗水和青春，都深深地镌刻在我的记忆里，我的家纹中。现在，儿子已经在日本的大学毕业，做了公务员，结婚生子，一家人过着殷实平和的生活。于我而言，看书、写作、编辑“NPO法人中国归国者·日中友好之会”会刊，已经成为我生活中不可或缺的一部分。回想这些，我更忘不了养父母给予我的那个时候最好的生活和教育，更忘不了出生和养育了我的故乡。

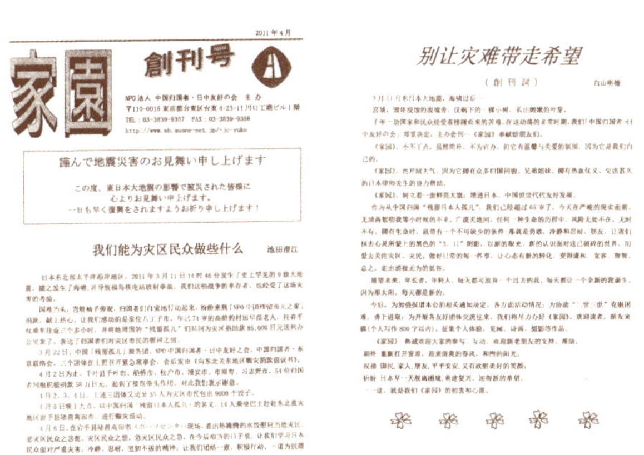

2011年4月

家園 創刊号

NPO法人 中国归国者·日中友好の会 主办
〒110-0016 東京都台東区台東4-23-11川口工務ビル1階
TEL：03-3839-9357 FAX：03-3839-9358
http://www.ab.auone-net.jp/~jc-yuko

謹んで地震災害のお見舞い申し上げます

この度、東日本大地震の影響で被災された皆様に
心よりお見舞い申し上げます。
一日も早く復興をされますようお祈り申し上げます！

我们能为灾区民众做些什么 池田澄江

别让灾难带走希望

（創刊詞） 白山明德

“NPO法人中国归国者·日中友好之会”会刊《家园》创刊号、创刊词我回日本后,一直没找到我的亲人,但是我一直把中国的亲属和同学视为亲人。我忘不了康清之同学慷慨送给我买口粮的粮票(注:中国当时实行粮食供给制,凭粮票去购买粮食,粮票像金钱一样珍贵);忘不了我的老师王洪玉对我的鼓励;忘不了大沙湖农场对我的友好和照顾;忘不了20多年坚持替我为养父母扫墓的同学……还有,2011年3月11日,日本东北部发生9级强烈地震引发海啸时,来自武汉的老师和同学关心的电话,五一期间我们到沈阳为儿子举办婚礼的热闹场景,之后到武汉参加武汉第六中学1961届高中(1)班入学50周年的宴席……

我,一个在中国出生和长大的日本军人的遗孤,用自己的经历见证了战争的残酷;见证了一个被侵略国家的人民抚养侵略者遗孤的大爱情怀;见证了这个历史上曾经让日本人努力学习的民族的善良和友爱。这个热爱和平的国度成就了我一生的志向——愿以微薄之力参加促进日中友好活动,希望中国和日本的友好关系得以传承,源远流长。

中国父爱光辉下的遗孤姐妹

——比田井千鹤子

我叫比田井千鹤子，中国名字叫唐桂兰，已经 70 岁了。我现在仍然保持以往简朴、健康的生活习惯，不仅在饮食上特别注意，而且平时还会进行适量的运动，比如每天晚饭后散步半个小时，时常会去泡温泉，所以身体还是很好的。我从通河师范学校毕业后一直在通河县清河林业局医院工作，当年和我一起工作的同事中像我这个年纪的大概有一半都过世了。我是 20 世纪 80 年代回到的日本。作为一名战争遗孤，半个世纪前的难忘经历，现在仍然依稀在我眼前。

一想到我的中国父亲唐凤财，我总是难掩内心的悲伤和思念。我的父亲早在我 14 岁的时候就过世了，走时匆匆，甚至连老人家的照片都没有留下一张。我曾多次在梦中见到他，虽然在梦里影影绰绰的，看不太清楚，但我确信那就是我的父亲。说心里话，我父亲的亲生儿女可能都没有梦见过他，但是我却梦见好几次了，也许这都是因为父亲对我们好，感情至深，所以才会这样吧！

我出生在中国黑龙江省通河县，亲生父母都是日本人，早年随开拓团来到中国东北。亲生父亲在日本战败后被苏联军抓走，后来便死在了苏联，把我们娘几个就这样扔在了通河县。战争刚结束那会儿，我母亲独自一人带着我们姐妹三个不容易，在那段非常的时日有谁肯给予我们那样多的照顾呢，何况大家的日子都不好过。也许就是命中注定，我们遇见了父亲——一位清河镇小古洞村的老实巴交的中国农民。我不习惯叫养父这个称呼，还是叫父亲吧，觉着更舒服些！父亲没有丝毫嫌弃我们是日本人，不仅对母亲照顾得好，对我们姊妹几个也是视如己出，虽然他文化水平不高，但给我们几个都起了中国名字，给我起的中国名字是唐桂兰。我的日本父母原本育有三个女儿，我是其中最小的一个。在父亲的关爱和维护下，我们一家人的生活日渐好起来，后来父亲母亲又生育了四个儿女，我们兄弟姊妹七个在父母亲的养育下成长着。这是一个大家庭啊！

我的亲生母亲

尽管如此，我始终能感觉得到，父亲把更多的爱给予了我们年长的这三姐妹。他说不为别的，就为这仨孩子能活下来就不容易了。那时候家家孩子都多，家里虽然不富裕，但是在父亲的庇护下，我们能够在这个大家庭里无忧无虑地快乐地成长着。

由于那时候家里没钱，每年到了秋天换棉衣服的时候是最难过的时候，因为条件艰苦，所以家里这么多孩子，不能每人都穿上新衣服，这是让父亲母亲难过的事情，没办法呀，那个时候艰苦得能吃饱都是难得的了。不过即便是这样，父亲总是坚持先给我们姐三个换上。还说大的穿完小的捡着穿就行了。而我下面的四个弟弟妹妹就没那么幸运了，只能等到家里什么时候收成好了，有钱了，才能偶尔换换新的衣服来穿。那个时候弟弟妹妹也小，不懂得新旧一说，父亲母亲说啥就是啥了，也不与姐姐们争抢。

我记得那时候每年秋天，父亲都要去卖粮食，有时会用卖粮的钱买三五根麻花给我们改善一把伙食。记得有一次，父亲卖完粮回到家都快半夜了，硬是把我们姐仨悄悄叫起来吃。还说："你们先吃些！"因为这事倒惹得我母亲不高兴了，说："孩子们觉睡得好好的，为啥非得半夜叫醒了吃，明天早上吃不行吗？"父亲说："要是等到明天起来再吃，弟弟妹妹们非给抢光了不可，她们懂事不会与弟弟妹妹争抢着吃，最后可不就吃不着了。先让她们吃些！"事实上，不光是麻花，只要家里有好吃的东西，父亲总会千方百计地避开弟弟妹妹，先给我们姐仨吃，至于他自己亲生的孩子，也就是我的弟弟妹妹还真是从小受了不少委屈呢！好在现在我能够与弟弟妹妹在一起，有的是机会补偿他们，父亲尽可以放心啦！

还有一件要说的事，就是父亲十分重视我们的教育问题。一般来说，在那个艰苦的年月，穷人家的孩子还多，尤其是像我这么大年龄的孤儿，大部分没有进过学校，有的甚至一个字都不认识。虽然条件困难，但是父亲宁可自己吃苦受累，也要供我们几个上学。我一直上到初中毕业呢！也正是因为有这段受教育的经历，使得我毕业后能够在清河林业局医院找到一份还算像样的工作。可能当时没觉得有多优越，但是多年后，当我回日本前要办护照时，我猛然发现像我这个年龄的人啊，很多连自己的名字都不会写呢！

在那个特殊的年代，为了保护母亲与我们姐妹三人，父亲可是想尽了各种办法。首先，自从父亲把母亲和我们姐妹三人迎到家里之后，父亲就不让母亲说日语了，主要是害怕对姐仨日后的生活产生不利影响，甚至担心带来麻烦。母亲非常理解父亲的用心良苦，所以就学着说中国话，这对于母亲来说是不容易的。母亲由于年纪大了，学得比较慢，发音不是太准，但无论她说什么，我们都能明白，父亲也是想方设法教母亲和我们说中国话。为了让我们无忧无虑地成长，母亲和父亲商量后刻意隐瞒了我们的生父是日本人的事情，父亲更是提醒周边的邻里乡亲不能当着孩子们的面儿再提及类似的事情。以至多年以后，我们姐仨才知道这位含辛茹苦，为我们操劳一生的父亲并不是我们的生身之父。可是在我的心里，我的父亲就是他！

对于一个老实巴交、目不识丁的农民来说，要做到这些真的很不容易。可以毫不避讳地说，我们姐仨虽然不是父亲的亲生骨肉，但在父亲这里，我们没有遭到哪怕一丁点儿的歧视和虐待。父亲从没有打骂过我们，相反，却给了我们超过自己亲生子女般的关爱和照顾，使劫后余生的我们在异国他乡度过了最美好的童年、少年乃至青年时光。可以说，父亲对我们姐仨这份深沉而朴实的爱，已经超越了国度，甚至超越了亲情。

让我惋惜的是，在我 14 岁的时候，父亲终因身体原因永远地

回日本前，清河林业局医院同事与我(二排中间)合影留念

离开了我们，甚至连一张照片、一次让我们好好照顾他的机会都没有给我们留下。

转眼时间到了20世纪80年代初，伴随着大规模日本战争遗孤回国潮的涌动，我们也开启了回日本寻亲的旅程。对于我们家来讲，虽然在中国生活了将近40年，但实属难得的是，我母亲还能够与她在日本的哥哥也就是我的舅舅保持联系。这段亲情维持得不容易啊！也正是在舅舅的不懈努力下，我母亲在经过苦苦的思想挣扎之后，终究是为了孩子，最后决定回去了。母亲于1981年率先带着年龄尚小的妹妹回去了。回去之后，母亲与舅舅一道继续办理我们这几个留下的姐妹回日的手续。

1983年，我和自己的中国丈夫，以及我们的四个孩子离开中国回到日本。当时我38岁，我4个孩子中最大的也已经16岁了，最小的也有八九岁。连同我的姐弟们在母亲和舅舅的帮助下一齐回到了日本。为了让我九泉之下的父亲安息，无论如何我要带着我中日混血的弟弟妹妹一起回去生活。我到任何时候都忘不了父亲的恩情！令我高兴的是，四个弟弟妹妹长大后都很吃苦耐劳的，而且现在经过自己的努力也都过上了优越的生活。

回到日本后，由于语言不通，生活环境的剧变，让我感到很不适应。我先找了一份清扫卫生的工作维持生计。后来，我多少能讲些日语了，又进了一家印刷厂工作。但工作几年后，又因为自己视力不好，从一线退下来做相对比较简单的清扫工作。虽然工作不是很顺心，但好在待遇不差，足够维持生活，并且能够照顾我母亲。母亲在回到日本后也适应了好长时间才习惯，我们兄弟姐妹们给予了她很好的照顾。1998年，母亲去世，享年86岁。老人家临走的时候，嘴里还念叨着父亲、儿女的名字……

让我比较欣慰的是，自己的四个孩子到了日本以后逐渐融入社会,适应性较强,而且日语也掌握得比较好。我的两个姑娘嫁给日本人并且生活得也不错,两个儿子也肯吃苦工作也出色。现在我的孙子都 29 岁了。

虽然我现在在日本定居多年,但每隔几年我都会回到中国,给我的父亲上坟烧香,告诉他这些儿女的生活状况,寄托我们对他的无尽思念。十几年前,我的两个妹妹主动出资,由我两个弟弟回到中国重新修葺了父亲的坟墓。由于在中国已经没有什么亲属了,所以我的孩子们和孙子们并不经常回中国。但是我只要有机会有时间就会回到中国,有的时候还能和弟弟妹妹们一起回去。现在我自己身体还健康,走路没什么问题,随时想回中国就回中国,回去给父亲上坟,跟父亲说说话。

对于过去的那段历史,我想,如果当年没有那场战争,就不会有我们这些经历那么多磨难的孤儿,也不会有那么多经历战争之苦的老百姓,这场战争给中国的老百姓平添了多少负担,中日两国的多少生灵惨遭涂炭?要是没有战争,那有多好啊!希望咱们两个国家永远和平,永远团结,没有战争,越来越好。这段不堪回首的历

我和母亲重回中国故地

史一定不要再重演了。受我的影响,我的兄弟姐妹以及子女对中日关系都异常关心,非常关注两国时事,发自内心地期盼彼此和平相处,一直友好团结下去。

我现在70岁,在遗孤当中算是年纪小的了。现在,遗孤这个群体里每年都有很多人过世,活着的历史正慢慢地消逝。我们都不希望那场历史重演,我为自己能够凭借战争的亲历者身份为后人讲述战争给人们带来的苦楚和伤痛而欣慰,也更加珍惜现在的美好生活。

我要由衷地感激自己的父亲,没有可敬可爱的父亲,就没有我的现在。他虽然知道这几个孩子是日本人的后代,但在他心中却比自己的孩子还重要。他虽然是个没有多少文化的农民,但是却有着海一般广阔的胸怀。他可能不知道什么叫爱国主义,什么叫民族仇恨,但是在我们的心中,他却能用他最朴实的举动,为“父爱如山”做出最好的诠释。善良朴实的中国人民,在我心中留下了美好的印象。我爱说中国话,即便在日本都是能说中文就说中文,时间长不说也不会忘,但日语就不行了,时间长不说就想不起来怎么说了。

别看我现在生活在日本,但我的心还是中国心!

贫苦家庭里的幸福人生

——成川美子

再次拿起影集，翻看着珍贵的老照片，我不禁泪水涟涟，任凭思绪又飞回到了那个改变我人生轨迹的特殊年代。

我叫王玉清，日本名字叫成川美子，1940年生于日本的爱知县，在我四岁那年，我的父母带着我和妹妹坐船到了中国。由于当时的中国东北动荡不安，我们也居无定所，只能随着人流走，后来我们落脚在了中国黑龙江省宁安县东京城自行村(土城子)。为了生计，妈妈时常领着我到外面捡土豆充饥。直到有一天，妈妈出去捡东西再也没回来。后来有两个苏联军人从我面前把爸爸带走了，爸爸临走时看着我不住地掉泪，表情是那样的依依不舍。而这突如其来的一幕把未谙世事的我吓傻了，当场就昏了过去，后来发生了什么我就不知道了。不知过了多久，一个叫王景成的中国男人出现在集中营，他就是给了我第二次生命，给了我全部爱的养父。当时他来这里是帮亲戚找一个孩子来收养的，一个老奶奶指着我对他说："把她抱走吧，要不这孩子恐怕也活不了几天了。"看着可怜巴巴的我没人照顾，这个男人动了恻隐之心。而当时年幼的我对这个陌生男人似乎并不畏惧，好像冥冥之中有根线把我们父女瞬间连接起来。就这样，他把骨瘦如柴，手脚冻伤，蜷缩在墙角的我背回了家。当看到浑身上下脏兮兮、严重营养不良，并且奄奄一息的我时，父亲的亲戚觉得我一定是活不长了，留下了无力养活我的缘由而离开了。这可怎么办？当时父母刚结婚，家庭条件十分艰苦，如果留下我，无异于雪上加霜，可如果把我再送回去，就等于把我送到了鬼门关，也许我就真的活不成了。父母思绪良久，最后毅然决定把我留在他们身边，“养着吧，毕竟是条命呢！孩子还这样小！”父亲嘴里默默念叨着……从此，我在这个家里扎下了根，并有了好听的中国名字。

我和养父(左二)养母(左三)等人一起

对于一个贫苦的家庭来说，养育孩子本就不容易，加之我当时又体弱多病，营养不良，父母身上的重担可想而知。为了把我的身体调养好，父亲背上了他的麻花箱子，走街串巷地卖麻花，用那点微薄的收入给我买来细粮，为我补身体，可他们老两口却不舍得吃一口。在他们的精心调养下，我的身体状况一天天好转，人也变得活泼开朗起来。虽说家里条件不富裕，但我却能体会到与其他孩子一样的父母之爱，这个家因为我的到来也充满了欢乐。父母说我从小就非常懂事，也招人喜欢，邻里亲朋对我也很好，从来没有人因为我是日本孩子而歧视我、欺负我。年幼的我并未因为失去亲生父母而缺失父母之爱，是养父母给予了我幸福、快乐的童年。

后来，父母先后为我添了七个弟弟妹妹。虽然有了自己的亲生骨肉，但父母对我的感情没有丝毫改变，时常对弟弟妹妹说“大姐是你们中最大的，要听大姐的话。”至此，我的心头不再有顾虑，踏踏实实地当起了弟弟妹妹们的大姐。

记得有一年冬天，父亲白天忙完外面的活儿，晚上回到家后从怀里拿出了几尺布。大家都很惊讶，因为那个年代布料供应是很紧俏的，能弄到几尺布非常不容易。父亲告诉我们，布料是单位分的，并且叮嘱母亲用这块新布给我做套新棉衣棉裤，说姑娘大了，穿的太旧也不好看。当听说自己能有新衣服穿时，我当时高兴得手舞足蹈。

多年后，回想起这些我仍然心生感慨，父亲对这个跟自己毫无血缘关系的孩子倾其所有，以至于自己可以穿着补丁套补丁的不知陪伴了他几个冬天的旧棉裤，在零下几十度的室外无怨无悔地干着又苦又累的活儿。我想，能够诠释这些的就是他那伟大的爱吧！父亲用他的实际行动诠释了这份超越国籍，超越血缘的父爱，用他的善良、仁慈、不求回报的人间大爱担负着他作为父亲的神圣职责。

虽不是自己亲生，但父母哪怕再苦都坚持要我去学知识，哪怕是小学。然而，那时的家真的是太穷了，身下还有那些弟弟妹妹要养活，继续读中学对我来说是件难事儿，我懂得父母的难处，没有坚持再上学，父母也实属无奈，不得已让女儿退学了，因为这件事，父母总觉得亏欠了我。

始终沐浴在父爱母爱中的我转眼就长成了大姑娘，和我们同住一个村、从小看着我长大的一个姑姑找到了我的父亲，想把她的侄子介绍给我，了解了对方的情况后，父亲是很满意的，并且替我答应下了这门婚事。可当时的我还不到 20 岁，一直在父母的羽翼下生活，一时间怎能接受这个事实！所以无论如何也不同意。当听说我不同意时，忠厚老实的父亲头一次对我发脾气了。在那样的年代，在我农民父亲的眼里，女儿长大后没有比找户好人家过上好生活更重要的事情了。于是，在父亲的“威逼利诱”下，我和丈夫认识并最终走进了婚姻的殿堂。

婚后，我跟婆婆住在一起，后来我们有了第一个女儿，由于丈夫在外地工作的原因，经常不在家，我就自己照顾孩子。不幸的是，我可怜的孩子 5 个月大的时候夭折了。为摆脱失去孩子的阴影，丈夫回到了我身边，我们从林场搬到了东京城林业局。后来我们又举家迁到了海林，最后我和丈夫辗转落脚在了大兴安岭地区的漠河。辗转期间，我们陆续有了后来的孩子。虽然结婚后远离了父母，但我们一直彼此挂牵着。那个年代的交通不方便，去一趟父母家光在路上就得花上好几天的时间，但我还是一有机会就回去看看他们。

随着孩子们渐渐长大，他们也可以自己去看望姥姥姥爷了。每当听说孩子们要回去，我父亲就会赶着牛车早早地等在村口，一看到外孙们就马上跑过去抱住他们，摸摸这个，看看那个，喜欢得不得了。远远的有村民跟父亲打招呼，父亲总会大声地告诉人家“这是我外孙子，从大兴安岭来的外孙子！”那语气别提有多高兴，多自豪了。孩子们进家门后，我父亲也不闲着，亲自把当年打的麦子磨成面粉，剁好肉馅，给孩子们做好吃的饺子。为了让孩子们吃上新鲜的水果，一辈子没跟别人要过东西的母亲甚至到邻居家，指着他家结满了杏子的树说：“我外孙来了，给我几个你家的杏，我给孩子吃。”因为父母和家里的亲朋对孩子们都特别的好，所以我的孩子也非常喜欢待在姥姥姥爷家。孩子们现在还记得当年姥姥给他们去小园子摘那已经成熟的西红柿时候的高兴样子呢!

时光荏苒,转眼我在中国已生活了四十多年,突然有一天我得知自己可以回日本找亲人。当时的心情就跟我20岁时第一次听说父亲要把我嫁人是一样的,难以置信。人到中年,却要为自己的身世溯源,不可思议。为了找到自己的根,我带着父母的百般叮嘱,于1986年跟随第10批寻亲团到了日本。遗憾的是,我并没有在那次寻亲之旅中找到自己的亲人,但被告知可以回日本定居。我意外的同时又很茫然,人生中的选择很多,可回日本是我们最艰难的决定。

而就在我们全家回日本事宜还未订妥时,我们居住的大兴安岭地区却着了百年不遇的大火,为了避难,我们只好先举家回到了父母家。我们回到他们身边,最高兴的是他们,最繁忙的也是他们。为了安顿好我们,我父亲把家里所有的亲戚都召集起来,讲了我家的实际困难,希望大家可以帮助我们。得知我们的境遇,亲戚们都纷纷出钱出物支援我们,使得我们能够安心度过那段非常时期。

也就是在那样艰难的时期,我们做了回日本的决定。我的丈夫

我和养父在日本

虽然不愿意离开中国，但依旧对我说："前50年你陪我在中国，后50年我陪你在日本。"父亲虽然担心我在日本人生地不熟，生活上会有困难，但最后还是表态"支持回去，如果在那边生活不下去，随时回来，这里还有家。"多希望时光能慢些走，可还是到了离开的日子。临走前，家里的亲戚朋友都来了，满桌的美味佳肴，可是我们却吃不下。在亲人朋友的簇拥下，我们走了，泪水模糊了我的视线，别了，我挚爱的亲人，别了，永生难忘的地方。带着对父母深深的爱，带着对我的第二故乡的深深的眷恋，1988年我们全家回到了日本定居。

我有了自己的日本名字——成川美子，成川中的"成"字取了我父亲王景成名字里的"成"字，川是大和民族的姓氏，美子是我名字的日语发音。

刚回到日本的时候，沉重的失落感包围着我，对家乡的思念，对新环境的不适应使我常常难以入眠，于是我就给中国的亲人写信，倾诉着思念之情，每次收到回信都是我最开心的时候。亲人们长长的回信里，满满都是叮咛、鼓励的话语，他们成了我的精神支柱，陪我度过了最难熬的那段时日。

我无时无刻不盼着团圆。我暗暗发誓，一定要让自己的生活好起来，这样才有能力把父亲接到日本，尽我的孝道。我离开后，父亲十分惦念我在日本的生活状况，为了不让父亲担忧，我把父亲接来日本，让他老人家看看女儿在这边的生活情况。父亲到来后，看见我们一切安好也就放心了。是哦，老人家最大的希望也许就是自己含辛茹苦带大的女儿能够在异国他乡生活得如意吧！

回到日本后，一有机会我就回中国去看望他们，每年都把坚持给他们寄钱作为我最大的心愿来完成，不为别的，女儿只想让他们的晚年日子过得宽裕些。然而天不作美，记得有一年我刚给父母寄过钱不久，就接到了侄子的来信，信中告诉我不用再给家里寄钱了，因为父亲他老人家已经在上一年永远地离开了我。我可怜的父亲担心我知道他身体不好而惦念他，特地嘱咐家里的人对我隐瞒他的身体情况。直到临终前，他还一直嘱咐家人不要把这个消息告诉我，怕我接受不了而难过。听到这个噩耗，我全身瘫软在地，我不相信父亲就那样离开了我。我伟大、善良的父亲呀，您把您的一生都奉献给了您的孩子，从来没有为自己争取过什么，直到去世前还一直惦记着我，您的这份比天高、比海深的恩情，我怎么能报答得起啊！

次年我回到了中国，远远地见到父亲的坟墓，思念和遗憾的泪水喷涌而出，我哭倒在父亲的坟前，眼前都是和父亲相处的点点滴滴，我多希望可以再看看我的老父亲，多希望能再叫一声爸爸！

养我的父亲再也回不来了，留下年迈的母亲，虽然身在异国，但我在心底发誓要尽好长女的孝道，要照顾好母亲。即便是在异国他乡，我也力求做到能为母亲所做一切。也许是因为父亲的离去，母亲伤心不已，身体状况每况愈下。没过几年，母亲也去世了，临终前，她同样没有让亲戚告诉我。世界上最疼爱我的两个人都走了，

我和家人在日本家中的合影

一夜间我又成了孤儿。

如今,我们的生活好了,我的孩子们都非常孝顺。我弟弟妹妹家的孩子也都到日本来留学,最后在这里成家立业,我们这个大家庭经常在一起聚会,非常团结。我的外孙非常喜欢中国,汉语说得也非常好,他经常说他要架起中日的桥梁,为中日的友好做贡献,这也是我内心一直的愿望。现在,只要我身体允许的情况下,我就回中国给我的父母扫墓,跟他们说说女儿在日本的情况。

我这一生,不知道亲生父母是谁,不知道自己是否还有血缘亲人健在,只知道自己是被中国人养大的日本人。虽然归根了,心却永远地扎在了中国东北的那片黑土地里,我会牢记我那含辛茹苦一辈子的养父母给予我的一切。如果没有他们,不知道我是否还有幸活在世上。我相信我可以凭借自己的亲身经历告诉大家,任何非正义的战争、虚妄的行动,最后都会以失败而告终。人间正道是沧桑,这句话是正确的。一个人、一个民族、一个国家只要行走正义,一定会国富民强、繁荣昌盛,愿我的两个故乡永远阳光普照,灿烂辉煌。

我的朝鲜族亲情

——村上幸子

1945年的一天，战争刚刚结束，当时还在吉林省辉南县朝阳镇的奶奶、母亲、哥哥还有我，也随着大批开拓团残留人群撤退，父亲始终是音信皆无。我们坐上了回日本的火车，但由于铁路状况不佳，火车被困在朝阳镇车站了。据后来的人回忆说，当时的场景惨不忍睹，车厢内混乱不堪，到处都是散落的行李和垃圾，角落里蜷缩着被病痛和饥饿折磨得奄奄一息的人，婴儿的啼哭声也越来越微弱，每天都有挨不住死去的人。我的生母也因劳累体力不支了。

我们饿得实在不行了，如果再这么下去，几个人恐怕一个都回不去了。奶奶吃力地抱着我，领着哥哥下了车，想从外面找到点儿吃的东西。说来也巧，我们刚下车，奶奶就遇上了在火车站旁边开冷面店的崔南善——我们的救命恩人，也是我终生感恩的养母。奶奶领着我们哥俩颤巍巍地走到她跟前，用不太流利的汉语跟她说我们饿得不行了，祈求能给我们点儿吃的，只要给两碗冷面就行。还说自己一把年纪，这样的处境是没办法把哥哥和我全都领回去了，如果可以，想把我送给她抚养，边说还边把手上的两个金戒指撸下来塞进她手里，说权当抚养小孩的抚养费了，有朝一日会回来认领我的。

当时我养母虽然觉着有些突然，但是她看着我们老的老，小的小，孩子无辜的眼神触动了她心底最深处的那根弦，想到自己40

岁了也没有孩子，动了恻隐之心，就答应把一岁多的我留下了。

我的养父母都是朝鲜族。养母与养父是后结合到一起的，养父李相鹤比养母大二十多岁，因为养母不能生育，所以他们一直没有自己的孩子。养父和养母把这个家维持得很好。我到了这个家，家里欢乐也更多了。他们对我是真的好，让我吃穿不愁，无忧无虑的，还给我取了好听的中国名字——李真美。刚开始的时候，养母既要忙着自己冷面店的事情，又要照顾年幼的我，有时候难免忙不过来，就顾不上给我洗脸梳头了。记得后来养母跟我说，在那段最忙的日子里，干脆给我剃了秃头，弄得我跟个淘小子一样。每说到此，养母都会开心地笑出声儿来。

邻居里有的知道我是日本孩子，便不让自家孩子跟我玩儿，我感到很孤单，但为了交朋友，便私下从母亲冷面店里偷出用来煮冷面汤的牛肉给那些小朋友们吃。有意思的是，那些小孩儿吃牛肉的时候都跟我好好玩儿，吃完就不理我了，我还不敢跟母亲说，现在想想那时候真有意思呢！

记得上小学时，教科书里面有日本侵略中国的历史内容，同学

我和先生在中国结婚时的留影

们课堂上读到那段儿的时候，总是瞅我，下课了就叫我“小日本鬼子”，我难受极了，脑袋低得都快能钻进书桌里了，为此回家还跟母亲哭鼻子。母亲见我在学校受小同学欺负，就在门口堵着那些同学吓唬说：“你们再这样说我女儿，我就揍你们啦！”就这样，我在母亲的精心呵护下快乐地读完了小学，又顺利地升到了中学继续读书。因为有志于当一名教师，于是我后来就考上了吉林师范学校。这是母亲一直引以为豪的事情。

养母 1958 年以后就到了国营饭店上班，因为天天接触油烟，以致被呛得得了肺炎，在县医院住了一个月的院。当时的主治医生叫李仁求，人很善良，医德也好，他对养母很照顾，养母与他也谈得来。这期间养母从护士那里得知他是朝鲜族，还没有结婚，看小伙子不错，就一心想把自己的女儿介绍给他，于是就发电报把我从学校叫了回来，借着让我去给她取药的由头和李医生见面。李医生比我大 7 岁，那次见面后，两人还挺谈得来的。在养母的全力支持下，一来二去，我们就先订了婚，直到我毕业后才结婚。按理说，毕业后我应该当老师的，可我先生建议我当医生，我听了他的意见改行到医院进修，专攻针灸理疗，在考取了针灸医师资格后，便一直在当地县医院工作。

那时，养母担心日本人的身份会给我带来不好的影响，对外总是刻意隐瞒我的身世。养母的朋友有时看到我就跟养母说：“哎呀，她那么坐着可像日本人了。”养母不愿意听，瞪她一眼说：“什么呀，胡说八道。”我知道母亲的爱女之心。后来到我结婚时，婆婆知道了我跟养母差了 40 岁，觉得挺奇怪的，就问养母为啥 40 岁了才有的我，而且我的上下又没有其他兄弟姐妹。当时养母知道瞒不住了，就说出了当年日本人撤退时收养我的实情。她也记不清我的日本名字了，只知道我的生日是 12 月 23 号。我也是那时候才知道自己的身世。我先生知道我的身世后，对我也是倍加呵护，他也更为我有这样的养父母而骄傲。

我结婚后，有了一儿一女，我们夫妇工作都忙，所以照顾孩子的重担就落在了养母的身上。她看护自己的孙子、孙女那叫细心啊，连我这个做母亲的都做不到呢！可以说我这两个孩子的抚养一点儿也没让我太操心。他们对自己的姥姥感情也深厚。

养母不能生育，一辈子都没有自己的孩子，她把全部的精力和感情都倾注在了一个跟她没有血缘关系的女儿身上。我在养父母身边没有受过一天委屈，有吃有喝的，想要的东西他们基本都能满足我，我们一家人的感情非常好。后来，养父母年龄大了，身体也没有以前硬朗了，因为我和爱人都是学医的，懂得专业护理知识，知道怎么照顾老人，所以就把养父母接到我们身边照顾，让他们颐养天年。1960 年，养父的去世给养母以不小的打击，养母的身体也每况愈下，但我和先生以及孩子始终陪在她身边。1976 年，养母的去世又让我很长时间无法释怀。在我的心里，他们和亲生父母没有区别，即便我没有任何体会亲生父母之爱的记忆。毫不违心地说，没有他们，就没有我的现在。

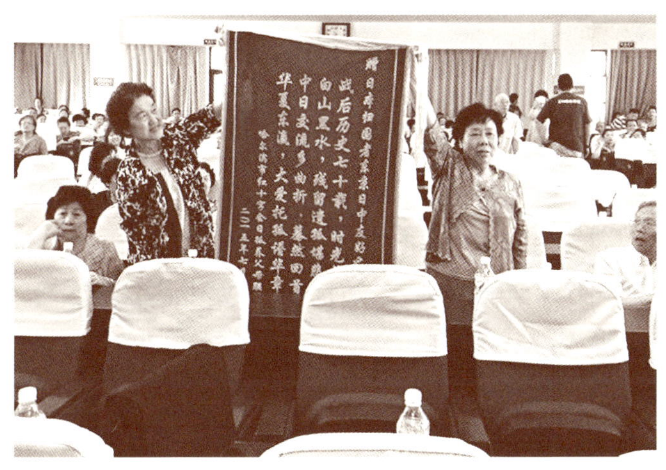

我（右一）参加“中国归国者·日中友好之会感恩团联谊会”中国之行

中日两国建交后，大批日本残留孤儿相继回日本寻亲，我被告知也有机会可以回日本寻亲了。但对我们来讲，在中国都生活了好几十年了，早已习惯了中国的生活，回到了那边又会怎样，我愁云密布，不知何去何从。我先生也劝我说："回去看看吧，或许能够找到自己的母亲和哥哥等亲人。"经过几番思量，我想着既然如此，那就先回去看看再说吧！我是 1985 年 2 月随从第 7 批中国残留孤儿寻亲访问团回到日本东京代代木的。后来得知，亲生母亲已于回到日本两年后去世了，而同胞哥哥也寻亲未果。

直到 1987 年，我们全家回到了日本。回到那边，我们开启了全新的生活。由于我先生是医生，加上在中国时就学过日语，并且专门从事研究治疗眼病多年，对治疗视网膜脱落、眼球萎缩、失明等眼部疾病经验丰富，所以我们开了针灸理疗院，治好了很多的患者。他也乐于助人，我们在当地的知名度也越来越高，很多人都慕名而来，报纸还专门报道了我们两次，可以说，我们家到日本后发展还是挺快的。

村上幸子这个名字是日本全国孤儿学会会长用他的姓给我取的，他告诉我说我是被中国父母收养的，是幸运的，名字就为幸子的音吧！我欣然同意。也正因为我是中国养父母养大的，我从他们那里学会了包容、仁慈与厚爱，我与先生一直无怨无悔地致力于帮助别人的行动中。我先生日语好，跟日本人交流起来不费劲，所以到日本后，他还经常到"中国残留孤儿之家"（由关心残孤事业的热心人士资助、遗孤们自己建立的学习、交流活动中心）给像我一样回国的战后遗孤当翻译，帮助他们解决了很多难题。

可天有不测风云，2006 年，我先生突发心脏病去世，我感觉我的世界塌了，很多被他救治过的患者听说他去世的消息后，也都赶来了。先生走后，我病了三年，这三年中"孤儿之家"的朋友们一直照顾我，帮助我走出阴影。现在，我也经常去"孤儿之家"给患者按摩。在中国,我仍旧保留我的房子,就为了回中国就有家。我也会定期回中国祭奠养父母,跟他们说说我的近况,以及我做的一些事情。因为我知道,他们会看到我所做的一切的,我会延续他们的热情,尽我的力量去帮助有需要的人,以此慰藉他们,这是我现在最大的心愿了。

我虽然是日本人,可我享受了深厚的中国养育恩情,没有养父母,就没有我的现在;中国有我的亲情、恩情和眷念,日本有我的根,我是有两个故乡的人。遭遇战争,我是不幸的,遇上中国好人,并能顺利回到日本寻根,我又是幸运的。我相信人性光辉的自然之爱,希望战争不再。

我(后排右一)与遗孤姐妹们在会所里排演节目

情系我的两个故乡

——池田澄江

我的中文名叫徐明,现在更多人对我的日本名字池田澄江更熟悉,因为现在的我,奔波于中日两国间,为推动两国人民之间的友好做着积极的努力。你问我为什么要这样做?赚钱吗?听了我的故事,你也许就能找到答案了。

我的亲生父亲曾在侵华日军中担任会计, 母亲是随军家属。1944 年 10 月 14 日,我在烽火动乱之际降生了。1945 年日本战败后,父亲被苏联红军俘虏后带到西伯利亚,母亲带着哥哥、三个姐姐和十个月大的我四处逃难。我们最终逃到了位于黑龙江省牡丹江的日本难民收养所,一路上几乎没什么东西可吃,母亲早已没有奶水给我哺乳了,几个姐姐四处乞讨,勉强活了下来。到牡丹江收养所时,我又病又饿,奄奄一息,母亲背着我在大街小巷求救,跪着哀求路过的中国好心人收养我这可怜的婴儿。好心人李成义和王曙光两人答应为我治病,在他们两家夫妇的细心救治下,我奇迹般地活了下来。不过李王两家人各自有自己的小孩, 无暇继续照顾我,给我治好病后,他们把我转送给了没有孩子的徐本志,也就是我的养父,从此我开始了中国人徐明的成长之路。

记忆中,相比其他家庭,我们家还算富裕。养父是生意人,心地善良的他为我倾注了全部心血,我刚被收养时,患眼病几近失明,养父背着我四处求医，直到我康复。

养母是一个特别慈祥温柔的女人，对我更是呵护有加，真是捧在手心怕摔着，含在嘴里怕化了。每次出门，养母都要牵着我的小手，生怕我走丢了。记忆中，养母总是喜欢给我穿白颜色的衣服，那个年代，我跟别人家的小孩不同，每天都是干干净净的。

我和我的养父母

小时候的我根本不知道自己是日本人。5 岁那年，我独自出门时第一次听到有小朋友叫我“日本鬼子”，便跑回家问养母什么是日本鬼子。她为了保护我幼小的心灵，对我说日本鬼子只是个外号，大家都有外号。

我的养母如掌上明珠般疼爱着我，视如己出。而她善良、博大的民族情怀和浓烈的母爱，都深深地影响着我。生活中的她呵护着我，但在原则性问题上，她对我要求十分严格，这对我日后的工作和生活产生了深远的影响。记得在我四五岁的时候，家里突然来了一位小客人，那是一个两岁左右的小男孩。刚开始的几天，我对他充满了好奇，但没几天我就不满意了，以前家里有好东西妈妈都先给我吃,怎么他来了以后都先给他?这个小东西不仅分走了我的东西,还分走了妈妈的爱!终于有一天我爆发了,抢走了小男孩手里的好吃的,小男孩哇哇大哭,妈妈赶紧跑过来问:“你为什么欺负小弟弟?”我说我不要他在咱们家啦,他总是分走我的好东西。妈妈把我抱在怀里,对我说,你看他没有妈,你有妈。没有妈妈的孩子多可怜呢!你要是有事了,妈妈可以照顾你。可他没有妈妈,你要是不去帮助他,谁去管他啊?我这才明白妈妈的用心,挺起胸膛说,我明白了,我们一起照顾他!

于是“不要欺负弱小的人,一定要帮助有困难的人。”成为我一生的信条,更是支撑我日后在日本义无反顾走上六年维权路的精神支柱。

养母对我的第二个要求就是:不能撒谎。平时温柔的妈妈,一旦知道我撒谎,就会特别生气,所以我从来不敢撒谎。妈妈说人一撒谎,别人就不会再信任你了。你一次撒谎,让人发现了,以后你再说什么,也没人相信了。

后来养父做买卖亏了钱,每到过年过节家里会有很多讨债的人追上门,养父还因为做黑帮工两次被抓,家里就剩下孤苦伶仃的孤儿寡母相依为命。在那样艰难的岁月里,瘦小的养母却给了我超乎寻常的母爱。为了能让我们娘儿俩活下去,养母每天早出晚归,凌晨三点就起床去排队进冰棍卖,而这对于连路都走不稳的小脚女人来说特别困难。尽管生活艰难,过年的时候,看到其他家的孩子又有新衣服又有新玩具,而我什么都没有,养母竟把她结婚时穿的小棉袄从锁着的箱底里拿出来改了给我穿,我长大一点就放开一点。那件漂亮的小棉袄,是我童年记忆中最温暖的幸福。

我渐渐长大,懂事后的我慢慢感觉到自己与别人的不同。18 岁师范学校毕业后,我如愿以偿当上了老师。当时我被分配到深山沟里工作，成绩十分优秀的我很不服气。后来才知道，这是领导为了保护我，因为藏在僻静的山沟里，我才躲过了“文革”的风雨。我在那个山沟里教书10年，并在那里和我的丈夫结婚，生了三个孩子。中日建交以后，我回到了牡丹江城里的林业学校工作。

1981年，我返回日本定居和工作。最触动我的是在法律事务所工作的时候，所有日本遗孤办入籍，都经我手，这1 300人的资料我都看了，我经常是一边看一边哭。这些人受过多少苦我都知道。我想这些人太苦了，我苦，他们比我还苦。而且这些受苦的人，如果现在还没有人帮助他们的话，他们还得继续苦下去，一辈子都是苦。于是我想，如果把大家联合起来，也许能够帮助大家摆脱困境，过上更好的生活。于是我自掏腰包，发出了500封的征集信。坐车去外面宣传，从来都是自掏路费。好不容易把这些人发动起来了，还有一些人不理解。一个残留孤儿二代还打来恐吓电话：“池田澄江，你领着打官司，你领着反政府，反政府有什么好处？要是输了，将来我妈妈没有生活费，我让你一家没有好下场！”但我没有退缩。

我全家回日本前在中国的留影

2002年，我带着和我有同样经历的、说不清自己“来历”的人——日本遗留孤儿们，为了争取到“国民待遇”，走上了六年的维权路。举着标语，呼喊着口号，进行着不屈不挠的示威游行……通过我们的积极争取，如今每位遗孤每月能够得到大约18.6万日元的补助。住房和医疗都免费，之前在出国等方面的诸多限制现在也取消了。我们终于可以更有尊严的生活下去了。

我是一名日本人,但我心里却把自己当成中国的孩子。我说的是中国话,平时生活中吃的是中国饭,办事思维、生活习惯都是中国化的。坦白说我在日本没有十分贴心的朋友, 连说话的人都没有,心中总是很不安。但在中国,我的心就非常坦然。在中国和在日本的感觉是不一样的。每当我的孩子们张嘴喊“我妈……”,一打电话就是“老妈呀……”的时候,我的心里就特别热乎,这是在日本找不到的感觉。时间过得真快,不知不觉我已经在日本生活了三十多年。多年来,我一直不遗余力地致力于中日友好事业,并作为“日本遗孤感谢中国人民养育之恩访华团”团长,带领上百名日本遗孤 4 次来到中国向养父母感恩。2015 年 7 月,我受到了中国领导人的亲切接见。8 月,我收到外交部的邀请,参加纪念抗战胜利 70 周年阅兵式,当时我的心情真是太激动了,中国人民没有忘记我!

观礼结束后, 我又一次踏上了对我有养育之恩的那片土地——黑龙江省牡丹江市,下飞机第一件事,就是到养父母的墓前

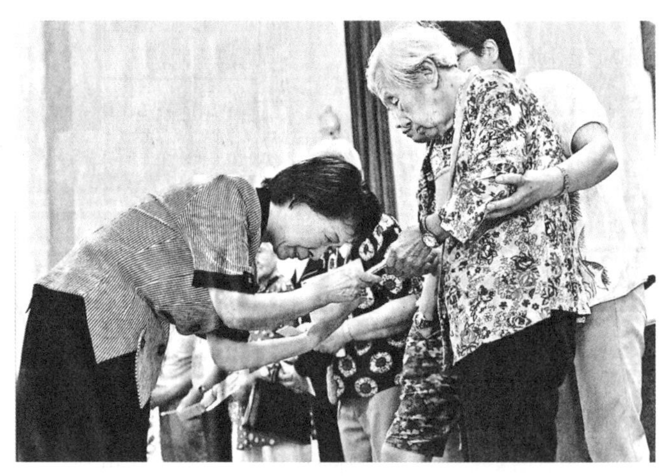

2015 年 7 月 12 日回到黑龙江感恩养父母

寄托哀思。我真的好想念这里的一草一木，好想在江滨公园走一走，好想喝一碗心心念念的大碴粥，在日本生活的岁月里，只要想一想这些，心中就充满幸福。记忆中温暖的家、快乐的童年、慈爱的母亲以及养父背着我到处求治眼睛的场景，年幼的我穿着永远比别人干净的白裙子跳舞……

“说句心里话，我有两个家，一个家在东瀛，一个家在中华……虽然回到祖国，更想中国的家，是中国的养父母把我收养，抚育我长大……”传承中日友好已经成为我今生的事业，我只有用把这份事业一直做下去的决心，来让人们知道，我对中国故乡深深的思念和眷恋。这就是我，中国人徐明一生都要呐喊的、最深情的心里话！

2015 年 7 月 5 日，在“NPO 法人中国归国者·日中友好之会”会所里，遗孤们为返回中国参加“中国归国者·日中友好之会感恩团联谊会”排演节目

超越血缘的乡音乡情
——高桥カツ

1945年，黑龙江省海林市的一位老人像往常一样早起出门,当她走到小河边时,隐约听到有孩子的哭声,当她准备寻找这个声音的时候,哭声却没有了,老人以为自己年龄大,耳朵不灵光听错了,还自我打趣地调侃:“人老了,耳朵越来越不中用了。”可就在老人一边摇头一边准备继续走时,刚刚孩子的哭声再一次响起。“不对,肯定有孩子在哭。”老人边说边在附近找了起来,终于,老人在河沟旁发现了一个衣衫褴褛、骨瘦如柴、全身上下脏兮兮的小女孩,那哭声应该就是这孩子发出来的,老人急急忙忙跑过去,抱起了这个小女孩,一边擦去她的眼泪一边说道:“好孩子,别哭,是不是找不到妈妈了?快告诉奶奶你家在哪儿,奶奶送你回家。”可是这个小女孩像没有听懂似的,继续大哭着,这可急坏了这位老人,“唉,莫不是家里养不起了,就把孩子扔了?这是谁家父母这么狠心,把亲骨肉抛弃了,这孩子多可怜。”老人一边擦干孩子脸上的泪水,准备把孩子抱回自己家,一边自言自语道。好像听懂了老人的话,孩子不哭了,她看了看老人,终于说话了。什么?她是日本孩子?就在这个两三岁的小女孩张嘴说话的瞬间,老人傻眼了,这竟然是个日本孩子。顿时,日本人践踏我河山,残害我同胞的滔天罪行在老人眼前像电影画面一样依次出现,国仇家恨,她怎么能收养敌人的孩子。老人赶紧把怀中的孩子放下,准备赶紧走,看到刚才还给自己擦眼泪,抱自己的奶奶要离开了,小女孩再一次大声哭了起来,这哭声好似触动了老人内心深处的弦,使这位善良、纯朴的老人怎么也无法迈开脚步,她缓缓地回过头一直盯着那个小女孩。唉,算了,使国家百姓陷入水深火热的是侵略者,不是这个孩子,孩子是无辜的,她这么小就失去了自己的亲生父母,她也是个受害者,如果自己不施救,这个孩子可能就会没命了。这么想着,老人又走了回去,义无反顾地抱起了这个小女孩。这个女孩就是当时只有3岁的我,这位救我的老人就是我的中国太奶奶。

我的养父母、弟弟以及我的孩子

当得知老人抱回一个日本孩子并且还要收养她时，一家人并没有太激烈的反对,而是用中国人博大、宽容、善良的胸怀接纳了我,并给我取了中国名字张淑珍。当时,我的养父张国志还没有结婚，一家人一直小心翼翼地呵护着我这个被遗弃在异国他乡的孩子,有什么好吃的、好用的家里人从来不舍得自己用,都留给了我,我俨然成了这个家里的小公主。几年后,我的养父张国志结婚了,就在养父结婚的当天,养父把我也一起带了过来,并对我的养母于春菊讲述了我的身世。我养母丝毫没介意我的到来,她给了我跟所有的中国孩子一样正常的生活,给我悉心的呵护,保守我的身世不让我受人歧视。对自己身世一无所知的我在养父母身边一直过着无忧无虑的生活,几年后,养母陆续给我添了八个弟弟妹妹,我也自然就变成了大姐。家中的孩子多了以后,敏感的我觉得养父母好像对自己的关注少了,觉得父母不再重视我了,所以,那段时间我总是郁郁寡欢,一副心事重重的样子。知女莫如母,我的这一举动被我养母看在了眼里,也告知了父亲。有一天,养父跟我说:“你是大姐,以后我和你妈出去干活的时候,你就是弟弟妹妹们的妈妈,你不仅要看着弟弟妹妹们的学习,他们有什么做错的地方你必须严厉批评他们,如果你没做到,我也一样会惩罚你的。”虽然养父的话听着有些严厉,可我的心里却乐开了花,我知道,养父在用这种方法告诉我,我是这个家庭中重要的一分子,我身上的责任很大。养父的这番话也让我这个做大姐的在这个家中更有分量,说话也更有底气了。

后来,我上学了,学习成绩非常优异,但考虑到那时的家境,我不忍心再看着养父母那般劳累,我思前想后了好久,才在我小学即将毕业准备考初中的时候,鼓足了勇气跟养父说:“爸,我不想上初中了。”“为啥?”“没啥,咱家人口多,条件还不好,弟弟妹妹还没上学呢,我不能那么自私,我想早点为咱家分担分担。”“行了,别说了,咋我也得让你上完初中三年。”在养父的坚持下,我上完了初中。初中快毕业时,养母对我说:“姑娘,你不用考虑家里的情况,只要你想念,咱家一定供你。”在那样艰苦的年代,我能够读到初中就已实属不易了,我身下还有那么多的弟弟妹妹,父母太辛苦了,我不能那样自私。这次我怎么也没有同意继续读书,而是坚决选择了参加工作,打心里是想减轻家里的负担。我养父母都是没有什么文化的人,但他们用自己的行动告诉我应该做一个谦虚、有责任心,敢于承担的人。

中学毕业后，我被分配到邮电局当话务员，机缘巧合，也正是在接打电话的过程中，我认识了我的丈夫，并且在家人的极力撮合下，我们结了婚。后来我便随丈夫一起到了黑龙江省大庆市，成了大庆油田的一名工人。

我（右一）与遗孤朋友们在制作义卖的饺子时间歇

1984年，我的养父身患重病，我实在担心，所以跟单位请假日夜陪伴在他的身边。那天，养父一直盯着我，一副欲言又止的样子，我看出了父亲的心事，就问养父："爸，你要说啥吗？想说啥就跟女儿讲。"养父半天才开口："大儿，你不是我和你妈的孩子，你是你太奶捡来的日本孩子。""什么？我，我是日本人？我不是你的孩子？"我瞬间呆住了，我不相信这是事实，这不可能，我也无法接受把自己当成掌上明珠般一起生活了四十多年的父母竟然不是我亲生父母的事实。我一把抓起养父的手，放在自己的脸上，任泪水淌进养父干枯、皴裂的手，我一边哭一边喃喃地跟养父说："爸爸，你为啥告诉我呀，你就是我的爸爸呀。"伴着养父吃力的讲述和自己决堤的泪水，我第一次知道了自己的身世。

后来大批的日本残留孤儿回日本寻亲了，我一直犹豫不决，因为真心放不下这边的养母和弟妹。最后还是在养母的支持下,我抱着找找看的心理回去了。1988 年,在我 45 岁的时候第一次踏上了日本的土地。本以为可以通过寻亲找到自己的亲生父母,可最后找回来的只是自己的户籍。后来才听说我的生母在中国就去世了,生父回到日本后也去世了。在经过苦苦的寻找后,我所知道的只是我还有唯一的哥哥健在,但最终也没能相认。是啊,有没有血缘关系又如何呢?这世上唯一跟我有血缘关系的亲哥哥,对我来讲,跟陌生人一样,却不如跟我没有任何血缘关系,却在一个锅里吃了几十年饭的中国的兄弟姐妹亲!当年日本侵略中国,发动战争,倒霉的都是老百姓,那么多跟我一样的残留的孩子,如果没有中国养父母的收留和养育,恐怕早就不知命丧何方了,何谈今日啊!虽然身是回到了日本,可心却系在了中国!

回到日本后我们全家最先定居在横滨,而后才到了东京。因为我和爱人都已步入中年,几十年的中国生活经历让日语成为我们生活、工作中最大的难题。我除了用心工作还要克服语言等各种难题,这曾经让我很沮丧。每到难过之时,我更想念自己在中国的亲人,甚至有了回中国的想法。我给养母打电话诉说我在日本的境遇和思乡之情,我也知道,每次接到女儿的来电,养母总在电话那边悄悄地抹眼泪,她也想天天见到这个她从小看到大,懂事、感恩的大姑娘,可她不能那么自私,她希望姑娘在日本也能够幸福的生活。她总是在电话中或书信中鼓励我:“姑娘,没事的,以前那么难的日子咱都过来了,现在生活不比那时候强多了,现在的困难只是暂时的,你什么也不用多想,就是要克服困难,要好好学习语言,好好工作,快点融进日本社会,咱一定挺直了腰,做个真正的日本公民。姑娘,你记住了,不管啥时候,你都是妈的好孩子,妈这儿永远都是你的家,以后不管有啥不顺心的事,你就告诉妈,别自己一个人扛着。”是啊,在最艰难的时候,母亲养育了我,而在母亲需要孩子孝顺的时候，孩子却不能在她身边，我心里真的是苦啊！也正是无数次想起母亲的安慰与鼓励，我才有勇气坚持下来。

经过不懈的努力和打拼，我们有了自己的建筑公司，家人齐心协力使得生活也越来越好了。而在我的内心深处，有一块安静的地方，那里住着我的养父母和弟弟妹妹，那里是我的家。

我已经记不清多少次回来中国了，总之想家的时候我就回中国看看。每次回去我都能感受养育我的家乡的高速发展和变化。路越修越宽，越修越长。也许时间会改变许多人、许多事，但却改变不了我的这份乡音乡情。

我虽然是日本人，但我是长在中国的人，是有两个故乡的人，我希望我的两个国家共好。

我和家人在自家的公司

儿泪念恩情

——宫崎庆文

宫崎庆文是我的日本名字，不过比起这个在我52岁时才有的新名字，我更愿意大家叫我的中国名字——闫庆文。

我是一名日本遗孤，和许多被遗留在中国的日本孩子一样，是当年日本侵华战争的牺牲品。是战争让我们从小就远离家乡，不得不和自己的亲生父母分离，甚至有些孩子还没有来得及看看这缤纷的世界就夭折了。很多人都说我们是不幸的一代，可我却觉得自己很幸运，因为在我的生命中一直有两位老人对我疼爱有加、视如己出，他们养育我长大，教我做人，供我读书，为这个不是自己亲生的儿子操了一辈子的心，他们就是对我恩重如山的中国养父母。如果当年没有好心、善良的养父母的收养，可能我早已经饿死、冻死了，是他们给了我第二次生命。

1945年11月10日，我出生在中国辽宁省大连市，当时我已经有了一个哥哥和一个姐姐，1947年年初，我亲生父亲准备带着我们全家一起坐船返回日本，可当时刚刚一岁多的我却让他犯了难，由于长期吃不饱饭，导致我严重营养不良，虽然那时都一岁多了，但还不会走路，大多数时间都有气无力地趴在父亲的肩头打蔫儿。有时，已经饿得奄奄一息的我连眼睛也不愿意睁一下。大冬天零下好几十度还穿着破烂、单薄的衣服，褴褛的衣衫下是我已经被冻得青紫的皮肤。我父亲当时应该想到了，如果硬要带着我一起走，可能还没到日本，我就已经死在船上了，他不忍心看到那一幕。最后，我父亲决定尽快找一户好心的中国人家收养我，希望我的命得以保全。我知道，当时的父亲也一定恨透了日本发动的这场害得他背井离乡、骨肉分离的战争。可是有什么办法呢，能救活儿子的性命比什么都重要。经过几番周折，我父亲找到了一位懂日语的中国男子，名叫邹成良，在他的介绍下，我父亲抱着我来到了闫子余、赵翠兰夫妇的家中。有中国的好心人肯收养我，是我的福分，我终于有救了。我父亲连连对闫家夫妇一边鞠躬表示感谢一边说："谢谢你们，谢谢你们以德报怨，收留我的孩子，太感谢了。"闫子余看着可怜的孩子，坚定地说："没错，我多少个亲人都死在日本人手里了。唉，可当爹妈的都是一样的，有谁愿意看着孩子死呢，孩子是无辜的，我们不救谁救？"就这样，我留在了闫家，闫子余成了我的养父，他给我起名叫闫庆文。我的亲生父亲是流着泪、鞠着躬离开的，也许当时的他还想着过些日子时局好了就回来接我，可他没有想到，这竟成了他跟我的永别。

我们夫妇与养父母

看着当时虚弱的我，养父母也跟着心疼，毅然决定无论自己吃多大苦，遭多大罪都要把我救活、养大，让我堂堂正正地做人。当时的社会物资极度匮乏，不要说大米、白面这样的精细粮食，就连苞米碴子这样的粗粮对于普通百姓来说都是奢侈品，那个时候，能吃饱饭就不错了。就是在这样艰苦的条件下，养父母为了能给我补充营养，让我快点强壮起来，他们省吃俭用，花高价买来一点儿大米，每天给我蒸一小碗米饭，为我补充营养，可他们自己却一粒米都不舍得吃。那两个用来蒸米饭的小搪瓷碗一直是我父母心系他们唯一的儿子的美好见证。在养父母不分昼夜地悉心调理、照顾下，我的身体一天比一天强壮起来，让我有了与其他孩子一样享受着父母娇惯的美好童年。

我就这么无忧无虑地在养父母跟前一点点长大了，作为他们唯一的孩子，我享受着他们给予我的全部的爱。转眼到了上学的年龄，为了能让我穿上一身新衣服上学，养母每晚都会在昏暗的灯光下为我缝衣服，不知熬了几个昼夜，衣服做好了，养母的眼睛却熬坏了。入学这天，我养父一边给我背上新书包一边嘱咐道："从今天开始，你就是小学生了，不再是小孩儿了，上课可要认真听老师讲课，别走神儿……""知道了，我走了！"沉浸在入学兴奋中的我没等养父说完就跑出了屋子。"也不知道能学成啥样。"养父一边嘀咕一边转身回屋了。

陌生的学校、陌生的老师和同学让我感觉很新鲜，我每天都按时上下学，按时完成功课，看我这样，养父母乐得眼睛都眯成缝了，逢人就夸我爱学习。可好景不长，慢慢地，学校对我失去了吸引力，调皮的我觉得天天对着书本太枯燥了，于是开始不好好上课了，甚至有时还逃课。这件事很快就传到了养父的耳朵里。一天，养父把我叫到跟前问这事，我不觉得这是多大的事儿，满不在乎地承认了。养父可急了，他一把拽过我，不由分说地狠狠打了我一顿，养母在旁边拉也没拉开，只能自己躲到屋外抹眼泪。我没想到平日里对我百依百顺、和颜悦色，从来没动过自己一根手指头的父亲竟然打了自己。我委屈得要命，号啕大哭。看到我哭了，我养父心里是既有气又难受。过了许久，父亲轻轻抱起我，放在他腿上，对我说："儿呀，爹也不想打你，可你做的事太让我生气了，我和你娘都没啥文化，所以我们太希望你能好好念书了，书念好了，将来也能养活自己，还能帮人，那多好呀！你知不知道多少像你这样的孩子都上不起学，你得珍惜呀！爹跟你说，从今天开始你必须好好学习，要是再发生这事，我还得打你。记住了没？""记……记住了！"我边哭着边哽噎地回应着父亲。

黑土地上，是慈祥的父母、喷香的米饭给了我强壮的身体，给了我自信的力量。在父亲的监督下，我每天早上四五点钟起床，刻苦学习，不敢有一丝的放松。1965年，我以优异的成绩考入了北京广播学院外语系。他们以儿子有这样的成绩为荣，我甚至能想象得到父母听到儿子考取大学时激动的脸庞。

我记得当时母亲没有工作，全家人每个月靠父亲60元的工资生活。可在我五年的求学生涯中，父母坚持每个月都给我寄20元的生活费，让我可以在学校维持中等的生活水平，并且能够将全部精力用在学习上。每次一想起这件事，我就心疼他们。如果没有养父母对我的严格要求，没有他们不遗余力、倾其所有的支持，我怎能安心学习，又怎能有今天呢！我在学校得以全身心学习，背后是父母多少个辛勤劳作、苦苦煎熬的日日夜夜支持着呢！

1970年我大学毕业了，当时我响应号召到河北省进行锻炼。在河北期间，我拿到了自己有生以来的第一个月工资43.5元，我太高兴了，我终于能挣钱孝顺我的养父母了。从那以后，我每个月都会从工资中拿出20元寄给我父母，当儿子的希望这点钱能改善一下家里的条件，让老两口的日子宽裕些。记得1971年的一天，我收到了父母寄来的一个包裹，打开一看，我大吃一惊，包裹里竟是一块瑞士手表。天哪，父母给我寄来一份这样名贵的礼物，我还从来没戴过手表呢！当时我心里乐开了花，我也有自己的手表了，那种向别人问时间的日子一去不复返了！虽然当时同学中也有戴手表的，但能够戴上进口手表的人为数不多，我甚至有些飘飘然了。可冷静下来的我突然又觉得不对劲，这种进口手表可不便宜，一般人都买不起，父母哪来的那么多钱呢？我马上联系了父亲，在我的软磨硬泡下他终于告诉了我实情。原来，我每个月给父母寄去的生活费他们一分都没动过，全部攒了起来，听说年轻人都有手表，他们怕自己的儿子没有手表看时间不方便，便托人花了近200元人民币才给我买来了这块宝贵的手表。

听了养父的话，我再也控制不住自己的情绪，第一次对他大吼道："爸，你干啥呀！那钱是我孝敬你跟我妈的，你们辛苦大半辈子，儿子想让你们享享福，为啥都攒着给我花了？您知道我心里多难受！""唉，我跟你妈有啥花钱的地方呀，够吃够喝就行了呗，倒是你，一个人在外面人生地不熟的，得好好照顾自己，我俩现在呀就惦记你……"父亲后面说的啥我也没听清，因为当时的我已经哭得稀里哗啦的了……

如今，这块瑞士手表已经不走了，但我仍旧小心地珍藏着，时不时就拿出来看看、擦擦，看着它，我仿佛听到了秒针的嘀嗒声，循着这嘀嗒声，我仿佛回到了过去，回到了父母跟前：父母拿出仅有的一点钱高价买回大米，给我蒸米饭；母亲在昏暗的灯光下为我缝制开学的新衣；我贪玩儿不好好学习，父亲气急后第一次打我；他们不舍得花一分钱，却托人给我买手表……这就是我平凡却伟大的中国养父母。也许他们一辈子都说不出"爱"到底是什么，但那又有什么关系呢。从我来到他们家的那一刻起,他们就用行动诠释着对我的爱，他们的爱在那一小碗一小碗的米饭中，在昏暗的灯光中,在对我的严格要求中,在这块瑞士手表中……我的养父母并不富有,但在艰难岁月中,他们为了我却倾其所有。我时常想:就是亲生父母对待自己的孩子也不过如此吧！在我的心里,他们就是我的亲生父母,我们之间的亲情早就超越血缘,超越国界了。

后来,我去了西藏工作,工资增加到80多元,每个月我都会给生活在大连的父母以及生活在北京的妻儿各寄去20元和40元,自己留20元生活。1981年,我回到了母校——北京广播学院工作,也是在这一年，深深爱着我的养母去世了，我觉得我的一半天塌了,精神恍惚中甚至不知道自己是坐了多久的车回到家人跟前的,一路上脑海中只有我那含辛茹苦一辈子的母亲，我那视我如宝的母亲,我那还未享受到儿子孝道的母亲……

为了更好地照顾父亲,我把父亲接到了北京和我一起生活,我要在养父膝下好好尽一个儿子的孝道,不让自己再留遗憾。可生活有时就是那样现实,1987年,我亲爱的父亲因病也离开了我,我的

在日本免费教日本人学汉语

精神支柱倒下了。但无论如何,我要坚强,要用自己的实际行动慰藉他们,我忍着巨大的悲痛把养父母合葬在了北京的通州通惠陵园。料理完丧事回到家,我感到屋子里从未有过的空荡,坐在父亲生前经常坐的椅子上,拿着父母的照片仔细端详,往事就像放电影一样在我眼前一幕幕重现,而如今,他们走了,我心中的那盏灯熄了,我再也憋不住了,胸口贴着养父母的照片,任思念、悲痛的泪水决堤,“这次我是真的没有爸妈了,是真的没有爸妈了……”

虽然20世纪80年代大批日本遗孤开始回日本寻亲,而我也知道自己是日本人,但我却对此没有过多的热情,因为在我内心深处,养育我的中国才是家。养父母虽不在了,但我也早已习惯了中国的生活,何况回去又能怎样?因而迟迟没有做出回去寻亲的决定。直到1997年春节前夕,抱着回去找找看的想法带着爱人和两个孩子一起回到了日本,但最终也没能找到自己的亲生父亲和姐姐。宫崎庆文这个日本名字中,宫崎取自老会长的姓,庆文取自我的中国名字,虽然回到日本了,但养父母留给我的名字是绝不能舍弃的。我把中国名字和日本姓放在一起,是因为自己永远也忘不了以宽容的胸怀接纳我的中国养父母的养育恩情,我也希望中日两国人民能一直友好下去。可当我真正回到日本后,却发现自己和其他归国的遗孤一样,一时间都找不到自己心灵的归宿了。当时像我这样的遗孤回到日本后,都已经是四五十岁的年纪了,不仅语言不通、生活艰难,而且一直被周围的日本人当作特殊群体来看待。我真不知道,我们到底是哪国人?后来,我们这些归国的日本侵华战争遗孤成立了“NPO法人中国归国者·日中友好之会”,我担任副理事长。我们致力于为归国遗孤及其家人子孙争取应有权益的事宜。也许是从小在父母身边的耳濡目染,我始终坚信只要人人都能做到相互扶持,相互关爱,那么这个世界会变得更美好。幸运的是,我能够在孙蘭香等有文学功底的朋友们的帮助下，以众多遗孤的亲身经历创作了舞台剧《孤儿的眼泪》,就是想让中日广大观众了解那些因战争被遗弃的日本孩子在中国被养育的经历，由此呈现人性之善美,珍惜和平之珍贵。

……

画外童音(哭腔):妈,我是小日本吗?

画外母亲(慈祥的):不是,孩子,妈妈是中国人,你也是中国人。

画外童音:小日本,小日本,小日本……

老人(困惑):我是谁?

老人:长大了,上学、工作、结婚,我总有一个疑问,我是中国人吗?

众:不!你是日本人。

老人:我有了儿子。

画外音:小日本,小日本,小日本……

老人:我有了孙子。

画外音:小日本,小日本,小日本……

老人:四十多年来,我的国籍是中国,母语是汉语,我吃中国饭长大,可是,我是日本孤儿,为什么我会生活在中国?

众:是因为70年前那场战争……

老人:如果没有战争,我怎么会流落异国他乡?

女:如果没有战争,父母怎么会抛弃我?

众:战争,你还我父母;

战争,你还我兄弟姐妹;

……

我希望以此来影响现在的人们,告诉他们战争的残酷,让他们认清历史，也希望能为中日两国世代友好发挥独特的积极作用。我知道我们这群人终将老去，但历史遗留的问题还有很多，我们的抗争和奋斗还将继续。

自从我1997年回到日本后，每年9月我都会回到北京给我的养父母扫墓，跟他们说说我在日本的生活状况，跟他们讲讲现在中国的发展变化……养育之恩大于天，即使有一天当我老了，头发白了，走不动了，我仍然会让我的子孙代替我来给我的养父母扫墓。无论我走到哪里，我都不会忘记养父母对我的恩情，他们给了我一个家，我永远是他们的儿子。

位于黑龙江省方正县中日友好园林内的和平友好纪念碑

寸草春晖恩不忘
——高桥秀哉

我是高桥秀哉,1944 年 10 月出生于中国黑龙江省东宁。在我出生之前,父母就带着我上面的八个哥哥姐姐来到了中国。在当时那样艰难的条件下,父亲母亲带着那么多孩子抵达中国东宁那个小地方,其中的艰难可想而知。日本战败撤退的时候,我只有 18 个月大,外面兵荒马乱,父亲也失踪了,母亲四处寻找、打听,找了许久,可惜直到去世时也没能知道父亲的下落。父亲失踪后,母亲打算领着我们兄弟姐妹九个回日本。在路上,二姐、三姐和六姐因为患病无法得到及时医治而相继死去,被饥饿和疲惫折磨的母亲也早已没有奶水可以喂养我了。母亲看着怀中不停哭闹的我,又看看身边已经几天没吃饭的可能还没等回到日本就会死在路上的哥哥姐姐,心一横,向附近的宁安县难民所走去。在难民所里,母亲托人为我和二哥找了两户人家,后来听说四姐也被人收养了。所以,回到日本时母亲身边就只剩下大哥、大姐和五姐了。所有的这些都是后来我回到日本后母亲跟我讲的。

收养我的王祥、孙文芝夫妇,当时只有一个女儿,所以他们见到我时很是喜欢,毫不犹豫就抱走了我。从此,我开始了我的中国人生。养父母给我起了个中国名字——王常清。

养父母对我的好是无法用言语形容的,我想亲生父母对待自己的孩子也莫过于此吧。因为姐姐年龄比我大许多,在我来到家里之前便与当兵的姐夫结婚了，所以很早就离开养父母过自己的生活了。但不幸的是，我十六岁那年，姐姐在生她第二个孩子的时候因为产后风去世了。这无疑是给了养父母巨大的打击，女儿的离去使得他们对自己这个唯一的儿子倍加呵护了。倔强坚强的母亲为了减轻姐夫一人照顾两个孩子的负担，毅然将姐姐的大儿子领到自己身边照顾，并且还给姐夫介绍了另一位女孩儿，帮他们重新组建了家庭。而代替姐姐照顾姐夫和孩子的这个女孩儿，跟母亲相处得也如同母女般感情深厚。

我和养父母

然而命运多舛，姐姐这个儿子也就是我的外甥十三岁时也因为脑膜炎死去了。双重的打击让母亲对于孩子的爱护比平常人多了许多。所以对于我的身世，养父母是坚决保密的。就连听说外面人称呼我为日本孩子他们都不满意，都要去跟人家讲理，所以说养父母对我的爱甚至超越了周围中国孩子的父母对待自己的孩子的那般爱。

别看农民出身的养父母文化水平不高，字也识不了几个，但非常有远见和魄力，排除万难全力支持我上学读书。就为了我能有出息，他们坚持用微薄的收入供我上了专科学校。而身边与我年龄相仿的孩子，别说上专科学校了，能把小学念完的都没有几个。当时，我们全村只有两个人上了专科学校，我就是其中一个。

在父母的支持下，我顺利进入了农业机械化学校，学了很多的专业知识。这里要说的是，没有父母的鞭策和教育，就没有我的现在。读中专时我很叛逆，有一段时间我有些厌学了，就跟父母说不想念书了，想回家干活挣钱。我当时真的觉得读书没用，不能挣钱还浪费钱。看着父母省吃俭用，一分钱都恨不能攥出水来，就真的一点儿读书的念头都没有了。可没想到一向疼我的父亲知道我不想念书顿时火冒三丈，气得对我又是打又是骂："我们这么辛苦供你上学，就是希望你以后能有出息，不再像我们这样受穷，你可倒好，想不念就不念。你要是敢不念，以后就不要进这个家门，当我们没养过你！"我从没见过父亲发这么大的脾气，吓坏了，哭着跑进了屋里。但从那以后，在学习上我再也不敢怠慢了。

毕业后，我听从父母的建议，来到父母种菜的宁安公社大队，那时我 19 岁。回到大队后，大队各种机器修理都由我来负责，20 岁的时候我还考了汽车驾驶证，当了机械队队长。当时大队能上专科学校的就我一个，所以队里的人们都戏称我这个管生产队机械的队长为"秀才"。在我的带领下，大家为保障大队按时按需供应各地的蔬菜齐心协力，劳动时的场面总是洋溢着欢声笑语。

1964 年，我结婚了，有了自己的小家庭。妻子是父母托人介绍的，她当时在东京城林业局上班，为人善良朴素，后来知道我是日本人也不曾有一丝犹豫，是打心底认可并支持她这个丈夫的。因为工作繁忙，我经常外出，所以她作为儿媳妇、妻子、孩子的妈妈，对父母以及家里照顾得很好。而我也因为父母能在我的身边享受着儿孙绕膝的天伦之乐而欣慰。能看到父母的笑，是我最大的心愿。

直到1967年我才加入中国国籍，这说来话长了。从我出生，我的亲生父母就给我备好了日本国籍，但养父母多年来为了保护我，从未对外提及儿子的国籍问题。1967年时，在加入中国共产党之前，因为提及国籍的问题我才知道自己是日本人。刚得知这个消息时，我是无法相信的，接受不了自己是被抱养的事实。但也正因为知道自己是日本人，舍不得养育我那么多年的中国和养父母，才更加坚定了自己加入中国国籍的信念。我是被中国人养大的，从出生18个月到1967年这二十多年的快乐时光都是养父母给我的，身体里流着日本人的血又能怎样？给予我眼下这么多的是中国。所以加入中国国籍的事情是我认定的，但是入党的想法就先放下了，因为我打心里担心会因为血缘问题给组织带来麻烦。我热爱养育我的国家，不想因为自己的特殊情况给组织造成一丝的困难。

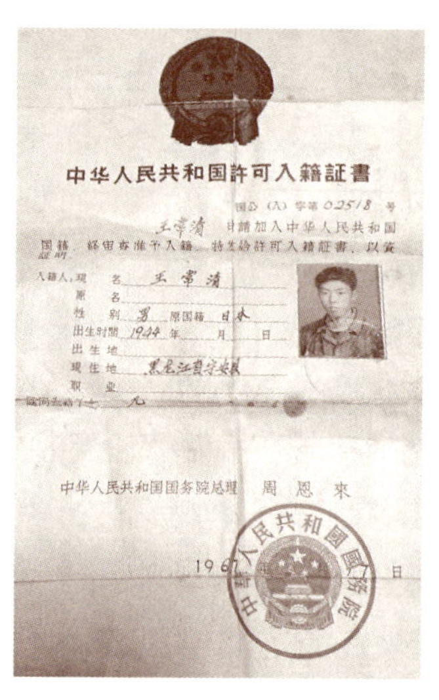
中华人民共和国許可入籍証書

国公（六）字第02518号

王常清 申請加入中华人民共和国国籍，經審查准予入籍，特發給許可入籍証書，以資証明。

入籍人：现名 王常清

原名

性别 男 原国籍 日本

出生时間 1944年 月 日

出生地

现住地 黑龙江省宁安县

职业

中华人民共和国国务院总理 周恩来

中华人民共和国国务院

1967 日

我的中国国籍证明

中国人的善良、坚韧和勤劳塑造了我的性格，在此后的生活中我更加刻苦努力，团结向上，一心想着带领大家把工作做好。从小养父母就教会我生活节俭，从不乱花钱，但别人需要帮助的时候，我们都会义不容辞。大家没有因为我是曾经给他们带来伤害的敌国的子民而另眼看待我，我也因为自己有了中国的国籍而骄傲不已。

中日邦交正常化以后，很多遗孤都相继回到日本寻亲了，而我也在父母亲的督促下，于1979年9月尝试着给日本厚生省（接收遗孤信件的政府部门）写了封信。让我们意外的是，1980年初，我的亲生母亲给我邮寄了明信片，她从厚生省知道了自己留在中国的小儿子的消息，激动不已，赶紧给我回复了希望我回到日本看一下的信息。我的日本亲人还都在，我跟养父母提及此事的时候，他们也很意外，转而也建议我回去看看，毕竟那是自己的生身母亲。1981年初，我和爱人回日本探亲。生母和哥哥姐姐到机场去接我，他们当时都激动得掉泪了，这血缘至亲团聚的机会来得何其不意。我清晰地记得，我的爱人悄悄跟我说："一看就是一家人，你跟你生母长得简直一个模子刻的，还有你的头发是羊毛卷，大姐的头发也是呢！"是啊，如果没有那场战争，我们何苦至此呢！可不知为何，当时我的心里却空落落的，没有那种找到了家的感觉，许是中国的那个家无可替代吧！

探完亲回到中国，我把日本家人的情况都跟养父母说了，他们也跟着高兴。但我没想到的是日本的亲人随即便办理了我回国的手续。待我得知自己可以携家回日本定居时是相当意外的。我直接把这个消息告诉了养父母，刚开始他们只是很吃惊，但没有多说什么，但没过多久，父母便一致同意我回日本。虽然他们已年迈，但对于外面事情的了解和认知却比自己的儿子还清楚，他们跟我讲了

我和日本的母亲及家人

多久我都不记得了,只记得我的眼里一直噙着泪水……

最后我和爱人及我们的五个孩子于1981年6月回到了日本,但一个执着的信念让我到日本后一直奔走着。那就是虽然我身在日本,但养父母是我最大的牵挂,“父母在,不远游”,我不能经常回中国,那就把父母都带在身边,孝敬在身边。于是我开始忙于给养父母办理来日本的手续。其间我和爱人还坚持劝说我那坚持要留在中国的父母,爱人甚至数次哭着乞求父母来我们身边。因为举家刚回到日本,遇到的重重困难是难以想象的,我们失望之余更盼着养父母在跟前,那样做什么事情心里也底气足呢!就这样,在我们的坚持下,我年迈的养父母于1982年4月终于来到了我们身边,我们在日本团聚了。

至此我也全心开启了日本的生活,初来乍到,什么都要重新开始,语言障碍是一大难题,但看着有那样一大家子人在背后支持着我,还有什么比这更知足的呢,我丝毫没有气馁,凭借自己在中国学到的知识和掌握的手艺,很快在日本找到了理想的工作,并且还得到了诸多认可,生活也越来越好。每每回家,即便再累,但看着孩子围着爷爷奶奶嬉笑的场景都不觉得累了。

诚然,无论日本的生活如何,但我的心还是在中国。尤其我年迈的养父母,时常惦念着中国的亲人,有时间时,我便会带着他们回中国看一看。每次回中国,都是那样一幅场景:儿子背着老妈妈上下飞机,上下火车。然而,就在母亲84岁那年回中国看望自己的女婿一家时,因病在中国去世了。我要让母亲回家与家人在一起,所以坚决背着母亲的骨灰回日本。这是养我的母亲,曾为自己的儿子吃尽苦头的中国女人,曾为儿子拉扯五个孙儿的伟大母亲,儿子背您回家!

母亲的离世让父亲的身体状况急剧下滑,最终父亲也因病离开了我们,享年92岁。遵照父母的遗愿,死后回中国,身为儿子,再次背着父亲母亲的骨灰回到了中国。我在中国黑龙江省牡丹江宁安给父母买了墓地,将二老合葬在一起。他们坚持回这里,是因为儿子是在这里收养的,现在儿子送二老落叶归根。儿会谨记父母教诲,好好做人,多做好事。

送走了养父母后, 跟我操劳了大半辈子的爱人也因为罹患乳腺癌永远地离开了我们。这对于我们这个家来说又是一次重创。很长一段时间我无法适应眼前的一切。

就在我失去爱人后生活上面临诸多困难之际, 许是上天的垂怜,让我遇到了好心的于佩芝,她成了我第二任妻子,全心全意照顾我全家的老小。也许这就是福气吧,我时常这样想。我有养育我、教育我的中国父母,有呵护我照顾我的两任中国妻子,我与中国的这段情缘是今生注定的。

现在,我们乐于做些公益事业,我们不为谋取私利,而是真正想为大家服务。无论自己的事情多大,“NPO 法人中国归国者·日中友好之会”的事情头等重要。为此,爱人也总埋怨我说:“干脆住办公室得了!”但我知道,她的心里是支持我的。爱人会做服装,所以

我们做饺子义卖补充会费,用以日中友好之会的活动

我们会里活动演出的服装都是由她来做，很多时候为了保证演出如期进行，她会赶制演员服装到深夜，家里的一大堆孩子和孙儿她都照顾得很好，毫无怨言，让我能够踏踏实实地为别人做些力所能及的事情。

我们这些遗孤们常常聚到一起，每每听到中国歌曲《常回家看看》，我们都会跟着一起唱，唱着唱着就都掉泪了，真心思念养育自己的故土和中国的亲人啊！我们是经历战争之苦的特殊群体，生父母给了我们血液躯体，养父母给了我们爱。我们深深感念养父母的恩情，我们对中国的感情是无可替代的。

现在，一有机会我就会回到中国，一是要祭拜养父母，二是为了宣传中日友好。虽然我的养父母不在了，但我一样感恩其他遗孤的养父母，感恩他们的同时也表达我对养父母的怀念。

2015 年 7 月，我与日本遗孤访华团一起回到了中国方正祭奠养父母，我相信，大家都是一样的心情，都希望通过这样的行动，让世界牢记战争带给人们的伤害，让悲剧不再重演，让和平永存人间。

高山云彩架新桥

——宫夏明男

已经记不清这是第几次登上从东京到哈尔滨的飞机了。从1984年回日本定居到现在,我已经在日本生活了整整31年,几乎每年我都要回中国看看。31年的时间,足以让我适应了日本的生活,可奇怪的是,我的心里并不觉得这里是家,相反,每次回中国,却都是游子回家乡的急切和激动。在飞机落在中国大地的一瞬间,我的心才能像回到家那样踏实下来。

我是日本遗孤宫夏明男,中国名字叫刘晶峤,和绝大多数日本遗孤一样,我也是日本开拓团民的后代。我的父亲宫夏儀正和母亲宫夏久江在1939年前后来到了中国黑龙江省密山县,1941年在那儿生下了我,1944年,父母又给我添了个妹妹,我们一家四口在开拓团里与大家一起劳动生活。

1945年,日本战败之际,苏联红军出兵中国东北,开拓团里的日本人都开始四处逃亡。此前父亲被召回国,没有任何音信,生死未卜。于是母亲就背着妹妹,领着我,一路或坐马车或搭便车跟着逃亡的人群向南到了牡丹江,又坐着闷罐车从牡丹江到了哈尔滨。当时听说马家沟小学是难民收容所,可以收留我们,母亲便带着我和妹妹去了那里。可到了之后才发现,所谓的难民收容所就是一处设施极其简陋的场所,四处漏风,条件异常艰苦,甚至有好多难民

我和母亲

都病得奄奄一息，小孩子都穿着单薄的衣服在角落里发抖，勉强睁着眼睛，脸冻得紫红。母亲看到这情景顿时傻眼了，本来以为到了这里可以有一线活下去的希望，没想到这唯一的希望也破灭了。那时已经是十一月份了，母亲怔怔地看着窗外飘着的清雪，就那样不知道站了多久，她回过头对我说："咱们不能在这儿等。"说完就带着我和妹妹走了出去。走出不远，见附近有家面包铺，母亲带着我和妹妹走了进去，恳求面包铺的老板能允许我们在铺子里休息一下。面包铺的老板看我们实在可怜，就同意了。当时铺子里的伙计们都议论着我们，我养父刘喜超也在其中。他曾当过日语二等翻译，所以他就同我母亲交谈起来，交谈中得知，我母亲实在无力抚养我们两个孩子，为了保住我们的命，想把我们送人收养。铺子的老板齐殿臣也就是我的三姑夫听后就对养父说："这俩孩子还这样小，跟着母亲再这样下去，恐怕活命都难。你和延芳也没有孩子，你们可以收养一个。"养父似乎也动了心，与我养母徐延芳商量过后，便收养了我。妹妹也被铺子里另外一个叫邹殿英的伙计收养了。就这样，我成了刘家的孩子。

我对自己是日本孩子的记忆，只是母亲留给我养父的关于我的名字、生日和日本老家等只言片语了。

1946 年，母亲回日本之前来看我和妹妹，最后只带走了妹妹。所以原来在中国的一家四口，就只剩下我一个人了。

但庆幸的是，在中国的这个新家庭里，所有人都对我很好。我的养父母对外一直隐瞒我的身份，毕竟在那个年代，日本孩子这个敏感的身份是不一定会被友好相待的，他们为了保护我，从不跟人提起我的身世，我们也为此搬了好多次家。

6 岁的时候，我得了突发性的眩晕症，发作时感觉天旋地转的晕，站都站不住，有时还吐。邻居家的小孩儿都不愿意跟我玩儿，我每天闷在家里又难受又孤独。养母见我这样，就放下手里的活儿，拿着小板凳坐在我旁边陪我弹玻璃球玩儿。为了给我治病，养母到处求医问药，各种偏方都用过了。后来听说每天吃红糖鸡蛋能治好我这样的眩晕症，但那时候，不用说每天，就是过节的时候能吃上鸡蛋都很难得，家里养鸡的，鸡蛋攒着不舍得吃，不养鸡的吃到鸡蛋就更难了。但很神奇的是，自从知道这个方法能治好我的病以后，母亲每天都能拿一个鸡蛋回来，我只顾香喷喷地吃，哪里会想到这每天一个的鸡蛋都是养母用自己的嫁妆换了钱买来的。

我 11 岁时，姑姑家的孩子得了红眼病，因为总在一起玩儿，我也被传染上了，最严重时已经看不清东西了。养母很着急，托人找来了当时很有名气的大夫给我看病，又开了好多药。在那个年代，吃饭穿衣都不宽裕，更何况找大夫看病开药。可养母一点都不犹豫，为凑足医药费，甚至把自己的首饰全部都卖了。就这样，在母亲的精心照顾下，我渐渐好了，可本就单薄的母亲也更加消瘦了。

1955 年我上了初中，因为学习刻苦，成绩一直很好，可因为家庭的一些变故，我无法与养父母共同生活在一起，所以常在对我如母亲一样好的三姑家住。有时我也会到要好的同学家住，帮着同学一起劈柈子、捡柴火、挑水、收煤。同学家长知道我的情况，不仅没有排斥我，反而都对我很好。我的一位叫陶志强的要好的同学，他家条件好，每周都能吃一次肉，所以每逢吃肉的时候，他姥姥都会叫上我。唯独有一次我没去，姥姥就开始惦记了，她让陶志强去找我，等我一进屋，姥姥看了我一眼就急着从炕上下来，边拄着拐往厨房走，边像松了一口气似地埋怨起我来："这孩子，大冷天的跑哪儿去了，饿着肚子也不知道来吃饭……"话音还没落，姥姥就端上了一大碗喷香的鸡肉炖土豆。很显然，家里人都已经吃过了，可两只鸡大腿和我最爱吃的鸡脖子却依然完整地留在碗里……我只觉得嗓子里有什么东西噎着难受，拿起筷子低着头大口大口地吃起来，任凭眼泪胡乱地流下来。

中国的三姑和妹妹

1958 年我初中毕业时，齐齐哈尔医士学校来我们校巡查，当时我有幸被推荐了上去。但因为养父当时不在家，养母和奶奶也舍不得让我去那么远的地方。看着含辛茹苦的母亲和年迈的奶奶，我放弃了离开她们去齐齐哈尔的打算。后来，我拿着毕业证到哈尔滨电机厂参加了考试，并顺利通过，还被分配到第九车间实习，当了一名铆工。1960 年我被保送上了电机工业大学学习焊接，来到了这个培养高级工艺师的地方，我更加珍惜学校给我的机会，我深知其来之不易，也倍加珍惜，对于技术的钻研也更加刻苦，不敢有丝毫怠慢。想着可以凭借自己的努力回报社会,回报母亲,我也越来越自信了。1971 年,我有幸作为电机厂的代表到武汉参加了国务院葛洲坝水利枢纽工程审查设计会议。那是令母亲一直引以为豪的事儿。在我 26 岁那年,我结婚了,妻子李桂云是电表厂的工人。结婚后,我们也是与母亲住在一起。我在厂里干得越来越好,妻子很支持我,对家里和母亲照顾得也很周到,日子总算有了点起色。可是好景不长,母亲患了半身不遂。看着病床上苍老的母亲,我愧疚极了,我让母亲操劳了一辈子,可母亲还没享上我的福就病倒了。我在病床前坐了三天三夜,脑中浮现出母亲把我从小养大的每一个细节,"母亲,您可知道,儿心里有多心疼您。"看着不能动的母亲,我的泪抑制不住地流。母亲望着我,浑浊的双眼竟然变得清澈起来,热泪像断了线的珠子,夺眶而出,顺着她那长满皱纹的脸颊滚落下来。不知过了多久,待妻子来扶我时,我甚至没了知觉。

妻子知道我的身世,所以她也特别感激我的养母,对养母的护理无微不至。她知道,如果没有我朴实善良的母亲,没有她默默付出对我的爱,就不会有我们的今天。无论冬夏,每天早上四点半,妻子都拿着养母拉尿的垫子到厂里清洗干净后在电炉旁烘干，然后

我(后排左五)在电机厂工作的合影

拿回来及时给养母换上，几年如一日。

1975年母亲去世了，我心中的那盏灯灭了。母亲，我欠您的太多了，今生无以为报，如果有来世，儿子定长留您身边，永不分离。

中日邦交正常化以后，我尝试着给日本厚生省写了封信，让我想不到的是，三个月后，我竟收到了亲生父亲的来信。我从父亲的信中得知，他是1944年回的日本，1946年母亲带着妹妹回到大阪以后也找到了父亲，也得知我的生母在1973年就去世了。为了找到自己的儿子，父亲甚至把当时长野县开拓团所有的名单都查了一遍，让他欣喜的是，名单里只有一个叫宫夏明男的人，父亲认准了那就是我，所以毫不犹豫地给我回了信。就这样，我和父亲的距离被那一封封载满惦念的信件拉得越来越近了。

1984年，在养父的支持下，我们一家回到日本定居。刚回日本，我先是学了四个月的日常语言，后来搬家到了东京。为了生存，我先是在东京职业学校学习跟焊接有关的专业语言，然后找了份工作当焊工，因为工作用心努力，加之技术娴熟，很快就得到了大家的认可。我很感谢中国，因为我所有关于焊接、电机方面的技术，都是在中国学到的，而正因为有了这个手艺，才让我回到日本后可以赚钱养活自己和家人。

在日本期间，为了让我们安心在日本生活，养父也数次去日本看过我们，给我们带去了爱吃的食物以及国内亲人的惦念。儿子的日子是越来越好了，可两个父亲却没能陪我一直走下去，我的养父于1996年去世，亲生父亲也于2000年永远离开了我们。儿子会永远记住你们的恩情。

阳光洒满房间，我坐在窗前，看着窗外随风摇曳的树枝，听着楼下孩子们无忧无虑的嬉笑声，记忆的洪流再一次向我涌来。恩人已经故去，照片已经泛黄，历史应该被借鉴，让悲剧不再重演。我是一个日本人，而我却如此地热爱着中国，这里有太多我要感谢的人，这里留下了我太多的感动。中国汉字中，三个“日”为“晶”，“峤”为“山高而尖”之意，我有个心愿，希望我作为一个日本人能够找到自己的根，从上空借助这个山峰上云彩搭建的桥梁将我的两个故乡联结起来，将中日两国人民的心联结起来。所以，我喜欢自己这个中国名字——刘晶峤。

黑龙江省方正县中日友好园林内的中国养父母逝者名录影壁

数载育恩重，三生报答轻
——橘高弘子

我叫橘高弘子，说不准自己是1941年还是1942年出生的，我的中国母亲矫俊清告诉我，1945年他们在吉林省的一个山村铁路边的难民营发现我的时候我还不到5岁。当时我浑身长满疥疮，亲生母亲认为我命不久矣却束手无策，恰好遇见我的中国养父母龙宝珠和矫俊清，他们将我轻轻抱起的同时，我的生母跪下叩头恳求他们收留我。看着一位母亲哀求的目光，看着这个孩子无辜的神情，龙宝珠和矫俊清的心颤抖了，他们当即决定，要救下这个孩子。从此以后，龙宝珠和矫俊清就成了我的中国爹娘。

上苍垂怜，我的疥疮在中国爹娘的细心呵护下奇迹般的好了。我被他们视为己出，也成为日后家里底气最足的大姐，心安理得地享受着他们给予我的父母之爱。在那物资匮乏的年月，家里有一点点好吃的都让我先吃，他们宁可饿肚子也要让我吃饱。有一天晚上9点多了，娘不顾爹反对叫醒了已经入睡的我，原来娘带回来一个热乎乎的包子，想让我趁热吃下。我6岁那年的春天，村子里蔓延开了麻疹，瘟疫就像洪水猛兽般夺去了很多孩子的生命。我也莫名地发起了高烧，这可吓坏了我的爹娘，他们急啊，我偷听到爹对娘说"就是倾家荡产也要救活孩子的命"！他们在最短的时间内变卖了家里所有值钱的东西，两人轮流背着我连夜沿着崎岖的山路奔跑，一夜未停歇，终于在天亮时跑到了县城医院。因为抢救及时，爹娘把我从死神手里夺了回来。而此时娘的肚子却疼了起来，她因为着急、恐慌和极度劳累，在那一夜流产了。原来，娘知道自己已经有三个多月的身孕，却还不顾一切地那么拼命奔跑，帮我与死神抢时间。那天天蒙蒙亮时，天边映着彩霞和彩云，父母因为我得救而看到了希望，所以给我取了个中国名字——龙凤云。

我的养父母

无数个饥寒交迫的日子里，我被他们当公主一样宠着爱着。爹娘不舍得吃喝，却肯花“巨资”一毛钱给我买红头绳扎头发。如果我受了一点委屈，老两口比我还难受。转眼间到了我要上学的年纪，可是周围的孩子们都知道我是日本人，经常在我身后起哄，“八格牙鲁小日本，滚回老家去！”甚至还有的孩子动手揍我！养父搂着我直奔那几个孩子家说理：“我们收养她时她还不到5岁，没杀人，没放火，没干坏事，她就是个孩子，不许欺负她！”有一户家长也忍不住回骂“汉奸，走狗”，双方差点动手，被邻居拉开了。日本人涂炭东北十多年，仇恨太深，养父词穷了。

这件事之后，周围对我和我家的非议接二连三地出现，为了能让我有个快乐的环境学习和生活，养父母决定举家搬迁到哈尔滨。

从此，松花江水见证着养父母对我博大深情的爱，中央大街上的面包石记录下我从一位儿童成长为少女并在哈尔滨学习、工作、结婚生子的过程，那是我在中国故乡最美好的记忆。而我的中国养父母又任劳任怨地在无数个春秋里帮我带大我的三个孩子。

收养我之后养母又生了一个儿子三个女儿，我的这些弟弟妹妹们因为我的关系在“文革”中几次想上大学无望，因为养父的档案里清清楚楚地写着：里通外国的特务嫌疑！后来我的弟妹问她的婆婆：“妈，收养凤云大姐却连累了这么多亲生骨肉，您后悔吗？”养母笑着说：“傻孩子，救人命怎么会后悔呢？”

1978 年，当时的日中友好协会会长发起了寻找日本遗孤的活动，我符合回日本的条件。养母用平日里辛苦攒下的钱偷偷为我准备了很多吃的用的，这更像是为出嫁的女儿准备嫁妆。养母还对她的儿媳也就是我的弟妹李彦民说：“给你姐做件旗袍吧！”一条藏蓝色的旗袍，养母一针一线在微弱的灯下缝制，每当想到她在只有 25 瓦的小灯泡下细细缝制的情景，我总是忍不住流下眼泪。慈母手中线，游子身上衣呀，可爱又可敬的养母，您把母爱给了一个异国孤儿，您历经苦难，勤劳无私，自己却不知受了多少委屈和折磨，不知道我离开中国后，何时还能再回到您的怀抱。

临别那天，我穿上了这件养母亲手缝制、带着她体温、浸着她汗水、蘸满她母爱的旗袍，每一个边缘细细的针脚都是母亲对女儿的不舍，她用烙铁烫了又烫的旗袍非常合身，中国女人特有的古典美全然体现在我身上，恍惚间我竟分不清自己到底是中国孩子还是日本孩子。母亲抱住我，我们俩哭成泪人儿，泪水将旗袍的前襟打湿了一片。那天的临别家宴上，满桌美味佳肴，全家人却觉得难以下咽。养母眼巴巴地看着自己抚养了三十多年的女儿和三个外孙，她强颜欢笑，一会儿亲亲这个，一会儿摸摸那个，心中有万般不舍，口中却说“到了日本要照顾好自己，好好生活！”全家人都强忍着泪水，养父难过得躲了出去。我知道，这个家中的顶梁柱，这个顶天立地的男人不想让我看见他的眼泪。我哭倒在母亲的肩上，“妈，到了日本我就给您写信，我不会忘记您对我的养育之恩，有机会我就回来看您！”养母不说话，大滴大滴的眼泪从她已经满是皱纹的脸上滑落，那一幕，母亲心中的哀伤，我永生难忘。车来了，我却后悔了，不想走了，母亲却果断松开我的手，帮我理了理凌乱的头发说：“凤云，到了日本要是有困难就来信，什么时候不顺心了就回来，妈等你！”一大帮亲人簇拥着，我一步三回头地走了，听弟妹李彦民说，我走后母亲饱受煎熬的情感奔腾而出，她撕心裂肺的哭声在我家悠长的巷子里久久回荡，令许多街坊动容。

我顺利地回到了日本，而母亲，却因为思念过度，望穿秋水，哭瞎了自己的右眼！娘啊，今生今世，凤云欠您的太多了，您对我的爱我怎么能偿还得尽呢？我能做的只是利用一切业余时间给母亲写信。弟弟和弟妹说，每次收到我的来信，母亲都要他们念上好几遍，

2010年我们夫妇和养父母的儿子、儿媳及日本遗孤的后代刘锦成先生回哈尔滨祭奠养父母(左起：刘锦成、胡晓慧、养父母儿媳、我和先生、养父母的儿子)

之后还要把信整整齐齐地叠好,用衣襟把信封蹭了又蹭,再将信贴在胸口,静静地感受那个小时候扎着红头绳喊娘的凤云在她的心口捣乱,人却与她相隔甚远。母亲对我的牵挂,藏在那个藏着我每一封来信的枕头下,她用特殊的方式,掩饰着思念爱女的痛苦。

回到日本后,我找到了自己的亲叔叔婶婶,他们告诉我日本亲人的情况。我看到了亲生母亲的牌位,她没能熬过当年的那场瘟疫,死在半路上,终生没能回到日本,叔叔婶婶以为我也在那兵荒马乱的年月里死掉了,也给我立了牌位。我感慨世事沧桑,更感谢我的中国养父母,没有龙家,就没有我。我在对中国和中国养父母深深的思念中慢慢地适应了日本的生活。

一年一年,斗转星移。1997 年 12 月 21 日,劳累一生的母亲大面积脑梗住进了医院,抢救一周后,医生宣布无力回天。我听到消息五雷轰顶,以最快的速度办理回中国的手续!我要回到母亲的身边,我要回到娘的身边!弟弟、弟妹告诉我他们在母亲耳畔呼唤了无数次,可是母亲就是没有反应,医生说这叫脑死亡。我知道母亲还在等我,她说过,只要我愿意回来,她就永远等着我。她一定会等我的!12 月 27 日,已经 60 岁的我终于回到了母亲身边,我哭倒在病床前,抱着妈妈那早已没了知觉的脸,用力哭喊:“妈我回来了,你的凤云回来了,你的凤云回来看你了!妈你听见了吗?”这时,妈妈仿佛有了心灵感应,竟然有了反应,一大颗泪珠从妈妈已经数日无意识的眼角中滚落。我不知道是几分钟后,对我而言仿佛过了一个世纪那么长,妈妈离开了人世,我的中国妈妈,救我养我爱我的妈妈永远地离开了我。往事的一幕幕在我眼前闪现,她帮我细心擦洗长满疥疮的身体,她背我沿夜色中的山路奔跑治病,她把唯一的包子留给我吃,她带我去欺负我的孩子家理论,她在灯下为我缝衣,她的右眼流干了对我思念的泪,她苦苦等待苦苦盼望一个与她没有血缘关系的女儿，她让我从孤儿变成了父母健全的健康儿童，现在，她离开了我，我又变成了孤儿。我欠她太多眼泪，而她却用爱改变了我的生命轨迹，拯救了我一生的命运，使我有了两个故乡。

我是日本的橘高弘子，我是中国的龙凤云，这一生一世，我都注定要为这两个故乡和故乡的母亲而牵挂和爱。

位于黑龙江省方正县中日友好园林内的中国养父母公墓

我的中国幸福泪
——金井睦世

我们在日定居的残留日本孤儿都会唱一首集体自编的歌——《说句心里话》。歌词是这样写的:说句心里话,我有两个家,一个家在东瀛,一个家在中华……我也有恨,战争的悲剧永远记住它……我也有情,中国的恩情比海深,比天大,虽然回到祖国,难忘中国的家,梦中热泪洒,呼唤着中国的老妈妈,中国的老妈妈……这是我们用血和泪谱写出来的歌,是我们残留孤儿的共同心声!每当我唱起或听到这首歌时,就热泪盈眶,思绪万千,就更加怀念养育我、给我第二次生命的中国的家。

我叫金井睦世,父辈的故乡是新潟县牧村,明治中期到昭和三十年代,那里盛产石油。也正是因为大量开发石油的需要,很多农田被占用,所以不少农户去了中国。我的父母是1936年随着新潟开拓团去的中国,家人中还有我的四叔(金井德四郎)后来也去了中国的新京(现长春市),入满洲师范学校读书。

1941年1月2日,父母的第二个孩子也就是我出生了。我刚一出生,我的父亲金井国藏便给我取名金井睦世。父母在中国生了四个孩子,我排行老二,上面有一个姐姐,下面还有两个弟弟。我们当时住在一个叫乌林屯的地方。由于父亲为人忠厚老实,母亲也外向随和,善于交往,与一墙之隔的邻居施家相处较好。施家是个大户人家,男主人叫施洪生,当时在蛟河煤矿当电工,后来成了我的养父，女主人叫王淑贞，也就是我的养母，在家开了个小杂货店。母亲经常去她的杂货店买东西，一来二去，我们两家也交往甚好。

我的养父母

可这种舒心的日子并没过上多长时间。1944年，父亲被征兵带走。无奈之下母亲只能一人下田劳作，经常把我们锁到屋里，我们因为长时间见不到母亲就大哭大叫，隔壁的养母听到哭声就跑来哄我们，给我们拿糖果，拿豆浆……在那一段时间里，我们经常得到养父母一家的关照。

天有不测风云，1945年8月的一天，苏联军突然围攻了乌林屯，我们在逃难的途中，年幼的弟弟因不堪折腾夭折了。在此之前，我的姐姐也因病没得到及时医治早早地离开了我们。在那慌乱的时期，开拓团的人们也都不知去向了。为了生活，母亲领着我和大弟弟这仅存的两个孩子离开了乌林屯，到了蛟河县城给人家当奶妈。丈夫没音信，四个孩子没了两个，生活的艰难……如此重压使得母亲身心疲惫，直到有一天实在挺不住了，昏倒在了水井台上，最终也没能活下来，留下了两个年幼孤苦的孩子。

德四郎叔叔闻信回来帮我们埋了母亲。当时只有16岁的德四郎叔叔，谁也不认识，无奈只好带着我和弟弟重回乌林屯，想从那里寻找一线生机。也许是上天注定我要与我的养父母在一起，正当我们走投无路的时候，迎面碰上了下班回来的养父。他一眼就认出了我和弟弟，看着我们的惨状，他二话没说，就把我们叔侄三人带回了他家。养母第一眼看见我就掉泪了，她说我瘦了，见我和弟弟穿的衣服不像衣服，脏兮兮的怪可怜，就给我们连夜赶制了衣服，还给我们洗澡、剪发、做小被子。夜间因为弟弟尿炕，养母就把我和弟弟抱到她身边睡，给我们盖被子，半夜抱弟弟把尿……就这样，我们叔侄三人吃住在养父家，算是暂时安定下来了。在那段非常时期里，养父全家人为了收留我们付出了很大的代价，这是我今生无法忘却的回忆。

1946 年秋季，在养父母与德四郎叔叔反复商量后，我得以继续与养父母在一起，17 岁的叔叔带着 3 岁的弟弟回了日本。懵懂的我挥手告别了我的亲人，成了养父母的女儿。养父母都特别喜欢我，给我取名施桂香，我也喜欢他们，平时爱在杂货店里跑来跑去的，在他们身边过着无忧无虑的生活。我甚至习惯了叫养父母为爸爸妈妈。到我 6 岁时，妈妈把我送到了乌林小学上学。当时班上比我大的同学都喊我“小日本儿”，我委屈得哭了，妈妈得知后气得不

我的亲生父母

行,就去找他们评理。“日本孩子怎么了?打咱的是日本兵,孩子犯啥错了,她够可怜了,你们咋一点儿同情心都没有,以后谁要是再说她,我就跟谁翻脸。”妈妈义正词严的话使得同学再不那样喊我了。是啊,妈妈为了我什么都舍得,我想,亲生母亲也不过如此吧!

记得我刚上学时,妈妈用她的私房钱给我买了上好的猫毛大衣、小毛衣、小皮鞋来穿,她做到了让我吃好穿好,让我拥有了比一般孩子优越的童年时光。

有一次,一个大个子男生又歧视我,说我是日本孩子。爸妈听说了,在经过一番商量后,毅然决然地把房子、杂货店和田地都舍弃了,把家从乌林屯搬到了蛟河县城。搬走的那天,我眼见他们都掉泪了,为了我,他们付出的太多了。搬到蛟河县后,爸爸到蛟河电业局工作,妈妈找了份鞋厂的工作,给我也改了名字(取名为施亚丽),送我继续上学。在爸妈的精心照料下,我无忧无虑地成长着,学习进步得快,成绩越来越好。这是一度让他们引以为豪的事呢!初中二年级时我甚至获得了入团的资格。也正是在填写入团申请时因为要向组织说明出身的情况,我才从爸妈那里得知我自己的身世。他们为了保护我,尽了父母能为子女所做的一切!

那个年月里人们的生活都不算富足,可妈妈仍旧毫不保留地在物质和精神上尽她所能地满足我。妈妈大部分的积蓄都花在了她这个心爱的女儿身上。记得有一天我们母女一起逛商店,妈妈见我喜欢表店里的小手表,回家后没几天便把她那枚精美的戒指当了,换回了30块钱为我买来了那块表。我到现在都一直保存着这块手表,看见它我好像就看到了我爸妈,回到了那个充满快乐、幸福的家。

在我17岁的时候,爸妈又给我添了弟弟,后来,我叔叔家的两个孩子也来我家了。别看后期我们家的孩子多了,可爸妈对我比对亲生儿子还要亲,我喜欢的食物,妈妈都是留给我吃。我总能穿到新衣服,而弟弟妹妹们穿的是我的旧衣服。

父母的慈爱激励我更加努力学习。初中毕业后我被保送到高中,直到后来留校任教。待到 1962 年,我也不小了,经妈妈与她的一位好姐妹的撮合,我与我先生认识并结婚了。先生得知我的身世后,很是理解同情,说会与我一起努力前行,先生的理解更令我感到欣慰。由于我先生在外地工作,婚后也几次想把我调到他身边。妈妈一听说我要调走,背地里就哭,我知道那是她心里舍不得她这个女儿。而我打心里也不愿离开妈妈,因为打小儿就受宠惯了,更不习惯离开爸妈,所以婚后我和先生也一直是两地分居。想到我和爸妈的深厚感情,先生也对此更加理解了。结婚后我的三个孩子都是我妈妈帮忙带大的,三个孩子跟姥姥的感情深厚着呢! 现在想来我欠妈妈的太多了。这大爱无疆的养育之恩是我终生都没齿难忘的。

"文化大革命"中,爸爸被批斗,妈妈一急之下得了糖尿病。让我最恨自己的是,那时的我们因为缺少对这种病的认知和了解,一心为了给妈妈补充营养,竟然还盲目地给妈妈买些槽子糕、苹果之类的甜食来吃,回想起来,真的是后悔莫及啊! 那一天,是我终生难忘的日子,由于医疗条件限制,妈妈因为胰岛素注射剂量不对而昏了过去,我像发疯了一样拽着医生,求他一定救活我妈妈,医生尽了力,可妈妈还是没能挺过来。临终前妈妈含着眼泪跟我说:"真是离不开你啊,需要你管家啊! 我告诉你啊,你的日本妈妈好像总叫你'木匠'(后来我找到我日本的亲人也正是借助了这个谐音名字),可能这是你的日本名字吧,你们一家人都是好人,几十年了,有机会你就回去找叔叔和弟弟……"我当时什么也说不出来,只是紧紧握着妈妈的手,盯着妈妈的脸,我要再感受妈妈的体温,再看看妈妈饱经风霜的脸,我不舍得她呀! 可最后,妈妈还是离开我了。妈妈生前有个心愿,她去世后要葬在西山的半山腰上,她说躺在那里能看见家，能看见我。为了了却妈妈的心愿，我给妈妈买了最好的红松棺材，将她厚葬在了西山，这是我能为她尽的最后一份孝心了。爸爸因为妈妈的离去，一度难过至极，为了方便照顾，我把年迈的爸爸接到了身边，更是想让他在外孙们跟前能够淡化一些失去老伴儿的忧伤，好过一些。

从 1982 年开始，随着大批残留孤儿回日本寻亲，亲属朋友也鼓励我回去寻找亲人，爸爸也总劝我回去找找自己的亲人……我何尝不想知道自己的身世，找到自己的亲人，但是一想起妈妈，一看到爸爸那苍老的面孔，我怎么也下不了决心。

1986 年 3 月 13 日，爸爸因急性肺心症突然故去，临终前一再叮嘱我要回去找找自己的亲人。我们姐弟四人为养父母合了墓，立了碑。那段日子里，我经常在梦里见到养父母，看到他们慈祥的脸，每次醒来都是泪流满面……

1986 年 12 月 3 日，我作为第 14 批中国残留孤儿寻亲访问团成员回到了日本。巧的是回日本第三天，金井德四郎叔叔就来认亲了。四十年的分离五分钟的相认，叔叔再也控制不住自己的情绪，一把搂住我哭了起来，叔侄两人瞬间哭成了一团。

在日本寻亲与叔叔相认

后来,我通过叔叔的讲述得知,父亲当年被带去了西伯利亚,三年后从西伯利亚回到了日本,他听说叔叔把我留在了中国,就想办法寻找我,一直没有放弃,因为父亲坚信能找到我。我回到日本的第四天,是我亲生父亲的祭日,我想,他直到闭上眼睛的那一刻一定还是牵挂他的女儿吧!返回中国之前,我让叔叔给我画了埋葬亲生母亲地点的地图。回中国后,我按照地图的标记找到了埋葬母亲的地方,把从日本带回来的父亲的遗物埋到了地下,祈愿两人能在一起吧!若是时光能倒流,我的亲生父母能够看见他们的女儿被中国的养父母悉心收养,该有多好呀!我相信他们可以放心了。

1991 年 4 月 5 日,我一家人回到了日本。虽然我人在日本,可心里还是一直惦记着中国的家人。我出生在中国东北的松花江畔,在那块黑土地上成长了五十年,是中国的阳光照耀我人生的航向,是养父母的辛勤汗水浇灌我茁壮成长。他们的养育之恩代表着上一代千千万万个中国人的伟大情怀。在战火纷飞的年代里,他们冒着生命危险,抢救曾经侵略过他们的敌人家的孩子;在生活十分艰难的情况下,收养着刚刚放下屠刀的敌对国家的孤儿们,这是何等可贵和高尚的情操!我爱我的两个家,我时时想念中国的家。

我叫睦世,我想父亲给我这个名字的初衷也是希望不再战争,世代友好和睦吧!我想以我的经历告诉人们,战争是无情的,人民是无辜的,衷心地希望在日本再也不要有第二代第三代的残留孤儿产生了!

爱无言　恩难报

——间野澈

我叫间野澈，是日本人。我还有一个中国名字——邱继友，中国是我的第二故乡，在那里近四十年的岁月中，有我挚爱的亲人和许多珍贵的回忆。

我的故事还要从1944年美国空军对日本实行战略轰炸开始，那时我家住在东京浅草，家中有七口人，父母和我们兄弟姊妹五个人，我是家里最小的。因为遭受轰炸，当地的人们都被遣散了，父母领着大姐、二姐、二哥和我来到了中国，大哥因为年龄大没来。当时的我只有3岁，所以对父母的名字、长相都没有印象。

来到中国，我们最先到的是在中国牡丹江宁安县沙兰镇八丈岛的开拓团，后来全家就住在二道沟屯。到中国没多长时间，母亲和大姐就因为伤寒病未得到及时有效的治疗离开了人世。亲人的离世对我们的打击很大，心里的伤痛，生存条件的恶劣，使本就虚弱的父亲身体更加羸弱了，也因此无力继续照顾我们了。父亲带着二姐、二哥和我来到了沙兰，经过再三考虑父亲决定把我们送给中国人。虽然不舍，但为了都能活下去，只能这样了。后来听我养母说父亲身体消瘦，一看就是身体不好。父亲把我们留下的时候没敢多说什么转身就走了，只怕再晚一会儿走眼泪就要掉下来。我和二哥被送到同一家，听说那户中国人家姓刘，他们看着病弱的父亲带着我们，不忍心不管，所以答应留下我们兄弟两个。当时的生活条件很艰苦，抚养两个男孩儿对于刘家来说相当吃力，所以他们商量着留下大我四五岁的二哥，再另找一户可靠的人家收养我。大概两个月后，经过中间人介绍，我被另外一户人家收养，也就是一直抚养我长大成人的邱家。

我和养母

我的养母褚孝芳因为子宫切除，一直没有自己的孩子。听养母跟我说，她是用一斗苞米换来的我。每每说到此，她都乐呵呵地笑着，眼睛里散发着母亲慈祥的光芒。养父邱喜文那时候给人家看管饭店，靠打零工养家，养母是家庭主妇，照顾着家中的里里外外。我来到这个家之后，养父母按照他们的家谱给我起了中国名字：邱继友，也许是希望我继承友好之意吧！

那时我们家的条件还可以，有土地，生产的粮食足以养活一家人。到了上学的年龄，父母尽全力供我，学费都是父亲的工资。在这个家庭里我受到的待遇一点儿也不比亲生子女差。父母对我很宠爱，有什么好吃的都是先给我吃。我们家算是大家庭了，我和养父母以及养母的娘家人住在一起。我养母是家中的长女，兄弟姊妹多，其中最小的比我还小一岁。所以，我和我的那些比我大不了几岁的舅舅、小姨们相处得很好，我们就跟好朋友一样，一起上学、放学，一起玩儿。家里人多，农活也多，姥姥和姥爷就经常组织大家一起来干。应当说，全家人除了养父出去干零工赚钱，都以种地为主。不忙的时候，姥爷也会做些麻花、油条之类的糕点出去卖。幸运的是，我们常能吃到姥爷做的糕点，有的时候还到养父打工的饭店去吃些好吃的。现在想想,那时候的味道,真是一辈子都忘不了。

养父母就我这么一个孩子，所以，我在这个家里被照顾得很好。到我 13 岁的时候,因为要就读的中学离家很远,所以只好住校了。住校期间,父亲为了供我上学,转到了离家较远但工资较高的林场上班,母亲也为了照顾父亲把家搬到林场去了。三年后我考入哈尔滨东北林学院林业机械系,在那里读了五年书。其间住宿和伙食都要花钱，每次开学前父亲都会给我准备足够的伙食费及住宿费。那时父亲已经退休了,他用微薄的退休金艰难地供着我,但让他欣慰的是,我在学校学习很刻苦,并时常会拿到助学金。1962 年,临毕业之前,我因为患了结核性腹膜炎和淋巴结合病而退学了,当时的状态是人根本起不来,住院住了半年多,急坏了我的父母，母亲心疼得直流泪,父亲也是一脸的焦急。为了给我治病,父母不仅花去了他们大半生的积蓄，而且还欠下了不少债务。也许是上天眷顾我,在父母的精心照料以及亲朋好友的协助下,我的病情好转并很快出院了。住院期间,亲戚们几乎每天都来看望我,把我照顾得好好的。那段时间虽然身体不舒服,但是心里还是阳光普照的,心情丝毫没受到病情的影响。出院后在家养了几个月然后就上班了。1963 年,我 22 岁了,恰巧赶上林业局招人,就到了东京城林业局上班。

在中国读中学时与养母和小姨的合影

1966 年,经人介绍我认识了爱人范淑环,她很善良、贤惠。当时我们在一个单位上班,她知道我是日本人后,没有歧视我,给我的却是更多的理解与同情。我们结婚后一直与父母住在一起。后来养父母得了老年痴呆症,我和爱人一直照顾着他们。

关于我的身世,养父母一直不忍告诉我,可能在他们心里从没把我当成领养的孩子。那么多年的朝夕相处,这份浓到化不开的感情已经超越了世俗的界限。听说当年开拓团回日本时,我的亲生父亲回去找过我,但养母舍不得我就把我藏起来了。若干年后我寻亲找到二姐,听说她是跟着当时回哈尔滨寻找遗孤的开拓团团长回到日本的。那次团长领回去十二三人。我因为养父母舍不得也就没回到日本。

本能的驱使,我一直没放弃寻找我姐姐。1978 年,通过和之前先回去的遗孤的联系,我最先找到了二姐,又找到了哥哥,因为姐姐与哥哥一直有联系。第一次和哥姐通电话,竟不知要说些什么,只是低声地抽泣,这种经历生离死别的重逢,可能有的人一生都不会遇到。想到去世的亲人,心里的百般滋味,借由这哭泣发泄出来。1980 年在姐姐的支持和帮助下我携带全家四个孩子和爱人一起回日本。在决定回日本的时候,养母很是舍不得我们,总是偷偷掉眼泪,我发现后开始考虑回日本到底对不对呢,母亲看出了我的犹豫,她说我是舍不得你们,可是如果你不能回日本,不能和亲人相认,我会后悔,会心疼,那不是我的本意。就这样,我们回了日本,直接回到东京,而且直到现在一直定居在东京,离我来中国时的家不远。我姐夫开了卖木材的店,回日本也是他们接待的,并给我们做了保人。应该说我是比较幸运的,在中国被养育得好,回日本找亲人也顺利。

开拓团团长后来找到我二哥,二哥说不回来了,说日本的家都被轰炸了,不想回日本了,所以就留在了中国。后来二哥因为患疾病在中国去世了。

1975 年我的养父去世了,养母在我回国前两年改嫁了。我和母亲始终有来往,相处得一直很融洽。回日本不久我养母因为得了肝癌去世了。当时我不知道母亲去世的消息,到后来亲属才告诉我,他们考虑我刚回去不久不容易,生活都没有安顿下来,就决定先不告诉我。知道母亲去世的消息后我伤心极了,想起从小到大母亲对我的百般呵护,有好吃的从来都是给我留着,新衣服也是先给我买,我生病了她比我还难过。这些点点滴滴深藏在内心深处。对于生死的事我无能为力,只能邮寄一些钱回去请亲属好好祭奠我的母亲。到现在也与国内养母的妹妹弟弟等亲人们联系。每年我都会回中国祭扫养父母墓碑。

最开始回到日本,因为语言不通,孩子还小,所以面临很多困难。三十多岁的年龄学习新语言很吃力,但我还是克服下来了,生活越来越好了。

我在中国的三十多年,无论是对亲人还是那片土地,感情都很深厚,回到日本后,有时间我就会回中国看看。常常想念中国的亲人朋友,想念中国的好吃的好玩的。在日本也常与归国孤儿聚会,跟他们说说中国的事情,回忆往事,回忆那些可爱的美好时光。

我现在七十多岁,身体还硬朗,孩子们都在跟前,离得不远,总能见面,孩子们发展得也都还不错,我对现在的生活没什么遗憾的

我(右二)和朋友们(入泽美和子等友人)在日本聚会

了。唯一的牵挂就是我中国故乡的那些亲朋好友们。1987 年我回国的时候，带回去八台 18 英寸的彩色电视，希望我的亲人们也能享受生活。我回去时家人们也都很高兴，久别重逢的感觉，真的是发自内心地想回去看看。有时候我领着孩子们一起回去，看看我们生活过的故乡。

站在故乡的大街上，看着日益繁华的车水马龙的街道，真的是年年岁岁花相似，岁岁年年人不同。往事一幕幕在眼前回放，仿佛又看到了那个稚嫩的我，被养父母呵护的懵懂少年，看到了父母无限慈爱的脸庞。这一生有过坎坷，但更多的是幸运，有那么爱我的中国父母，此生无憾！

遗孤在和平友好纪念碑前祈愿

蓝天白云蒙古情
——立花珠美

眼前的草原,透着一股带着傲意的青,青得彻底,生气勃勃,与万里蓝天争着广阔。草尖上的露珠映着初升太阳的光芒,清澈如婴孩的眼眸。即使是一群粗鲁的汉子,也不禁被眼前的景色吸引,笑逐颜开。年轻的人们,神骏的快马,整个马队都给人一种朝气蓬勃的状态。一座座蒙古包随心所欲地散落在草原之中,随着初升的太阳,一个个蒙古包上也升起了袅袅的炊烟,白色的蒙古包远远看上去就好似刚刚出锅的小豆包。年轻的牧民跟着长辈专心致志地学着放牧的技巧,孩子们刚刚醒来就开心地绕着蒙古包嬉戏了起来,妇女们早早地就为全家人端出了热气腾腾的早餐,口感适宜的乳酪,以及香气四溢的奶茶,是牧民们美好一天的开始。

这里,就是我的故乡,我的承载阿爸阿妈满满的爱的心灵沃土。我慢慢地躺下,虽然身体休息了,心却没有办法平静,看到草原,就想那养育我的家,我的思绪一下就飞回了过去。

我的蒙古族名字叫乌云,在蒙古语中是聪明、伶俐的意思。1938年我出生在日本的德岛市,日本名字叫立花珠美。1940年,我的父亲立花政市被日本政府派遣到中国任文职官员,于是母亲带着姐姐和我,跟随父亲从德岛来到中国东北伪兴安总省政府所在地王爷庙,即现在的内蒙古乌兰浩特市。哥哥立花甫因为当时正在读中学就留在了日本德岛。来到中国后,我过着完全日本式的生活,上日本学校，用日语与人交流，我的弟弟妹妹也出生在这里。

然而在战争中，没有人能够置身事外，战争是冷酷无情的，它就像野火一样在大地上蔓延。1945 年 8 月 9 日，得知苏联红军到达我们的驻地，在科左前旗参事官浅野良三的带领下，伪兴安总省的部分军政人员和开拓团民一千二百多人紧急向西南方向撤退。当时父亲有事在外地，母亲就带着姐姐、我和弟弟妹妹跟着队伍一起逃亡。14 日中午，在离葛根庙不远的公路上，与苏联红军遭遇。顿时，逃难的队伍乱作一团。带队军官命令大家都跳到公路南面坡下的深沟里。在声嘶力竭的命令和刺刀的威逼下，我 11 岁的姐姐先跳了下去，后来的人也纷纷跳了下去，我姐姐被活活地压死在底下了。眼看着走投无路，陷入绝望中的日本指挥官命令所有日军士兵和家属立即自杀。顷刻间，刀光闪烁、血肉横飞，山沟里回响着一阵阵悲惨、绝望的哭叫声。在绝望中，我的母亲解开包着我妹妹的斗篷，她将斗篷铺好，把我妹妹脸朝上放在上面，然后拿刀就往她心脏上一捅，妹妹死了。杀死妹妹后，母亲拿着沾满血迹的尖刀又转向我，我害怕极了，撒腿就跑。跑出五六十米远的地方，我回头一看，母亲已经把刀刺进了自己的胸膛。我哭喊着“妈妈”又跑了回来。一息尚存的母亲从身上掏出一张全家福的照片给我说：“你拿着它，找你的哥哥去。”说完，母亲咽下了最后一口气。母亲、姐姐、妹妹和两个弟弟都死了。这一天一千多人全部葬身在了山沟里，公路上一片血红，空气中弥漫着浓烈的血腥味。我躲在堆满了死人的大沟里，渴了就是雨水掺着人血捧着喝。“回日本找哥哥。”耳边不断响起母亲的话，这唤起了我对生的渴望。两天后我终于爬上了公路，但恐惧和饥饿已经使我筋疲力尽，还没走几步，眼前一黑，就晕倒在了路边。过路的崔大爷发现了我，他把我背起来，走到村里给我要了一碗玉米糊救活了我。但家境贫困的崔大爷无力养活我，不久，崔大爷请一户姓张的人家收养了我。张家七口人，经常是吃了上顿没下顿。一年以后，为了让我生活得更好一些，张大爷将我送到了现在的养父母家。养父是蒙古族人，叫阿拉坦·奥琪尔，养母是汉族人，叫王秀廷。我的养父母终生未育，视我为掌上明珠，给我取名叫乌云，寄托了他们对我的美好祝愿和期待。从此，我有了一个蒙古族的阿爸，有了一个汉族的阿妈，我在这里生根，在这里茁壮长大。

在这里，粗犷豪放、热情好客的蒙古族同胞把我庇护在他们宽厚的羽翼下，使我幸福健康地成长为马背上的少年。养父和养母将我视同己出，给予我不是亲生父母却胜似亲生父母的关爱。于是这茫茫的草原上，苍穹的蒙古包，慈祥的阿爸，丰美的草滩，成群的牛羊，甘醇的奶茶，喷香的炒米，给了我智慧和力量，给了我强壮的身体，我成了彻里彻外、地地道道的蒙古人。我学会了骑马，学会了牧羊，学会了给牛羊挤奶，学会了做香喷喷的炒米。

转眼我 10 岁了，到了上学的年纪。在那样一个年代，家家都很困难，吃饱饭都是问题，能念书的孩子简直太少了，何况我还是一个女孩儿。但我养父很开明，他为了让我成为有知识的人，坚持要把我送到学校去念书，父亲说我能学到什么程度就供我到什么程

我在中学任教与学生在一起

度。从我上学开始，父母就节衣缩食。数九寒冬，阿妈到野外扫碱土，背回家做成碱块拿去卖，碱水把她的手都腐蚀烂了；家里的老母鸡下了蛋，她和阿爸从来都舍不得吃，留下来给我吃；阿妈还捡破烂卖，供我上学。一次，我发高烧，找不着医生，阿妈就支起碱锅，烧出腾腾的热气，然后用大棉被把我和她裹得严严实实的，用她的体温给我捂汗……

世界上最亲的是血缘，是亲情，可养父母对我的爱超越了血缘，超越了亲情。这种爱，只有爱好和平、有着博大胸怀的民族才能做到。为了不辜负养父和养母的期望，我更加拼命地读书，最终，我以优异的成绩考入了内蒙古师范大学。1957 年大学毕业后，我被分配到内蒙古库伦旗第一中学任教。1959 年，我与同在库伦中学任教的老师马振源结婚。婚后生下一儿一女。

三十多年过去了，我俨然就是一个地道的中国人了。但是，生母临终前的嘱托我并没有忘记，心底始终埋藏着回日本寻找哥哥的愿望。1972 年中日邦交正常化后，我终于盼来了这一天。通过在日华侨的帮助，我在 1980 年找到了在日本德岛市的哥哥。1981 年 8 月我去日本探亲，与哥哥相见，当我们在失散了四十多年后再一次看见已经白发苍苍的对方时，嘴角抽搐着再也不能说出一个字，抱在一起痛哭不止。听哥哥说，当年父亲曾找过我们，但因为苏军已经进来了，加之道路不通畅，实在没有办法找到我们，就在 1945 年的冬天回国和哥哥一起生活。父亲已于 1972 年去世了。原本幸福的家庭只剩下了我们两个人，哥哥再也不想与我分开，他很快提出要我尽快回日本定居。虽然我在中国生活了四十多年，但我毕竟是个日本人，也有对故土的眷恋，但当我面对日本的生活时，我发现我已经无法适应这一切。养父和养母给了我第二次生命，养父于 1977 年因心脏病突发去世，养母也更需要我的照顾，我不能就这样走。而且，在中国还有我热爱的教师工作，我舍不得我的学生们。虽然当时的中国很贫穷，但我在精神上很充实，我觉得，这比经济富裕更重要。于是，我谢绝了哥哥要我回日本定居的请求，毅然留在中国养母的身边。

1993年，我调至哲里木盟任政协副主席，1994年调至通辽市人大常委会工作，后在通辽市人大常委会副主任的岗位上退休。如今我致力于中日之间的友好交流，经常往返于中日两国之间。我的哥哥也常带领日本友人来中国参加“乌云森林”①的义务植树活动，为促进中日民间友好交流做出了努力。

我（右一）与志愿者们一起参加义务植树活动

如今，我住在内蒙古通辽市，我的养母90岁了。对我来说，养母的健在，就是我最大的幸福。我要用我的余生，报答抚养我的中国母亲，报答培养我成长的大草原。日本，那是立花珠美的故乡，乌云的故乡在中国。中国，给了我生命、理想、事业、家庭和儿女。我的灵魂，我的家，都在这里。一方水土养一方人，库伦沟的黄土养育了我，我的根已深深地扎在那黄土里，几十年来与中国人民交织在一起，形成了千丝万缕的联系。这根，早就砍不断了。

---

① 日本友人捐资在科尔沁草原库伦旗建设了三万亩生态林，其中五千四百亩被命名为“乌云森林”。

冰城执念深似海

——铃木静子

我一生中最美好、最快乐、最难忘的日子是在中国度过的，如果没有当年我善良的中国养父母的收养，我早就死在异国他乡了。在我心里，我一直对生活在中国的亲属心有牵挂，对伟大的中国心怀感激。虽然我现在生活在日本，但我的心中一直牵挂着养育我的中国。

虽已年逾古稀，但在中国四十多年的生活经历，对我来说，仍像烙印一样难以忘记。

那是1946年初秋的一天，母亲抱着刚刚一岁多的我在黑龙江省宁安市东京城火车站前，不断地向从她面前经过的人哭诉、哀求，很多人都被她的举动吸引了过来。当时到火车站送人的沙玉珍，也就是我养母的妹妹，我的小姨，也凑了过来。从母亲并不流利的汉语讲述中，大家得知我们是日本人。我的父亲在日本战败后死了，我一岁多，母亲和我都身染重病，母亲希望可以有人收养我，救救我。但听说我们是日本人，很多围观的人头也不回地走了。是的，就是这场侵略战争，使普通的人民大众遭受了灭顶之灾，人们每天都生活在水深火热之中，在惊恐、疾病和无助中艰难度日。那是一段人们不敢也不愿回忆的历史。

我的母亲见大家都走了，很绝望，但她仍然边哭边不停地哀求："求求你们，救救我的孩子吧，否则她真的要没命了……"这时小姨回头又看了我们一眼，也许当时只有十四五岁的小姨根本想象不到，就是她的这一回眸改变了我的命运。小姨看到了满身生疮、骨瘦如柴的我正盯着她，她从我绝望无神又有强烈的求生欲望的眼神中想到了她的姐姐，也就是我的养母，她刚刚死了孩子，她亲眼见过失去孩子的母亲的悲惨。小姨就在心里对自己说：发动战争的是日本侵略者，不是这无辜的孩子，中国人从来都是恩怨分明，我不能见死不救。就这样，我被小姨义无反顾地抱回了家。

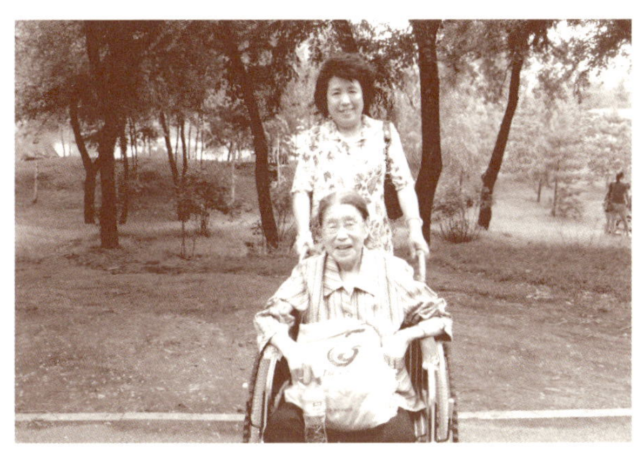

我和养母

家里人知道小姨去火车站送人，但没想到她回来时怀里却多了一个孩子，连忙问怎么回事，小姨就把这件事的来龙去脉详细地讲给了家人。当时刚刚经历丧子之痛的养母沙秀清边听边掉眼泪，她知道一个母亲失去孩子的痛苦，看到这个奄奄一息的孩子的可怜样儿，养母与养父洪万银丝毫没有犹豫地收养了我，并给我起了中国名字——洪静茹，小名代弟儿。

经过养父母的精心调养，我的身体状况一天天地好转。养父母对我视如己出，我的到来也为这个家庭增添了更多的乐趣。可纸终究包不住火，“沙秀清家养了个日本孩子”的事情很快就在邻里街坊中传开了。对于养父母收养全民族仇人的孩子的事情，大家非常不理解，于是各种流言蜚语出现了。养父母没有解释，为了给我一个正常的生活环境，为了让我长大后不受歧视，养父母在跟自己的父母简单告别后，连夜离开了他们出生、成长的宁安市，来到了哈尔滨市。

到哈尔滨不久，养母就生了一个小弟弟，养母还笑称也许是因为给我取了“代弟儿”的小名，托了我的福气。但别看有了自己的孩子，可养母对我的爱却有增无减。由于那时刚刚解放，每家的经济条件都很差，于是，过年就成了每一个孩子最盼望的事，我也不例外，总是盼望能在过年的时候穿上新衣服，扎上新头绳。虽然家里只有养父一个人工作，生活不富裕，但每年快过年时，养母总会带着我上街，看见有什么适合我的衣服，马上就买下来，从来不含糊，而我的弟弟大多数的时候都是捡我穿剩下的旧衣服穿。每次弟弟抗议时，养母总是说：“那怕啥，谁家不都是小的捡大的穿。”小时候的我因为有新衣服穿，还经常成为小伙伴们羡慕的对象呢！

在吃的方面，我养母对我们姐弟也是毫不吝惜。虽然家里的条件有限，但养母总是尽可能的给我和弟弟做些好的。因为那时候弟弟小，养母每次做好吃的时，我就让弟弟先吃，弟弟吃剩下的我再吃。可小孩子哪有准，见到可口的饭菜可就管不住自己的嘴了，有时候到了最后就不剩什么了。养母发现后，以后不管做什么吃的，都要事先留出我的那一份。有一次邻居看见了就问她干啥呢，养母说：“给我姑娘留的，她还没吃着呢！”到1965年的时候，养母给我和弟弟又添了一个小妹妹，就这样我们三个孩子在父母的悉心呵护下快乐地成长着。

在那样艰苦的年月，我和弟弟能有上学的机会也实属不易了。在养父母的支持下，我读完了小学还读了初中。毕业后我跟随父亲的步伐也来到了哈尔滨第四百货商店上班，这一干就将近30年。

1967年，我结婚了，丈夫张树江是经人介绍认识的，他人品好，德才兼备，给我家里的支持也多。我们结婚后生有两个儿子。结婚之前，我丈夫就知道了我的身世，他很同情我，对我非常好，对我养父母一家也非常好。我的大儿子也是我养父母帮着精心带大的。毫不违心地说，没有我的养父母，就没有我自己温馨和睦的小家庭。

1986 年，我开启了去日本寻亲的行程。从日本回来后，养母很关切地问我那边的情况，以及接下来的打算。我打心里不想回去，一方面是放不下这边的养父母，另一方面是那边也没找到自己的亲人，心里还是有些失落的。养母看出了我的心事，不等我先说，她便跟我说：“回去吧，那里毕竟有你的根啊！如果回去能找到自己的亲生父母也未尝不是好事。”不记得进行了多久的心里挣扎，最终决定了回去看看。我也跟养母说：“妈妈，到那边如果能适应，我就在那生活，否则，我再重回中国。”“既然你有这样的想法，你就放心地去吧！不要惦记我，家里还有你弟弟和妹妹。”听养母这么说，我再也无法平复心绪，泪水像开了闸一样奔流而出，我终生都忘不了那母女哭成一团的场景。

我们一家四口在中国

1988 年 12 月 6 日，我携全家回到日本，离开自己生活了 40 多年的中国，踏上了日本这个陌生的国度。那个期间我的心情非常沉闷，但仍旧没放弃寻找自己日本亲人的念头，终究没有任何线索而以无果告终。当时不会当地的语言，到日本后的前四个月，我先在大阪学习日语。当时已经中年，语言不通，没有一技之长，我的压力很大。不过为了生存，我不放弃任何机会，有时闲下来就会想起自己在中国的生活。那里有疼爱自己的养父母,有和自己一起长大的弟弟妹妹。每当想到这些,我都会暗自落泪,我无时无刻不盼着团圆。我咬牙挺过了刚到日本的迷茫时期,我的生活也渐渐步入了正轨。

乌鸦反哺情,羊知跪乳恩。尽管身在他乡,但我每年都会回中国看望养父母。大女儿走了,带走了养父母的心,他们无时无刻不在牵挂着我。我的养父于 1991 年去世了,这给养母带来了巨大的心理打击。为了能更好地尽孝道,我坚决要把养母接到日本一起居住,可母亲说什么也不同意,无奈我就在哈尔滨给母亲买了新楼房,让母亲和小妹一起居住,就为了随时回中国看她方便,因为妈妈在哪儿,哪儿就是家。2008 年我在日本那边也退休了,春节的时候全家还回中国陪养母过春节。与妈妈一起过年,全家人都开心!那是我最难忘的一个春节。

现在我虽然人在日本,但我的心时刻惦记着中国的家。为了回中国看亲人方便,我也特地在黑龙江省哈尔滨市买了房子,以便随时回来时能多些时间和空间陪亲人。我先生和孩子也特别支持我,因为他们知道,只要养母高兴,我就高兴。2009 年,我的妹妹得了乳腺癌,我与全家人齐心协力,使妹妹的病得以及时手术并痊愈。养

我的全家福

母每每想到这儿都不由自主地说："姑娘，你妹妹的命是你救的。"可我要说的是："妈，我的命也是你救的呀！"

然而，2013 年养母的去世，给了我巨大的打击，很长一段时间我都沉浸在悲痛之中，接受不了养母已经离开的事实。但人死不能复生，我只能用我后半生的余热去帮助那些像我一样的遗孤，以告慰她老人家的在天之灵，我想这也是她老人家希望看到的吧！我为自己的养父母买了墓地，将二老合葬在一起。每年我都回中国祭拜我的养父母，与我的弟弟妹妹团聚，做我这个姐姐所能做的一切。在我的心里，照顾好中国的弟弟妹妹，让养父母放心是我最大的心愿。我的根在中国，只要还能走得动，不管年龄有多大，我每年都要回中国走一走，看一看。

我有两个国家的生活经历，是有着两个故乡的人，我时刻没忘自己是被中国人养大的，没有我的中国养父母就没有我的今天。战争给人们带来的苦难谁也不会忘记，但中国的老百姓却用博大的胸怀接纳了许许多多像我这样的日本遗孤，这是世界上任何一个国家都没有做过也做不到的事情，他们以德报怨，对我恩重如山，我永远不能忘记中国的家。

东瀛母亲的中国情

——我的母亲入泽睦子

我叫张桂英,日本名字入泽美和子,今天我想跟大家说一说我的母亲——日本残留妇人入泽睦子的故事。

小时候,常常听妈妈和她的朋友们跟我们讲她们在战争年代死里逃生的故事,讲她们是怎样被好心的中国人收留、救命的。我的妈妈在晚年的时候开始尝试将她亲身经历的这些故事写出来,可以让更多的人了解那个真实的年代。可惜母亲55岁那年就去世了,她那篇未写完的人生故事也成了我的一块“心病”。作为女儿,如果不能完成母亲的遗愿,把她的故事写出来,我将抱憾终生。

2015年是中国人民抗日战争暨世界反法西斯战争胜利70周年,黑龙江教育出版社给了我这次写出母亲故事的机会,并会将故事收录在即将由他们出版的书中。我要把我知道的母亲的故事写出来,让更多人了解那段特殊的历史,以史为鉴,珍视和平,不让悲剧再重演!

我妈妈入泽睦子是日本留在中国的残留妇人,她原本住在日本岗山县下长田的一个村庄里,家中有父母、姊妹七个,我妈妈在家中排行老二。母亲18岁那年,日本政府要求每家必须出一个人到中国开荒种地、建立新的家园。当时本应该由我的大姨去,可是她抵死不愿意,我的母亲便自告奋勇地说:“我去!又不是去送死,是为了建设新的家园,为国家效力,我愿意去!”

母亲就这样跟随着万隆开拓团坐上轮船,来到了中国。当她来到中国的时候,日本却战败投降了,苏联红军进入东北把母亲所在的开拓团打散了。当时的团长带领一些人想通过朝鲜回日本,但在过鸭绿江时,走到桥的一半便遭到了桥对面的机枪扫射,死伤很多人,母亲作为幸存者得以跟着队伍逃亡到大森林里。他们怕白天行走暴露目标,只好在夜间摸黑走,有小孩哭闹影响队伍逃亡的一律被处死,不想让自己孩子死的就把孩子扔掉或想办法送人,于是产生了大量的遗留日本孤儿。

父亲、母亲、哥哥和我

后来,母亲逃难到牡丹江的东京城车站,她说那里当年叫世环镇,队伍中身体较弱的人们大都染上了疟疾,生命垂危,这其中就有我的母亲,在死亡线上挣扎的母亲就在那时遇到了我父亲。

父亲回忆说:“那时我家开了个煎饼铺,离车站不远,当时人们都嚷着‘快去车站看看,有好多战败的日本人啊!’我就跟着去了。当时的情景太惨了,满地都是躺着、坐着的日本人,还有趴在母亲身上奄奄一息的孩子。突然有一个女人伸出手,抱住我的腿不放,用无助的目光向我求救,我看她的面孔初步判断应该是个善良的人,而且长的很好看。我伸手把她扶起来,她身边的另一个女人也要跟着一起走。我听不懂她们说的话,但根据她俩不停比画的手势判断出她们的意思是俩人得一起走,要生一起生,要死一起死。我没多考虑就把她俩带回家了,用盐水给她们的创伤处消毒,后来又给她们喝了些中药,两人慢慢都好了起来。收留她们俩之前我的煎饼铺生意不错,后来就不行了,因为大家都说我收留了两个日本人,不肯来光顾我的生意了,甚至还有人说我是卖国贼。也罢,索性关门不干了。我把那个叫大杉昌子的女人介绍给了厨师娄书田,我则带着入泽睦子回到了老家。"

我父亲将母亲带回老家成亲,却遭到我奶奶的强烈反对,她坚决不同意一个日本女人做自己的儿媳妇!父亲却铁了心要和母亲过日子,就连夜带着母亲到平顶山上日本人留下的存放弹药的山洞里,过起了自给自足的生活。父亲打柴,换来钱给母亲买吃的、用的。不久后,母亲在那个山洞里生了一个男孩,当时冰天雪地,两人又没有御寒的棉被,没办法,他们只好把破棉袍子扯下半截包裹住这个孩子。大雪纷飞的北方冬季,找不到吃的,母亲饿,孩子更饿,由于奶水不足,这个男孩不到七天就夭折了。

后来当地林业局招工,父亲带着母亲投身到林业新开发建设中,当上了林业工人,日子逐渐好了起来。1952年,中日两国关系开始缓解,和母亲有着同样经历的人掀起了一股回日本热潮,母亲也买了一张回日本的船票。送母亲走的那天,父亲抱着我不满两岁的哥哥宝柱(大名叫张君元),手里牵着比宝柱大五岁的我的小叔叔,在车站一句话也不说。小叔叔把宝柱从父亲怀里抢下来,和宝柱一起跪在地上大哭大叫,约好和母亲一起回日本的几个人拼命地往车厢里拉我母亲,小叔叔喊着"二嫂你就忍心把这么小的宝柱扔下不管了吗?我二哥和宝柱没了你可怎么生活呀!"现场乱成一团,听着车下两个孩子撕心裂肺的哭喊"妈妈你不要走!二嫂不要走!"母亲实在受不了了,她飞奔着下了车,扑向两个孩子抱头痛哭,当场就把船票撕了。其他人都说母亲傻,其实从那时起,母亲就已经把中国当成自己的故乡了。再后来,父亲母亲相继又有了我们五个孩子。

20 世纪 60 年代,正是解放后最困难的年代,物资匮乏、生活水平很低。我的爷爷奶奶当时住在农村,爷爷生病卧床,靠奶奶一个人下地干活养家,还要供小叔叔上学,日子过得非常艰难。我的母亲不计前嫌将他们接回我家, 还一直把小叔叔供上了牡丹江师范学校直到毕业。后来小叔叔又当了三年兵。我记得有一次母亲让我给小叔叔邮东西时在里面夹了两元钱,还说"在家有什么困难都能克服,你小叔叔在外面万一有点困难没钱不行。"

我们在中国的全家福

我家生活刚有些好转的时候,我的二婶因病去世了,扔下三个孩子,最大的六岁,老二四岁,小的还不到两岁。我妈又把这三个孩子接回家来,自己的六个孩子,二婶的三个孩子,加奶奶(当时我爷爷已经去世了)一家十二口人挤在一起生活,做饭得用最大的锅,阁楼上都睡满了孩子。母亲每天拖着疲惫的身子下班回来后,还得给孩子们缝补衣服。那是一段辛劳的岁月,家中的大事小情都需要母亲操持,但她却从不喊苦。

我的母亲就是这样，她是一个宁让身受苦不让脸发烧的人。父母自从来到新建的林业局工作后，年年都是单位的先进模范。后来父亲当上了细木场的厂长，母亲这一年也被评为劳模代表，当轮到她发言时，她激动得不知该说些什么好了，“我是日本人，是我的国家侵略了中国，给中国人民带来了战争的灾难，我是个有罪的人，是中国人民把我收留，给了我第二次生命，给了我工作，我要加倍努力地工作，这样才对得起中国，对得起中国人民。”母亲回忆说，当时的单位书记对她说：“侵略者不是你，你也是战争的受害者，以后不要再这样想了，放下思想包袱，你也是建设新中国的主人翁！”全场掌声一片，母亲戴着光荣花被同事们簇拥着敲锣打鼓送回家。彼时，压在母亲心头的思想包袱终于放下了。在那个动荡的年代，母亲很幸运，没有因为是日本人而被批斗，父亲也没有因为妻子是日本人而受牵连。

由于长期高强度的劳作，使母亲患上了多种疾病，心脏、肾、腰等处的病痛一直困扰着她。我记忆中母亲每次都是大把大把地吃药。看着母亲每次病情发作时弯曲着身子的痛苦样子，父亲非常心痛，有一天父亲对母亲说：“你还是回日本好好看看病吧！”在家人

母亲与日本的兄弟姐妹

的支持和鼓励下，母亲于 1972 年重新踏上了日本的土地，和日本的亲人团聚。

母亲回到日本后也不忘帮助日本遗孤，她带着这些遗孤的资料和厚生省及有关部门联系，还帮助遗孤登报寻亲。工夫不负有心人，她接连帮助两位日本遗孤找到了家。这个消息一传出去，母亲从日本回来后，很多在华的遗孤找到母亲，求母亲帮忙写信联系日本相关部门，希望能寻找到家人。我家从此成了日本遗孤们的集会地，老罗家的大姨、老熊家的大姨、东康老李家的大姨，还有许多我记不起名字的叔叔阿姨们经常来我家。虽然我家不富裕，但每次一来人，母亲就给他们做细粮、炒菜吃。他们聚在一起又唱又跳，叽里咕噜说着我们听不懂的话，高兴得不得了。

在我记忆中，母亲一有空就拿起笔，在纸上写下勾勾圈圈我看不懂的字，后来，母亲的身体越来越不好，但她仍然没有停下来的意思，有时甚至靠着垫子还要坚持写。有一次我边给她捶背边问她："妈，你累了，为啥还要写？"她说："你看你于哥、张哥都还没找到家呐，我把他们的资料写好后连同照片一起邮到日本去登报，让他们也有机会找到自己的家啊。"母亲在这件事上付出了太多的精力，我能理解她的心情。尽管她也是战争的受害者，可是她幸运地遇到了父亲，并在父亲的爱和呵护下有了力量，使她有勇气去帮助更多和她一样受到战争伤害的人。

晚年的母亲发过一次很大的脾气，让我们兄妹记忆深刻。那次四弟撕下几页母亲的手稿，折成飞机来玩儿。当从医院看病回来的母亲看到满地的飞机和被撕坏的手稿时，气得叫大哥替他重重地打了四弟(母亲当时生病已经打不动人了)。气愤中的母亲告诉我们几个孩子，她之所以要写下这段历史，是因为她是战争的受害者，她要把包括她在内的、她知道的所有受害者的故事写下来，让更多的人知道这段血泪史。作为战争见证者写下的真实记录，会警

我与遗孤们一起参加义卖活动

醒人们不要让悲剧重演,不要让战争重来。也要把收留她们的好心的中国人的感人故事告诉世人,让她的子孙铭记恩情,世代报答。

母亲的书稿并未能完成,1980 年 11 月 3 日终因心脏病去世了。我和兄弟姐妹在母亲逝世后陆续回到日本,开始了我们新的生活。但是母亲对我说的话我从来没有忘记,她想写的故事只能由我帮她完成,也要在这篇关于母亲的故事里,喊出母亲的心里话。她曾经有机会在 20 世纪 50 年代回到日本,可她选择继续留在中国,因为中国是她新生命开始的地方, 被她视为第二个故乡。她爱这里,她的孩子们,也和母亲一样永远热爱中国,热爱我们的故乡。

春晖无限照我心

——松田桂子

在别人看来，我可能是几千名日本遗孤中的普通一员，但在中国亲人的眼中，我是一个命运多舛、善良聪明、多才多艺、懂得感恩的人。

1940年我出生于日本，在我两岁左右的时候，随同母亲去中国哈尔滨寻找我的父亲，因为只有我妈妈知道我父亲是随日本开拓团去中国哈尔滨的。1945年日本战败投降后，侵华日军在撤退和遣返期间，将数千名儿童遗弃在中国，我便是其中的一个。那时，衣衫如缕、体小瘦弱的我被黑龙江省哈尔滨市南岗区一户膝下无子的好心中国人家收养。

我的养父母刘富臣、李云芳非常善待我，他们给我取名叫刘桂芝，还给我取了小名儿"领弟"，希望可以给这个家庭带来吉祥和生机。虽然那时家家户户的生活条件都非常困难，可他们从来没有亏待过我。由于长期营养不良，我刚到这个家的时候比较瘦小，为了给我补充营养，尽快恢复健康，养父母把家里平时不舍得吃的好东西都拿给了我吃。在养父母的精心调养下，我的身体终于慢慢好了。我在养父母的眼中就是他们的掌上明珠，在日常生活中省吃俭用的他们，每年过年时都会给我添置新衣服，只要我想要的东西，我的养父母都会想尽办法去满足我的要求，我周围的小伙伴都非

童年的养母(左一)与家人

常羡慕我,年幼的我每天都沐浴在养父母对我的关爱和呵护中,那时我感觉自己就像掉进蜜罐一样的幸福、满足。

几年后,我的养父母又给我生了个弟弟,邻居有时看见养父母就会说:“你姑娘这个名字好,‘领弟’‘领弟’,真就领来了一个弟弟呀!”弟弟的到来让我们这个家充满了更多的欢声笑语,可有时候我也会独自发呆,总想着养父母有了自己的孩子就不会像以前那样对我好了。我的异常举动引起了养父母的注意。一天,养母问我:“领弟,你最近咋了?咋像有心事的样子?”“没啥。”“不对,是不是你怕有了弟弟以后,你不吃香了?”我没有说话,但红红的眼圈代我回答了养母。养母疼惜地将我抱在怀中,轻抚着我的脸颊说:“孩子,你到啥时候都是我们的孩子,我们不会亏待你的,你还得帮妈看着弟弟呢!”养母的一番话打消了我的顾虑,养父母对我也比以前更好了,那时虽然家境清贫,但全家人心往一处想,力气往一处用,让我每天都感到生活是那么的美好。

本以为自己找到了避风港,从此可以无忧无虑地和养父母生活在一起了,可厄运又一次降临。1953 年我小学还没毕业,我深爱着的养父母先后故去了，当时的我还那样的不经世事。失去依靠的我和年幼的弟弟被亲属接到了山东省掖县的老家生活，在那里我读完了高小。1958年，我在山东的一家铁工厂工作，第二年，为响应建设北大荒的号召，我来到了黑龙江省密山支援边疆建设，第一年的工作是修水库。从山东到黑龙江，我们乘坐的列车走走停停，用了一周的时间才到达目的地。修水库的工作非常辛苦，但建设国家的热情使我感到每一天都是快乐充实的。有的时候实在是太累了，我就唱歌，工友们很喜欢听我唱歌，所以每当累的时候，我就用我的歌声来驱散他们的疲劳。记得有一天，我正吃力地推着独轮车往堤上运土，一个高大的身影来到我身边，我定睛一看，原来是王震将军来工地视察了。我当时一时紧张，想说什么却又说不出来了。将军爱怜地拉着我的手问我累不累，想不想家，还亲切地叫我了不起的“小鬼”。那一刻的情景，我至今想起来都非常激动。

我的亲生母亲

1960年，我被分配到虎林制材厂工作，要强的我决定在这个单位好好干，一定干出一番成绩来，工作的兢兢业业使我得到了领导和同事的认可。后来由于虎林制材厂由东方红林业局接管，所以我便搬到了东方红。在这时我又被分配到商业科的一个饭店做卖票工作。在饭店工作几年后，又被调到商店工作。在商店时，由于我勤奋工作，保证了销售额不断提高，商店收到了很好的经济效益，我也因此被评为了商业科三八红旗手。

1962 年我和丈夫肖兰华结婚了，丈夫知道了我的身世非常同情我，对我非常好。我们二人的工作也很顺心，成家后生活更加温馨，但我始终放不下远在山东的弟弟。我跟丈夫商量想把独自一人留在山东的弟弟接到身边跟我们一起生活，丈夫很开明也很理解我，欣然同意了。1964 年我把弟弟从山东接到了我们身边。时隔几个月，正好赶上征兵，我便给弟弟报了名，弟弟由此参了军，并且在部队干得非常出色，只一年多的时间就加入了青年团，时隔几年后，又光荣地加入了中国共产党。由于他本人的努力，加上部队的培养，在入伍第八年的时候他就被提拔为连长。姐弟情深，他也特别挂念我，于是他向部队领导提出转业的请求。经批准后，转业到大庆油田工作，后来在矿建办公室担任主任做调度工作。我知道后，从心里感到高兴。由于我们姐弟不在一个地区工作，在那个年代通讯又不发达，我们姐弟之间主要靠书信交流。相互勉励，干好本职工作是我们努力的方向。

我与抚养过我的山东表姐

现在已经退休的弟弟，每逢和同事朋友们闲谈聊天时，总说姐姐对他非常关心，把他从山东农村接到黑龙江，又送他参了军，从此走上了革命人生道路，在革命的道路上不断成长。如果没有姐姐的关心和帮助，他就没有今天，所以他永远不会忘记他的姐姐。弟弟在我面前也多次提到此事。我想我所做的一切都是我身为姐姐应该做的,和当年养父母的救命之恩相比,我做的这些又算得了什么呢。我虽然很早就知道了自己是日本人,但是养父母博大的爱,使我深深融入了这个家庭, 从来没有觉得我和其他中国孩子有什么区别。日本发动侵略战争,不仅给中国人民带来了深重的灾难,也使日本人民陷入了痛苦的深渊。日本战败投降后,无数的日本难民得到了中国政府的救助, 数以千计的日本孤儿被中国善良的百姓从死神的手中拉回, 中国养父母用超越民族仇恨的人间大爱抚养了我们,这种再生之恩和人道、博爱、奉献的博大情怀,是我们永远不会忘记的。

1986 年,在中国当地公安局和亲友的支持帮助下,我开始寻找在日本的亲人,在得到了日本亲属的一些线索后,我们与他们的联系日渐多了, 也使得我和家人于 1990 年 10 月回到日本家乡琦玉县定居。中年回国,语言不通,没有一技之长……初到日本后,遇到的这些实际困难时常困扰着我,那时也是我最想家的时候,是国内弟弟的鼓励和归国遗孤们的帮助使我渐渐走出了困境, 我觉得我应该为中日友好事业献出自己的一分力量。在日本,我经常参加中日友好交流活动,并在由归国遗孤组成的互助组织“齐心会”中担任理事职务。2009 年 11 月 9 日,我与 46 名归国遗孤和有关人士参加了“日本遗孤感谢中国人民养育之恩”访华团,回到哈尔滨市拜见了一些健在的中国养父母,引起了中外新闻媒体的广泛关注。11 月 11 日,感恩团一行在北京受到了时任国家总理温家宝的亲切会见,我代表遗孤献上了一首改编歌词的《说句心里话》:

说句心里话,我有两个家。
一个家在东瀛,一个家在中华。
……

虽然回到祖国，更想中国的家。

是中国的养父母，把我收养，抚育我养大。

啊！中国的老妈妈。

2011年5月，因车祸我的腰椎受了重伤，在卧床治疗的一年多时间里，我深深思念着给予我第二次生命的中国，给予我胜似亲人般关爱的中国亲人。在刚刚能借助拐杖站起来的时候，我就迫不及待地让女儿推着轮椅带我回到中国。当听说黑龙江省要举办的“中国母亲的博大情怀——中国养父母与日本遗孤专题展”已经布展完毕并即将揭幕时，我就急切地要到现场看一看。

望着一幅幅记录着大半个世纪历史的珍贵图片，注视着数以千计的中国养父母名录，品味着一个个感人至深的故事，我的眼角溢出了泪花。在由养父母的照片组成的“爱”字墙前，我吃力地扶着轮椅站起来三鞠躬。当来到介绍日本遗孤感谢中国人民养育之恩访华团展板前，看到了全体遗孤在哈尔滨同养父母合影的大照片和文字说明时，我再次激动得眼含热泪，久久不愿离开。

日本是我的祖国，中国却是我的家乡，在中国有养育我的养父母，有我的手足兄弟。父母的养育之恩大于天。如果当初没有我好心的中国父母的收留，我不知道我的人生将会怎样，如果没有我的中国父母对我无私的爱和奉献，也就没有我今天的生活。战争是残酷的，它使人们流离失所，妻离子散，战争酿成的苦酒，要几辈人去品尝。我从心底祈望，这个世界再也不要有战争，再也不要有生离死别，愿和平的旗帜永远飘扬。

情系中国慰亲人

——宇都宫孝良

今天的天气格外的好，阳光格外的明亮，甚至超过我的内心，我坐在通往中国黑龙江省佳木斯市的列车上。虽然天气有点凉，但是我的内心还是像沸腾的水一样无法平静，激动，紧张。是啊，怎么会不激动呢，即将踏上故土，此时的我如游子回家，殷切，期待。

佳木斯，这是一座美丽而又宁静的城市，也是养育我的故乡。缓缓流淌的清澈的江水，生活中人们乐观向上的性格、清脆爽朗的笑声，这些常常出现在我梦中的情景，终于又将真实地回到我的身边。此刻我心中的幸福无法言喻，我竭力克制自己的激动心情，希望当我踏入故土的那一刻，家乡人依然能看到一个从前的我，一个温润如水的张有才。

我是宇都宫孝良，但是比起这个日本名字，我更爱我的中文名字张有才，因为这个名字不仅仅代表我自己，在我的心中，它是养父母对我爱的诠释，希望我能成才，这是我人生道路上的格言，是中国人民文化与素质的代表。

记不清是哪一年了，其实早已无从考究。只知道当时父母随着开拓团，从日本爱媛县来到了中国佳木斯的郊外地区开荒种地。没多久，父亲被征去充军，但据说是没多久就被苏军俘虏，并被送到西伯利亚集中营，后因肺炎无法得到医治去世了，剩下我们孤儿寡母相依为命。1945 年日本战败投降后，在苏联军队攻打进来的时候，母亲领着4岁的我从一个名为千振的地方逃难到佳木斯。可祸不单行，刚刚到达了佳木斯，母亲的身体便被病魔击垮了，终因无法得到医治而在收容所撒手人寰，留下了我。当时的我并不懂死亡，甚至还来不及反应，母亲便与世长辞。我只是知道，我变成了没人要的孩子，变成了彻彻底底的孤儿。那时的我什么也不知道，只是哭泣，只想要妈妈，想回到母亲的怀抱。

没有了母亲温暖的庇护，我甚至以为我即将随母亲而去。然而就在我最痛苦最绝望的时候，我遇到了生命中最重要的两个人。他们是中国的张宝隆夫妇。仿佛是命中注定，当他们抱起我，注视着我的时候，我不哭，也不叫喊，静静地看着他们，仿佛我在等待的就是他们。就这样，他们成了我的养父母，记得母亲多年后和我说过这段故事，她说我在爸爸的怀中不哭也不闹，只是依偎在他身上静静地看着他，“是不是你在那时候已经是小大人了？”我笑着对母亲说：“也许是因为我太饿了吧！”多年后我想，一定是父亲结实有力、宽厚温暖的臂膀，以及母亲温柔慈祥、善良关爱的目光，让我感受到了自从亲生母亲去世后的第一次温暖才会这样吧！

我在位于东京台东区台东4-23-11的“NPO法人中国归国者·日中友好之会”原址窗前留影

就这样我进入了一个温暖的家，因为当时年少，不记得自己的姓名,于是我便有了人生中第一个名字——张有才。有了名字的我就是傻傻地笑,父亲母亲喊我的名字,我还是傻傻地笑,父亲笑着说,这傻孩子,只是一个名字就开心成这样,母亲听着父亲的话,看着我傻傻地笑,也开心地笑了。就这样,这一个新组建的三口之家,第一次有了开心快乐的氛围。父母也许不会知道,这一个不起眼儿的名字,这个我人生的第一次傻笑,在我年幼的心中,有着无比重要的位置, 以至于我只能用最单纯的表情来回应他们对我的关爱。

父亲是本本分分种地的农民,母亲平日在家干些家务,家里的经济条件虽然不富裕,但是却让我快乐,让我心安。父亲朴实慈祥,母亲温柔善良, 他们几乎倾尽自己的全部给予我他们能给我的最好的东西。我渐渐变得开朗活泼,因为我知道无论发生什么事,总有人愿意为我撑起一片天。

在家中的日子固然是美好的, 但是有些事情却终究是不可避免的。很快我到了上学的年纪,父亲曾说到了学校会认识很多新的朋友、同学、老师,学习知识,会让我更加快乐。在去学校之前我对父亲的话深信不疑。开学的前一天,母亲用连夜赶工做衣服挣的钱为我买了书包、铅笔、橡皮、记事本和文具盒。我开心地抱住母亲,对她说:“我上学一定好好学习,多认识新的同学,不会调皮也不会捣蛋,一定做一个乖孩子。”然而事与愿违,开学的第一天我就打破了自己单纯的誓言。学生年纪的孩子最单纯也最直接,他们用最简单的语言表达内心真实的感情。我依然记得当我兴冲冲地跑去和第一个同学打招呼的时候,看到的是他鄙夷、冷漠的神情,听到的是更加冷漠的话语:“我不想和日本鬼子做朋友。”这是我第一次听到如此刻薄冷漠的言语,一时间不知所措,看着那个同学远去的背影,我心中想的是对母亲的承诺。我还是回到了教室认真地学习,可是班级里的同学没有一个愿意和我在一起, 都远远地绕着我而去，甚至有人对我辱骂和嘲笑。我伤心极了，为什么同学们都不喜欢我，为什么都排斥我呢！我不敢看他们的眼睛，不敢与任何人说话，回到家也闷闷不乐。在母亲的一再追问下我跟母亲讲："我不想去学校，不想上学。我不喜欢念书。"听到这话，本来沉默的母亲猛然站了起来，抬手刚要打我，可瞬间好像意识到了什么："是不是别人说什么了？"我把在学校的经历讲给了母亲听，母亲沉默了好久，然后拉过我紧紧地抱在怀里，在我耳边不停地重复着"他们都是瞎说，要上学，要出息"。后来我才知道，母亲找到那些同学的家里告诉他们，不要那样对待她的孩子，孩子是无辜的。这才保证了我安心地上学。

记得父亲也常跟我讲："真正的男子汉是说到做到，不是说你有能力去欺负别人，而是有能力去保护你想守护的人。""人与人之间的交流靠的是真诚，你只有真诚地对待别人，别人才会真诚地对待你。"每想到在这里，我脑中总闪现那样一幅画面：我抬头望着父亲，强烈的阳光让我看不清父亲的表情，但是父亲的身体却那样高大伟岸。

我与池田澄江女士及遗孤们在"中国归国者·日中友好之会感恩团联谊会"上演唱歌曲《说句心里话》

在父母的悉心教导下，我逐渐认识了很多同学，有了真的朋友。父母亲虽然文化程度不高，但是教会了我最重要的人生哲理。父亲常说："勿以善小而不为，不管是大是小，只要是好事，我们都应该去做。"母亲常说："人只有知足才能长乐，什么是快乐？一家人在一起就是快乐。"这些道理深深地印在我的脑海里，它们指引我走在正确的人生道路上。虽然已在中国生活了多年，但我还记得我是一个日本人，也记得日本曾给中国带来了无与伦比的伤害，更记得善良的中国人不计前嫌养育了我这样的日本遗孤。我和父母说过，我长大了也应该回报父母，回报社会，应该多去帮助那些真正需要帮助的人。父母听到我的想法都很欣慰，也很高兴，笑着说："儿子长大了。"也许是父母从小就给予我良好的教育的缘故吧，我始终坚信只要人人都能做到相互关爱，友好相处，那么这个城市，这个国家，这个世界都会变得更加美好。从学校毕业后，我到佳木斯铁路机务段工作，无论多忙，我还是不忘帮助大伙儿，想着尽一些自己的力量去回报社会。

1960 年，母亲的去世给我带来不小的伤痛，舍不得她的离开，却也无力回天。那年我 18 岁。我在母亲跟前发誓会好好做人，不让她伤心。1962 年，我 20 岁，也就是在那一年我结婚了，有了自己的小家庭。为了更好地照顾父亲，我把父亲接到了我家。然而父亲只享受了儿子两年的照顾便于 1964 年离开了我们。我把父母亲合葬在了一起，我欠他们的太多，祈求来世还做他们的儿子。

关于我的身世，父母为了保护我，也一直没直接告诉我。直到中日邦交正常化之后，我才知道自己的身世，知道了自己是日本遗孤。而我对此也越来越好奇，那种想追寻个结果的心情也越来越复杂。我想到了最初收留我的收容所，那里应该有和我一样在中国长大的日本遗孤。在这些人中有一位叫森实一喜的女士，通过了解我才知道她当年和我在同一个收容所，又经打听得知我们很可能是在同一个开拓团。这让我惊讶不已,如果真是这样,那么森实的父亲很可能认识我的亲生父亲,更有可能知道我究竟是谁。于是,我在家人的支持下给日本森实的父亲写了信,并附上了我 11 岁时的照片,企盼着能有一线亲人的信息。让我意外的是,我真的从森实的父亲那里得知了我的日本名字、家人的事情以及母亲的娘家等信息,并且还找到了舅舅等亲人。

1982 年,我可以回日本定居了。最初听到这个消息时,我很茫然,我不知道自己是喜是忧,这消息对我来说是好是坏。可以回到自己的国家,寻找自己的根,我当然很高兴,可回去就意味着我将要和这片养育我近四十年的黑土地分离,抉择是那样的艰难。我陷入了深深的矛盾之中,踯躅不前,不知所措。我善良忠厚的夫人纪淑琴,看出了我的心事,她鼓励我说:“从今天开始你就有两个国家的亲人,中国的亲人,日本的亲人,这些都是你的亲人,我们都为你高兴。不要有顾忌,跟随你自己的心。相信父母倘若在世也会支持你的。”是啊,父母养育了我一生,爱护了我一生,教导了我一生。“爸,妈,谢谢你们这些年养育我,我不会忘记你们。我永远都是你们的儿子。”

在日本与友人参加义卖活动

同年3月,我和家人一起回到了日本。这三十多年,我记不清自己回中国多少次了,只要有时间我就回中国,回去给养父母扫墓,跟他们说说话,跟亲戚朋友聚聚。我是有两个故乡的人,我是忘不了养育我的中国故乡的。即便我在日本,我也总想着能够通过自己的努力为中国的那个家做些什么。我通过查询联络到不少和我一样的残留孤儿朋友,他们听说我有回报中国的想法后,都非常支持。我们很快就组织在一起,积极帮助他人,而我们也变成了很好的朋友。在汶川地震时,我们与各地的孤儿及归国者家庭把平时省下的一部分钱凑到一起,捐出善款100万元人民币援建四川眉山市的一所农村小学校。后来我们还去那里看望小学生们,给他们送去了生活用品和学习用品等。看着他们高兴,我们打心里高兴。我们做不了惊天动地的大事情,但能尽自己的绵薄之力,帮助有需要的人,让大家在和善友爱的氛围中生活。我想,这份执着的信念应该是善良朴实的中国父母给予我的最好的培育吧!

"先生,老先生……哦,怎么了?"我睁开眼,看到了乘务员关切的眼神,转头看看窗外,阳光依然明媚如初。"老先生,您没事吧?"听到这句话,我才发现刚才我不自觉地沉浸在对这些场景的回忆中,眼角还流出了泪水。"哦,我没关系,只是想起了一些往事,一些难忘的、美好的回忆。""老先生您是在佳木斯下车吧?佳木斯站马上到了,您做好下车准备吧。""哦,谢谢!"看着乘务员离开,我缓缓地站起身,整理一下思绪,平复一下心情,收拾好自己的衣着,虽然年迈,但我也要以最良好的状态踏上故土。

父亲母亲我回来了,教我养我的故乡,我回来了,你们的儿子回来了!

情系戏曲相携手
——樱井幸子

在中国东北的黑龙江有一座小城市叫黑河，这里山丘起伏连绵，河流纵横交错，小兴安岭犹如一道绿色的屏障自西北向东南贯穿全市，这里素有“北国明珠”“欧亚之窗”之称。而于我而言，黑河的意义不仅仅在于它的富饶安静和秀美风光，更在于它曾经给予我的温暖和呵护，我想，这世上不会再有第二座城市能像它一样给我这般踏实，如此想念的感觉。那是我的故乡。

我叫樱井幸子，是一名战争遗孤。听我的养父母说，我是1945年2月23日出生在黑河市的。1936年，日本关东军制定了“满洲农业移民百万户移住计划”，大批日本的农业贫民源源不断地涌入中国东北，称为“日本开拓团”。我的父母也随着开拓团来到中国。1945年8月9日，苏联红军出兵中国东北，此时的关东军已自身难保，更无暇顾及还在东北的开拓民们的安危，无数的开拓团民一夜之间从天堂跌落到地狱，不知何去何从。为了不受苏军的欺辱，许多开拓民甚至选择了自杀，我的亲生母亲就是其中之一。当时我只有6个月大，又发着高烧，父亲为了保住我的命，抱着我跑了三十多里路，来到了黑河当地的一个小村子，敲开了养父母家的门恳求他们收留我。看着父亲哀求的眼神和奄奄一息的我，他们动容了。

我的养父是山东人，闯关东来到黑河，后来与我的养母结合到一起，两人结婚五年了也一直没有自己的孩子。那时我的养父是给日本人干活的工头，养母也做着小生意，所以家境在那个年代算是比较好的，家里的吃穿问题基本不难解决。而我的养父母和我的亲生父母又曾做过邻居。虽然是日本人，但我亲生父母手里拿的不是武器，而是耕地的锄头和修路的工具，他们并没有伤害中国百姓，相反，他们也同样是这场战争的受害者。所以，养父母也时常会接济亲生父母家一些米面、棉衣之类，两家关系处得比较好，而父亲对养父母的善良和宽厚也一直心怀感恩。所以，在父亲无路可走的时候，也是最先想到了养父母家，想让他们救活我、收养我。养父和养母商量了一会儿，便从父亲怀中接过了脸色紫红、呼吸微弱的我，说："孩子我们来养大，你放心吧。"随后，他们给父亲换了一套劳工服以方便父亲出走，父亲感激地叩谢后便头也不回地走了。从那一刻起，和服带子里包裹着的刚刚半岁的日本小女孩儿就注定了要与她的养父孙子凤、养母赵澄文结下一生的情缘。而这个小女孩儿也因此有了一个很好听的中国名字——孙世芳。

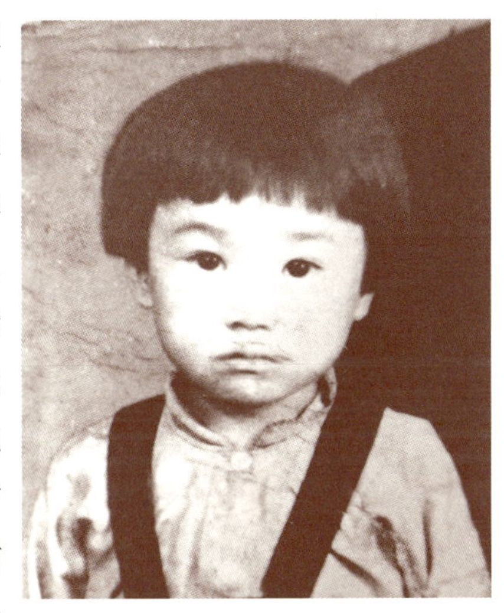
我在中国5岁时的留影

我被抱养后，由于肠胃不好，总是拉肚子，经常是这里刚刚擦干净那里又拉了，有时候还会拉在被褥上，但养父母从没有嫌弃过我。每天忙完生意后回家，尽管养母已经很疲惫，但是还要给我清洗身上，清洗被我弄脏的被褥。为了给我调养肠胃，母亲经常给我做面汤喝，虽然我们家条件还行，但在那样艰苦的年月，能时常吃上些米面等精细粮食，还是很奢侈的。慢慢地，在养父母的精心照顾下，我的肠胃病好多了，人也有了精神。在我被抱养的三年后，养母生了一个男孩儿。虽然他们有了自己的亲生孩子，但对我却比以前更好，可能是因为有了自己的孩子，就更能理解我父亲当初的不得以，也更加心疼一个从小不在亲生父母身边的孩子吧。

我和养父、弟弟

我从小就喜欢唱歌，也天生有一副好嗓子。所以小学毕业后，大概是1958年，我考入戏曲学校的京剧科，开始学习京剧。刚开始还觉得新鲜，每天都高高兴兴地去上课，可没过几天我就发现，学京剧和唱歌完全是两码事。为了要练好唱腔、道白、动作、武打等基本功，每天都要吊嗓子，还要在老师教鞭的指挥下进行拿顶、小翻、虎跳、前桥等训练，枯燥乏味不说，这种苦累程度，哪是一个十几岁的、正是贪玩儿年纪的小女孩儿愿意承受的。所以我开始逃课，躲回家里偷懒。养母问我怎么回来了，我毫不在乎地说，学京剧太累了，不想学了。本来以为一直疼我的养母会安慰我几句，可谁知，养母顿时气得脸都白了。她指着我，半天说不出话来，抄起炕上的笤帚就开始打我，边打边说："你怕累是吧，好，我让你怕累，我看你以后能有啥出息，我们那么辛苦赚钱供你，你说不学你就不学了，你有没有良心。赶紧给我回学校去，再逃课回来，我就打折你的腿！”我被这突如其来的一顿打吓蒙了，愣在地上一动不动，养父说：“还不赶紧回学校去。”我这才哭着跑了出去。这是养母第一次打我。后来养父跟我说，我跑出去后，养母坐在炕上哭了好久。从那以后，我没再逃过课。毕业后，养母为了让我早日成为名演员，就花钱请名师教我，这使我很早就成了主要演员，可以挣钱补贴家庭了。现在想想，当年如果没有那一顿打，今天我所有的成就，都不会存在了。

能自己赚钱我高兴极了，因为我终于可以用自己的能力来报答养父母的养育之恩了。那段时间，我一发工资就会给养母买些漂亮的衣服和好吃的点心，给养父买些香烟，家里的花销也基本由我来承担，家里宽裕了很多，养父母也不用再那么操劳了，我很欣慰。可是好日子没过多久，养父就病倒了。当时养父在长春铁路医院住院，我请假在医院护理他，单位几次找我谈话，告诉我再不上班就将我开除公职，我很平静地告诉他们，想开除就开除吧，我父亲辛苦把我养大，现在他病了，我不能不管他。单位见我如此，也没再多说什么。住院期间，昂贵的医疗费用让我无法承担，为了能给我养父争取一支进口药，我每天都会把整个病房的卫生打扫了，把长长的走廊给擦干净，恳求大夫能把这一针药剂分配给我的养父。我当时没想那么多，就是想尽自己最大的努力延长养父的生命。

1970 年 8 月，养父终究没能战胜病魔离我们而去了。养父去世后的那段日子，养母很悲伤，为了不让养母感到孤独，我仍和她住在一起。1977 年我的儿子出生了，为这个家庭增添了不少欢乐。而我因为工作忙，所以儿子也基本是养母给带大的。

中日邦交正常化以后，我开始了回日本寻亲之路。我很想念我的亲生父亲，我无数次地想象着他的模样，想象着他现在的生活状况，我真的很想找到他和他相认。所以，我就很真诚地把我的想法告诉了养母,养母虽然嘴里说着“去找吧,哪个孩子不想自己的亲人呢”,但我却明显看出了她眼神中的惶恐。一阵心酸。我不想伤害母亲,但我也真的很想找到我的亲生父亲。不久,外事办的人就联系上了我,说已经联系到了我的父亲,如果养母同意的话,我就可以回日本和他相认了。当我把这个消息告诉养母时,她好久都默不作声,而后突然老泪纵横:“闺女啊,去了那边,你能不能……不要娘了啊。”“娘,看您说的,我怎么会不要您,不管我在哪,我都不会丢下您不管的,我还得给您养老呢,我跟您保证。”可不管我怎么说,养母还是抹着眼泪:“你从小到大不容易,娘知道你心里的苦。回去看看吧,毕竟那里是你的根呀!”最后在我的归国手续上颤巍巍地签了字。

1986 年我回到了日本,只是得知亲生父亲回日本后又有了新的家庭,和继母育有一个女儿。与我此前无数次幻想的场景并不一样,出于种种原因,我们最后也没能相认。那一天,是我这一生渡过的最寒冷的一天。那时是 4 月,正是日本樱花盛开的时候,虽然天气有些凉,但樱花盛开得那样坚强。没关系,我可以不知道自己的真实姓名,但我可以姓“樱井”吧,我在中国幸运地活下来了,我是幸存者,就叫“樱井幸子”吧!

回日本后,我只是倔强地抓紧时间学习日语,边学习边打短工挣钱。为了尽女儿的孝心,也是想养母在我身边方便照顾,所以第二年我就把养母接到了日本定居。因为养母想念中国的亲人,所以每过一段时间我也送她回国探亲。最后一次回中国时养母病倒了,我得知后,匆匆回中国去照顾她。为了让她安心治疗,我在中国给她买了房子,请了保姆,也是为自己回中国时有家的感觉。养母在病中曾几次问我:“你小时候我那么打你,你还这么伺候我,你不恨我吗?”“娘,如果不是你收养我,我可能早死了;如果不是你的那顿打，我也不可能有今天的生活。我对您只有感恩，没有恨。”是啊，如果没有养母，“娘”这个称呼对我毫无意义。2000 年，养母永远离开了我。我在中国给养父母买了墓地，将二老合葬在了一起。我在他们墓前发誓，我会坚强地好好地活下去，用我的余生去温暖更多的人，以此报答他们对我的这份养育之恩。

虽然我的中国父母都已经去世了，但我的中国情结却丝毫没有减弱。我热爱养育过我的中国，热爱中国的一切，我应该为我的家乡做些贡献，我应该让更多的人了解中国。于是，我利用自己的特长，在日本的戏曲班教更多的人学京剧，我想尽我所能，让中国的国粹能在日本乃至世界得到继承并发扬光大。这是我的心愿，我

我在日本戏曲班教学生京剧

也将用毕生的汗水为之努力。

这就是我的故事。关上记忆的闸门，我缓缓站起身，走到墓碑前，轻轻拂去墓碑上的尘土和落叶，抚摸着墓碑上刻着的养父母的名字，早已泣不成声。

生命的不幸曾降临在我的身上，而我又是何其幸运，被善良的中国人收养并抚育成人，使我不再是举目无亲的孤儿。如果没有养父母的救助，也许自己早就不知命丧何方了。养父母到了晚年本应

享受儿孙绕膝的天伦之乐，却又忍痛割爱，尊重我的回国寻根选择。即便现在我回到了日本，我也很愿意跟我的日本同胞分享我的故事，我想把我最真实的感受告诉大家，我的故乡在中国，我有中国父母，我有中国名字，这就是我这一生最幸运，也是最值得骄傲的事。

战争是残酷的，它带给我们的只有硝烟中的遍野横尸，烈焰中的声声惨叫。它让人们无家可归，在逃亡、惊恐中度日。它让无辜的孩子成了孤儿，而战后重建的家园虽然缝合了伤裂的土地，但人们心灵的伤痕却永远也不能愈合。希望世界不再有战争，不再有流血和眼泪；希望人与人之间，不论种族与国家，都能互相携手，架起友谊的桥梁；希望空气永远清新，天空永远湛蓝。

遗孤们在“中国归国者·日中友好之会感恩团联谊会”上表演舞蹈《中国妈妈》

恩光不忘父母恩

——中村惠子

“说句心里话,我有两个家,一个家在东瀛,一个家在中华……虽然回到祖国,思念中国的家,是中国的养父母把我收养,抚育我长大……中国的恩情比海深,比天大……”每当唱这首歌时,我的眼泪总是止不住地往下流,因为每一句歌词都是我的心声。

我叫中村惠子,1942 年 10 月 1 日出生, 今年 74 岁了。1945 年, 我的中国养父母在吉林省延吉收养了当时不到 3 岁的我和只有 8 个月大的弟弟。我和弟弟都是日本遗孤,而我的养父母却把我们俩当成掌上明珠般对待,给了我们第二次生命,也把他们全部的爱,全部的心血给了我们。

我的中国养父叫姜瑞芝,他一生忠厚老实、善良勤劳、艰苦朴素、性格温和。记忆中我从未见他跟别人吵骂过,也从未打过我和弟弟。爸爸写得一手好字,喜欢画山画水,他画画时,我总是跪在桌旁看。在他的影响下,我也爱上了画画,后来学校里出黑板报、展览时都是由我来担任美工。兴趣爱好广泛的爸爸,在那个艰苦的岁月里,用他的执着和刻苦影响着我。

爸爸喜欢植物,他养的花草一到开花时节就会引来许多蝴蝶,年少的我用小手将蝴蝶抓住,学别人将它们放在厚书本里压好,再放到镜框里做标本。有一次被爸爸看见了,他严厉地要求我马上放掉蝴蝶,他说:“蝴蝶也是小生命,恩光你要爱护这世界上的每一个生命，答应爸爸以后别再抓蝴蝶和蜻蜓了好吗？”这是爸爸给予的为善的教育，他是希望我成长为一个善良的人。

爸爸非常爱干净，我记得小时候妈妈给他做过一件棉袄，只要脏了一点点，爸爸马上用水擦干净再烤干。夏天的白布衫，虽然穿了好多年打了很多补丁，但总是洗得干干净净的。也许是受爸爸的熏陶，长大后的我也特别爱干净。

爸妈在没收养我和弟弟之前，开了一间小杂货店，卖油盐酱醋等小商品，日子还算过得去。收养了我和弟弟后，因为多了两张嗷嗷待哺的嘴，爸妈把小杂货店和家里值钱的东西都卖掉了，给我和弟弟买吃的用的。为了生活，为了养活我们两个日本孩子，他们什么脏活累活都干过，卖豆腐、缝草袋子、卖小食品、给别人看果园、拉煤车、在学校里打工……只要能挣钱养活我们姐弟俩，他们什么苦活累活都干过，而且从不觉得辛苦。

爸爸给别人看果园时，好心的园主让爸爸把不能卖的果子拿回家，每次爸爸回到家，我和弟弟都要盯着他的兜看，他总是能从

2015年7月12日我（二排左二）与遗孤们一起赴中国黑龙江祭扫养父母公墓

兜里变出梨啊杏啊的，笑呵呵地看着我们大口大口地吃，那是我童年最幸福的记忆了。后来我长大了，懂事了，看到爸爸冬天在零下30摄氏度的室外工作，手被冻出一个个大裂缝，不停地渗出血来，我心疼地捧着爸爸的手说："爸，别干了！等我长大了挣钱养活你和妈！"我把蛤蜊油涂在父亲手上的时候，瞄到他因为我的话而露出的欣慰笑容。那表情仿佛在说，吾家有女初长成啊！

1961年我在延边师范学校会演《唱灯》

我的养母叫汪淑贞，她的性格与养父完全不同，是个爽快热情的人。她善良好客、乐于助人，每当别人有困难的时候，她不吃不喝也要帮别人解决困难，左邻右舍谁家有个大事小情的，都愿意找我妈帮忙。我记得我在读师范学校时，同班有个叫刘淑兰的同学，家住在另一个城市，没有父亲，生活十分困难。我妈知道后买来护腿，拼织成秋裤给刘淑兰穿，还经常嘱咐我多带刘淑兰回家吃饭。

善良的妈妈既是慈母，也是严师。她要求我们不许打架、不许骂人、不许撒谎、不许拿别人的东西。在爸妈的良好教育下，我们家从来没有打骂声，只有温馨和幸福的声音。

妈妈是个心灵手巧的女人，为了贴补家用，她给别人织毛衣，为了节约用煤，她在家织毛衣时舍不得生炉子，只是身上盖着被子，经常织到深夜。有时我一觉醒来看到妈妈披着棉被还在织，就对她说："妈，别织了，睡吧。"她总是给我掖掖被子，哄着我说："你睡吧，妈再织一会儿，好孩子你快睡，明天还要上学呢。"为了帮助妈妈减轻负担，我放学后会帮她织袖边，我至今还记得当妈妈夸我织得好，说我织出来的袖边又紧又匀，听了妈妈的话我心里美滋滋的。

妈妈做得一手好菜，她的手艺真是绝了，同样的土豆，她炒出来的味道就是不一样，那也许就是如今人们常说的"妈妈的味道"吧！为了我们生活得更宽裕些，妈妈还想出了一个办法，把炸油酥豆、炸丸子和煮好的蜜枣串成串来卖，卖5分钱一串，贴补家用。不上课的时候，我和弟弟也会帮着卖，我记得我们旁边有一家卖干豆腐的，他家也有一个年纪跟我差不多大的小女孩，她用品相较差的、零散的干豆腐跟我们交换丸子和枣，我和弟弟用这换来的干豆腐卷上丸子吃，那真是人世间最美味的食物！我俩回家后把这事告诉妈，她笑着说："瞧我这俩孩子多厉害，会做买卖了。"我和弟弟经常回忆起此事，说到这里时我俩总是会心一笑，那是我们童年的欢乐时光。

有一天妈妈不知从哪拿回一包大米饭锅巴，她像变戏法儿似的先是用热水把饭锅巴泡软了，又放在锅里蒸，硬是变出了一锅香喷喷的大米饭，跟新蒸出锅的米饭一模一样！我和弟弟光顾着吃得开心，根本没注意到爸妈只是尝了尝，仍旧吃着大饼子和玉米窝头，他们总是把最好的留给我们姐弟俩吃。

我记得我家附近有一个铁工厂，别人家的孩子经常去那里捡煤核，回家用其烧火取暖。有一次我也拿了个小盆跟他们一起捡，妈妈知道后阻止了我，告诉我不许再去了。她怕我烫着、伤着。她说她苦一点不要紧，如果我有什么三长两短，她的世界会崩溃的。

有一次别人送给我一双淡蓝色绣花缎鞋，我喜欢得不得了，一直穿在脚上。等和小朋友们一起玩跳皮筋的时候，我怕把鞋弄脏弄坏了，便脱下来放在一边，光着脚丫跳皮筋，跳完却发现鞋丢了。我哭着跑回家，怕被妈妈批评，可她看见满脸眼泪和鼻涕的我，心疼得要命，一个劲儿安慰我：“乖女儿不哭，妈以后给你做一双！”

妈妈有件真丝旗袍，她很爱惜，经常从箱子最底下拿出来抚摸。我一天天长大，长到和妈妈差不多高时，她将旗袍改成了一件适合我穿的连衣裙，所有见过的人都说我穿着太好看了。我偷偷问妈妈：“你不心疼那件旗袍吗？”她回答我说：“傻丫头，妈的一切都是你的，有什么好心疼的？”

时光飞逝，转眼间我初中毕业了，由于成绩优异我被保送到师范学校，待到1962年毕业时，因成绩优秀被推荐到省重点学校——延吉北山小学任教。那时我父亲已经70多岁了，一生辛劳的父亲积劳成疾，患了严重的哮喘而病倒了。父亲病重期间，想吃橘子，我跑遍了所有的小店，只买到几个又小又冻的橘子。所以父亲去世后我一直很害怕见到橘子，尤其看到又大又甜的橘子时，我总是想起当年的情景，心痛不已。如果父母亲能活到今天，我一定每天都给他们买最大最甜的橘子，可惜他们先后离我而去，只有我和弟弟知道，一生操劳的他们是为我们姐弟俩累倒的。“谁言寸草

在养父母公墓前深深表达我的哀思

心，报得三春晖。”父母受尽磨难，把全部的爱和心血都给了我们，我们却来不及报答，这是我一生的遗憾。

1999年6月，我和丈夫带着我的一双儿女回到日本，至今已经16年了，我仍然不知道自己的亲生父母是谁、有没有其他兄弟姐妹、我的真名叫什么？带着这些疑问和遗憾，我学会了日语，适应了日本的生活。幸运的是，我的弟弟姜恩庆及家人也回到了日本，直到今天我们姐弟俩仍然相依为命，是爸妈给我们留下了这今生今世割舍不断的姐弟情缘。

有时候我真希望自己能变成一只白鸽，什么时候想念家乡了就可以自由地飞翔在我的那片黑土地上，那片希望的田野上。我想变成一座桥，架通中日两国之间的友谊，因为我是中国人大爱无疆养大日本孩子的见证者和亲历者。我是姜恩光，是姜瑞芝和王淑贞的女儿，一个身上流淌着日本人血液的中国娃。如今我已古稀，午夜梦回，总是想起爸爸画画我趴在桌边看的场景，那是个阳光温热的午后，我学爸爸作画，第一次的作品就得到了他赞许的目光。爸爸，妈妈，女儿很想念你们，你们听得到吗？谢谢你们，给了我第二次生命，也给了我，第二个故乡！

我的中国情结
——增岛秀子

我叫孙秀琴，日本名字增岛秀子，据记载是1941年12月16日生，但是生于日本还是中国无从得知。因为一直没找到我的亲生父母，所以我是多大时与他们分开的、甚至连他们长什么样、有没有其他的孩子都无从得知。只知道我是在黑龙江省牡丹江难民所被养父母收养的。

养父孙敬忱和养母张淑清在当地开丝绸布匹庄，买卖的规模不小，在当地属于家境殷实的大户，他们没有自己的孩子，也许是缘分使然，在难民所里遇上了我。夫妻俩商议了两句就收养了我。关于这些，我脑海里是没有任何印象的，养父母为了保护我，一直没透露给我任何关于我身世的消息。对于我的童年，最初的记忆是从这里开始的：天空中飞机嗡嗡作响地飞来飞去，外面枪炮声四起，把我吓得钻到桌子底下很久都不敢出来。直到有一天，我坐在一个宽敞干净的房间里，周围站着好多人，说着我听不懂的话语，还时不时地看着我笑。我想知道我在哪里，我想知道我为什么在这里，可本就不熟悉的环境加上不熟练的语言让我不知如何是好，张着嘴呜呜呀呀的连自己都不知道自己说的什么。看着惊慌不已的我，养父母微笑着把那么多吃的拿到我面前。看着他们和善的目光，看着新鲜的从未见过的食物，我不再慌乱，也忘了周围的陌生，静静地享受起那难得的大餐了。

后来，我慢慢适应了在这个家里的生活，上苍垂怜，作为他们唯一的孩子，我被养父母照顾得相当好，所以很快便融入了他们的生活，丝毫没有初来时的陌生和隔阂了。家里开的店铺大，养父每天与众多伙计忙于生意，养母则在悉心照顾我的同时打理着家中的上上下下。因为父亲年龄长于母亲很多，所以他对待母亲也疼爱有加。身为商户人家的母亲，人很漂亮，也很精明，会打扮自己，同时也给自己的女儿也就是我穿戴得要比别人家的孩子出众许多。当时一般穷人家的孩子都穿不上的皮鞋、大衣等，我却能拥有好

我和养母

多。繁忙之余母亲总会带着我去与首饰店、服装店等大户人家的太太们聚会，所以我自认为从小的所见所识也比别人家的孩子优越些，我成了地地道道的“富家小千金”。但即便是这样，也避免不了外面的人或者我的小伙伴儿们发出关于我是日本孩子的嘲讽，为此，母亲没少与他们发生矛盾，甚至与说我是日本孩子的那些邻居们都断绝了交往。

然而，时运不济，我 6 岁那年，父亲因患痨病久治难愈离世了，留下了一直在他呵护下养尊处优的母女俩相依为命。母亲只身一人操持那么大的家业实在不易，已然失去了丈夫，不能再失去女儿

的想法一直萦绕心头。因为担心我日本方面的亲人回来找我，本着保护女儿、隐藏女儿的想法，母亲最后毅然决然地变卖了家业，带着我离开牡丹江去了哈尔滨。

来到哈尔滨，我们住在母亲花大价钱买的好地段的房子里。也许是因为父亲的离开让家里寂寞了许多，母亲试图摆脱那种思念父亲的难过心境，特地把家安在了热闹的街区。家的对面就是歌舞厅，街道两旁都是饭店，音乐声叫卖声四起，人们穿梭于大街小巷，生活得不亦乐乎。母亲也时常带着我去附近有名的几家饭店改善伙食。让我印象深刻的是，来来往往的人群中不乏苏联人。在哈尔滨稳定落脚后，我就上小学了。学校知道我们家只有母女二人的情况，所以对于我上学也给予适当的照顾。眼见着女儿上学了，母亲也逐渐从失去父亲的忧伤中走出来。为了保证我衣食无忧，母亲也时常会去变卖自己的首饰买来米面等，尽管我知道母亲为此背地里偷偷抹泪，毕竟当时的光景大不如父亲健在之时。放学归来，每到晚上，我也时常陪着母亲做些零活儿。母亲对我的生活照顾得无微不至，但对我的学习要求十分严格，所以也练就了我学习上丝毫不敢怠慢的心态。身为几岁的孩子，也许当时理解不了，但现在回头想想，那时上学的机会是多么的宝贵，没有母亲，哪里有现在的我。

慢慢地与周围的邻居相处久了，他们也知道我们母女的大致情况了。一些好心邻居劝说母亲再寻一任丈夫，毕竟没有丈夫的女人独自带着孩子生活不容易。1953 年，经人介绍，母亲认识了曾经当过兵的王洪熬，二人性格相投，所以没多久便结婚了。作为继父，他对母亲好，对我也特别好。

在母亲的悉心教导下，我中学毕业后进入了哈尔滨建成机械厂，在那里从事比较重要的工作。为了上班方便，我离家住进了单位的宿舍。就这样工作了四五年的光景。而随着妈妈年纪越来越大了，身体状况也慢慢变差，越发想我能够将工作调到她身边。于是我毫不犹豫地将工作调至离母亲最近的道外肉联加工厂。也就是在那儿，我在厂里青年联谊会上认识了车间团委书记王景和，后经车间主任牵线，我们结婚了。他人很忠厚老实，比我大八岁，知道我是日本人也没有任何顾忌，并没有在意外界的非议，而是十分理解我，与我同心协力照顾母亲。

1958 年的一天，日本方面来人寻亲，找到了我并告知我是日本人，希望与我及母亲核实一些信息。得知这个消息，自己感觉是晴天霹雳，我不可能是母亲捡来的，而就在我对这个问题迷惑不解的时候，母亲断然拒绝了对方的要求，她不允许自己的女儿被打扰。就这样，我得以安心地继续陪在她身边。对于自己的身世也不再有任何遐想。关于我的身世，直至母亲临终的时候也不曾告诉我任何信息。

1963 年，我的大女儿出生了。母亲帮我照顾着孩子，看她沉浸在外孙女带给她的欢乐时光中，我也为之高兴。当时的我虽然工作数年了，可挣的工资却不多，即便是这样，我始终遵照母亲的要求，每个月给她 20 块钱的生活费，这是母亲在我工作之初就提出的要求。可谁又能想到，母亲的这个想法着实不是为了她自己，而是自始至终一分没动地给女儿攒着呢！直到母亲 1972 年去世之前，这每个月 20 块钱的生活费足足攒了两千块钱，母亲弥留之际把这沉甸甸的两千元钱交到我手里，嘴里念着“我舍不得你啊，别回去了，在这边挺好的呀……”任凭我怎么哭喊，母亲不等说完后面的话便永远地闭上了双眼，就那样离开了我们，我只记得当时的自己声泪俱下，任凭我怎么哭喊，母亲就是不再回应，母亲，女儿这次真的成了孤儿了……

我告诫自己要坚强地面对母亲离去的现实，强忍着悲痛与先生共同为母亲送终。我还要好好活下去，母亲给了我第二次生命，我不能让她失望。虽然我不再是受父母保护的孩子了,却还是要与丈夫患难与共的妻子。尽管丈夫当时因为高血压身体一直病着,但我学会了母亲的坚强,努力地扮演着自己身为妻子的角色。

后来,中日邦交正常化,为我寻找在日本的亲人带来了希望。在中国外事及侨务部门的帮助下,我终于盼来了大海那边的飞鸿,可以回去寻亲了。我于1983年回到了日本寻亲,但遗憾的是没有找到自己的亲人。转而我回到了中国,而此时的丈夫也许是因为承受了太多我可能要离开的心理负担而病倒了,最终于1985年永远地离开了我们,留下了我们母子五人。这对于我来说无疑又是一次重创,身为四个孩子的母亲,无论如何此时要坚强。送走了丈夫,在我苦思今后的日子怎么过的时候,日本方面来了信息,我被告知可以回去定居。

这对于我和我几个孩子来说是艰难的选择。当时大女儿佐藤丽子(中文名字王艳丽)已经读到大学三年级了,毕业就要结婚了。其他几个孩子也都是正读着中学,还都不经事呢!所以,关于是否回日本的问题,我们商量了很久才下了决心。终于,在保人的帮助下,我于1986年带着我的四个孩子加上大女婿全部回到了日本山梨县。

我和孩子们在日本

回到了日本一切要重新开始,语言不通是一大难关。起初我们全家人需要干很繁重的劳动才能勉强糊口，全新的环境使得我们无法适应。女儿曾问过我为什么她会生在遗孤的家庭,她的心里不好受。我生怕自己这样一个特殊的身份让孩子们心理上受伤害,所以我暗下决心要坚强隐忍,不能气馁,要为孩子们坚强起来。后来在一同回去的朋友的帮忙下找了一家工厂去做中国包子，因为环境阴湿,身体落下了不少毛病。我可怜的大女儿当时只有二十几岁便承担了家庭的重担,一边安慰我,一边又要督促着弟弟妹妹,还要与自己刚结婚不久的丈夫克服重重困难争取工作的机会养家。也正是在女儿的坚持下,我们去了东京,定居在东京。在我和大女儿悉心教导和督促下,其他几个孩子也都逐渐懂事了。尽管条件艰苦,孩子们不仅白天工作,晚上还要去夜校学语言,但我们一起努力,就为了能够找到立足的工作。令人欣慰的是,随着家里的境况好转,大女儿两个孩子的到来着实给家里添了不少欢乐。

也许是养父母赋予了我坚韧、善良、勤劳的品德,已过中年的我仍旧不习惯让孩子们养着,喜欢自己出去找些事情做,所以我选择了去电子工厂做些零活儿。在工厂里,我遇到了好心的日本人增岛幸一,他为人正直本分,对我和我的孩子们帮助很多,孩子们都看在眼里。在他们的撮合下,1993 年我和他走到一起。他能够认可并支持我和我的孩子们,所以我很满足了。随着我们的生活日渐稳固,但凡有机会我都会告诉自己的孩子,要为跟我有着同样经历的遗孤们尽所能做些事情。让我欣慰的是,我的大女儿佐藤丽子作为遗孤二代，一直在致力于这样一项工作，那就是在担任中国归国者·日中友好之会理事的同时,致力于为遗孤解决眼下诸多的现实问题而与诸多人士积极奔走着,我可以安心了。

我想,我的亲生父母应该不会想到自己的女儿被养在中国,现在已经是儿孙绕膝的古稀老人了吧！而这一切都是真的,是不可改变的事实。

我体内流着日本人的血液，却在中国的土地上长大，是这场战争让血缘亲人骨肉分离，甚至到最后都找不到自己的亲人。我永远无从知晓自己的身世，不知道我是谁。战争是冷酷无情的，就如同野火一样在大地上蔓延，没有人能够置身事外。我们是战争的见证人，是最有资格证明战争带给人的伤害的，是最有资格说和平之重要性的，我企盼世界和平、友好，战争不再。

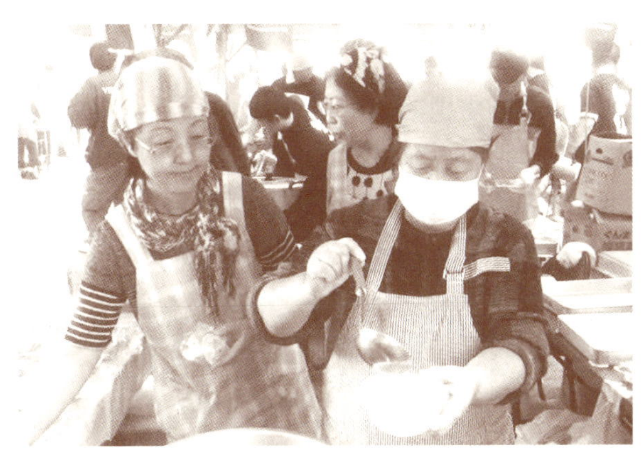

女儿佐藤丽子（左一）与遗孤们一起参加义卖饺子活动

七十载人生路　半世纪中国情
(代后记)

“说句心里话,我有两个家,
一个家在东瀛,一个家在中华……
虽然回到祖国,难忘中国的家,
是中国的养父母,把我收养,抚育我长大……”

我第一次听到这首歌时,是在2015年7月5日,在日本东京都台东区的“NPO法人中国归国者·日中友好之会”的会所里,有很多70多岁的老人,充满深情地一遍一遍地演唱……

友人告诉我,这些老人都是在日本侵华战败后,被遗弃在中国黑龙江的日本遗孤,当时只有几岁。他们大部分都在中国生活了几十年,回到日本也已经有30多年了。他们的孩子在日本上学、工作,基本融入了日本社会。但是,这些老人一直不忘养育自己成人的中国和中国的养父母。有人回到日本后定期给养父母邮寄生活费,还有人把养父母接到日本一同生活,也有人把养父母送终后才回到日本定居。他们在这里排练,是为了在中国人民抗日战争暨世界反法西斯战争胜利70周年之际,组成“日中友好之会感恩团”,自费回到中国黑龙江,赴“中国养父母公墓”进行祭扫活动,祭奠含辛茹苦养育他们的中国养父母,希望以此表达对养父母的深切感怀,促进中日两国人民世代友好往来。这首《说句心里话》的歌词,就是他们集体改词创作的,表达了他们对生活了半个世纪的黑土地和中国老妈妈的怀念之情。

“说句实在话，我也有情，

中国的恩情比海深，比天大，

虽然回到祖国啊，难忘中国的家，

梦中热泪洒，呼唤着中国的老妈妈……”

我被这些老人的真情所感动，相约在哈尔滨再相见。

2015 年 7 月 11 日晚，50 余名日本遗孤在日中友好之会会长池田澄江女士的带领下，经大连转高铁来到哈尔滨。12 日，黑龙江省外事办及哈尔滨市红十字会、中国养父母联谊会等部门联合举办了欢迎会。会上，遗孤们合唱了《说句心里话》，表演了舞蹈《中国妈妈》和京剧等节目，中方也准备了歌曲、舞蹈和武术等节目，会场气氛非常感人。

13 日，遗孤们去了位于哈尔滨市方正县的“中国养父母公墓”祭拜。14 日去北京。15 日在北京人民大会堂，受到了中国国家副主席李源潮的接见。17 日遗孤们返回日本。

日本遗孤的遭遇，充分证明世界上的一切侵略战争必然给人民带来深重的灾难，日本人民也是那场侵略战争的受害者。抗日战争结束后，中国人民以德报怨，帮助百万日侨重返家园，把数千名日本战争遗孤抚养成人，显示了中国人民的博大胸怀和无疆大爱。

在几天的接待和采访中，我一方面对这些不顾年事已高，依然漂洋过海，回报养父母恩情的老人们充满尊敬；另一方面，也深为这片黑土地上善良淳朴的养父母们感叹，为中华民族博爱的胸襟所感动。

正是由于对这种人间大爱的感动、感叹和感悟，我建议遗孤们和出版社联手，把见证了日本侵略战争给两国人民带来的伤害、把日本遗孤与中国养父母共同生活数十载的真情实感记录下来，为后人铭记，警醒后人共同珍爱和平，共创友好发展。我的建议得到了正在组织“来自日本的和平之声”丛书主编的呼应，也得到了各位遗孤的鼎力支持。遗孤们大多年逾古稀，却不辞辛劳，以邮件、电话或视频等方式积极配合出版社。由于受篇幅和时间所限，本书仅选取了20位遗孤的故事为代表，并以中日两种文字出版。

在本书策划出版过程中，日中友好之会会长池田澄江女士、白山明德先生、入泽美和子女士等都给予了耐心指导和热情帮助，他们以自己身为遗孤或遗孤二代的经历，经常往返于中日之间，成为中日民间交往的使者。哈尔滨市红十字会胡晓慧女士，这位30多年来一直关爱中国养父母，热心帮助日本遗孤的老人，在积极推进出版本书的同时，让我有了更多的感动。她牵头主导的中国养父母展，不仅在哈尔滨长期展出，而且还在日本进行巡展，以一己瘦弱之躯，架构了一座日本遗孤和中国密切联系的桥梁。

日本遗孤被遗弃他乡和中国养父母的育孤善举成为古今中外战争史上空前的事例，也使闪耀着人性光辉的中国养父母和遗孤之情温暖世界，感动更多人。我相信日本遗孤及他们的后代，会把中日友好的故事一代一代地讲下去，以他们的亲身经历促进两国民间交流，感动和吸引两国各界人士特别是年轻一代踊跃投身中日友好事业，在交流合作中增进理解、建立互信、发展友谊。使两国人民以史为鉴、面向未来，共促和平发展，共谋世代友好，共创两国发展的美好未来，为亚洲和世界和平做出贡献，让和平之歌唱响全球。

丁一平

2015年深秋于哈尔滨

2015 年 7 月 13 日，遗孤们赴中国哈尔滨方正祭扫养父母公墓

夕暮れには郷関を愁う

——私と二つの故郷

池田澄江等　著

黒竜江教育出版社

ここで語られるのは､日本人の残留孤児二十人と彼らの中国人養父母の物語です
ここで伝えるのは、中国の養父母への残留孤児の思い
ここで表すのは、世を感動させる中国の養父母の大いなる愛…
ここにあるのは涙の訴え、ここにあるのは愛の続き
ここにあるのは歴史の刻み、ここであるのは平和への祈願…

編集委員会

忘れるべきではない恩徳と輝かしい人間性のために
（序文に代えて）

一九八七年五月、日本における有名な文学芸術月刊『文芸春秋』は『大地の子』と呼ばれるドキュメンタリー小説の連載を始めました。当小説は掲載するとたちまち読者の支持を得え、一九九一年四月に連載を終えるまで、高い評価を得続けました。それというのも、この小説が好評を得たのには原因があります。当作品を書くために、一九八四年、一九五八年に第三十五回直木文学賞を受けた山崎豊子は中国を訪れ、三年の間に当時の中共中央総書記に担当した胡耀邦と三回の会見をおこないました。これにより、彼女は当時まだ外国人には開放していない農村に行くことができ、残留日本人から取材ができたのです。彼女はこの間に三〇〇人以上と面談しました。一九九五年、日中両国で共同で制作した同名テレビドラマ『大地の子』は撮影を終え、同年の十一月十一日から十二月二十三日まで、日本のNHKで、毎週土曜日のゴールデンタイムに放送されました。全七回で、毎話八十九分、最終回は一〇九分でした。好評を得たため、カットされた四十分をさらにドラマに収録し、再編集してから、一九九六年三月十一日から三月二十日までもう一度放送しました。全部で十一回となり、初回は九十分になり、第二回が六十分に減らされました。二〇〇一年以降、NHKは数年に一度、放送しています。

中国人が残留日本人を引き取ったことは、どんな動機であろうと、中国人の善良を体現しているとい

うべきです。それも人間性の「善」です。実際に、中国人が善良を体現することは多々あります。例えば、第二次世界大戦争の間に、当時ウィーンに駐在した中華民国総領事の何鳳山は約四千名のユダヤ人に中国入国のビザを提供しました。当時、オーストリアに渫在した外交官は五十あまりの国家からありましたが、自主的にユダヤ人に入国ビザを提供したのは何鳳山だけでした。何鳳山はナチスの迫害から彼らを守り、後世の人に「中国のシンドラー」と呼ばれました。人を救う目的から見ると、ドイツ人シンドラーは人道のより高みにある中国人何鳳山と比べられません。他に、当時の偽満州国のドイツ駐在外交官を担当した王替夫は第二次世界大戦争中のもう一人の「中国の何鳳山」です。ユダヤ人に一万一千以上のビザを提供し、その中で著しいリスクがあったのは五千以上になります。第二次世界大戦争中に、世界でユダヤ人を排斥したり、あるいはナチスドイツがユダヤ人を迫害したことを見て見ぬふりをした国家は多かったですが、自分たちが日本に侵略されていた同時期に、中国人は数万人のユダヤ人を助けて救いました。

中国人がユダヤ人難民を守ったのは単純な正義と良識のためだと言うことができるならば、日本の捕虜及び残留孤児の問題については、更に偉大なる民族特有の博大の心と善良の美徳を体現していると言えます。一九四六年五月七日から、中国政府は人道主義の理念のもとに、二三二日の間に一五八回に分けて遼寧葫芦島港から日本人と日軍捕虜総計一百零一万七千五百四十九人を送還しました。その内訳は、居留民一百万零九百四十二人、日軍捕虜一万六千六百零七人でした。つまり、人類が居留民を送還した歴史に先例がない尊い行為だと言えます。それに対して、一九四五年八月、ソ連は中国の東北、北朝鮮、サハリンと千島列島を占領した後に、六十万の日本軍捕虜をシベリア及びほかの場所に送り、無理やり労働

をさせました。極寒の環境のもと、飢餓と体力の限界を超える労働に耐え、ひと冬だけで死んだ捕虜は五万五千人にのぼります。

日本で、中国に居留した日本の残留孤児・婦人の問題、戦後に中国に残留した日本人の状況、中国政府が日本の居留民・捕虜を送還した問題について、日本学者に各角度から研究された論著、作家と芸術家に創作された多くの題材の作品、当事者及び当事団体の記録と回想録など枚挙にいとまがなく、筆者が完全に統計したわけではないですが、数百種に達するでしょう。

日本の各種作品から述べると、その中でも文学芸術と美術音楽作品の影響は強いです。例えば、『大地の子』『カルテット』『生獄』『赤い夕陽の満州にて「昭和」への旅』などの数十本の小説、『母の悲劇』『大地の子』などの十数部のテレビドラマ、及び『DEAD OR ALIVE 犯罪者』などの少量の映画、沼波万里子の『青苔乃道——歌集』などの数部の歌集、『流れる雲を追いかけて』『かしの樹の下で』『中国残留孤児』などの多数の音楽作品。

もちろん、学術論著の数は数えられないほどです。例えば、『満州——記憶と歴史』『満州移民の歴史社会学』『「中国残留孤児」の社会学日本と中国を生きる三世代のライフストーリー』『中国残留日本人の研究——移住、漂流、定着国際関係論』『移住と適応——中国帰国者の適応過程と援助体制に関する研究』『依据「中国残留日本人孤児」の「人性回復」訴訟：追踪八地裁的国家賠償請求訴訟「中国語」』など、その数は百十篇ぐらいあります。研究角度も多岐にわたり、優れたものが多々あります。

ほかに、各大学、社団法人及び国家文部科学省などの機構は常に学者の報告や研究のために課題を提供し、たとえば、『中国残留孤児の老後実態に関する研究』『「中国残留孤児」のアイデンテイテイに関する

日中比較調査』などはそのような状況です。

ここで提示したいのは、回想録、被害者の証言、記録及び記事、写真集などの作品が膨大にあることで、たとえば、『死んでたまるか–満州か的の脱出』『望郷の鐘：中国残留孤児の父・山本慈昭』『渡満とは何だったのか——東京都満州開拓民の記録』『風雪に耐えて：ある中国残留孤児の記録』『私たち、「何じん」ですか？「中国残留孤児」たちはいま…』などはその中の有名な作品です。

さらに特筆すべきことは各種類の法律援助、法律指導及び研究類の作品です。例えば大阪府民生部福祉課にて編集された『中国帰国者等援護関係法令・通知集』、東京都社会福祉協議会にて編集された『中国帰国者関係法令・通知集』及び『「中国に残留孤児」帰国者の人権擁護——国家という集団と個人の人権』『棄民の中くえ：中国残留帰国者への戦後処理問題と戦争責任』『国に棄てられるという「中国残留婦人」はなぜ国を訴するか』などは一読に値する作品です。

帰国者が日本社会に適応できるように、政府及び社会団体は帰国者生活及び就業を指導する書籍をいろいろ出版しました。例えば、『中国帰国者定住化の促進の課題と対策』（全国社会福祉協議会中国帰国者定居対策委員会、一九八一年）、『中国帰国者等援護関係法令・通知集』（大阪府民生部福祉課編集、一九八四年）、『帰国残留孤児及びその家族の生活のための指導書』（厚生省援護庶務課編集、一九八七年）など。

日本と比べると、中国はファシストに反対した戦争の勝利者として、本国政府と国民がどう人道主義で一般の敵国居留民に応対したか、どうジュネーブ公約を守ったか、どう人道主義精神で敵国捕虜に応対したかなどをあまり研究しておらず、善良な中国庶民がどう侵略者の孤児または一般の敵国居留民の孤児を育てたかよく研究していません。映画及びテレビ作品では、ただ一九九一年に謝晋が監督した『清涼

寺の鐘音』、二〇〇九年林和平が監督した『多鶴おばさん』などの二、三部だけです。学術研究はもっと少ないです。ただ『残留遺児の社会適応性に関する研究』『文化ショック及び際限人格の生成——残留孤児が日本社会に適応した過程にある文化衝撃』『戦後日本遺児の名前について』『帰国した日本遺児の社会適応性に関する分析』などの論文が十篇以下と、『日本遺児関する調査研究』などの一、二部の専門書です。

二〇一五年九月、中国人民抗日戦争勝利七十周年の際に、全国各地で多くの抗戦についての図書、映画テレビなどの作品が制作されました。その中で、見るべき作品は少なくありませんが、ただ中国人民の包容さや、善良に敵国の捕虜に対応したことを良く表現できている、残留孤児の歴史、文学作品はありません。実際のところ、そのような種類の作品こそ人の心を震撼させる力を有します。中国人民は十四年間の抗戦にで多大な民族的犠牲を払いましたが、戦争の勝利者として捕虜と孤児を虐待することなく、むしろ偉大な人間性の光で侵略者及びその後の世代を包容し、感化しました。人類史上、前例がない正義的行動です。歴史を忘れることは裏切りに等しいです。私たちにとって、客観的に人の心を感動させる物語を記録し広めること、先人が残した実際の美徳を発見し、継承することは時代から与えられた光栄な使命なのです。

本系列の監修者安平女士は、かつて日本に留学し、日本で博士学位を受け取り、日本社会を深く理解しています。そして、ずっと日中両国民間友好交流事業に注目し、尽力してきました。帰国した残留孤児、中国軍隊に参加した日本籍の兵士、少年時代に偽満州国の統治を経歴した日本の友人などを組織して、回想文章を書くこと、人物訪問を進めること、各種類の交流と記念活動を開催することを通して、大量の貴

重な史料をもち、その当時日本が中国を侵略した戦争が両国人民に甚大な災難をもたらしたこと、中国の民族独立事業及び中国人民が恨みに対して恩で答えた慈悲を再現しています。それらの歴史を経歴した人が戦争、残留孤児問題についての論述と日中関係の認識を通して、歴史を復元した基礎の上に、民間及び政府間が過去の歴史についての重視と反省を促進することを望んでいます。正確に歴史に対処し、未来の問題に向き合い、下から上までの共通認識を通して、この基礎の上に両国の政府と民間の友好的な往来を促進し、日中関係が永遠に平和に発展できることを促進します。

その「日本からの平和の声」は全部で三部ですが、それぞれは『忘れられない家族——日本籍の中国人民解放軍戦士の真実記録』と『赤い血と夕陽が黒地を映る——日本少年の「満州国」での経歴』、そして『夕暮れには郷関を愁う——私と二つの故郷』は二十名の遺児に二〇一五年七月に書かれた文章から構成されています。二〇一五年七月、五十名以上の日本戦後残留孤児は「日中友好協会感恩団」を組織し、黒竜江省の「中国養父母公墓」に墓参りに行きました。感恩団は七十歳以上になった人がほとんどでした。長期にわたり、彼らは日本各地と中国黒竜江省などの彼らが育てられたところの間を行き来し、苦労を耐え忍び、彼らを育てた中国養父母に会ったり、世話をしたり、墓に参ったりしました。それらの感情と感恩の心は尊く、一般の人の人間性の輝かしさと仁の力を体現しています。一九四五年八月以来、それらの残留孤児たちは、生まれたばかりの赤ちゃん、あるいは物心がつかない子供が日本の実父母と離れ、分別が付かない年齢に中国養父母に引き取られるということを経験しました。それから、国共内戦を生き延び、新中国の初期という物質が乏しかった環境の中で成長しました。そしてついには、中年になった時、すでに母国語となった中国語で日本に親族を探す道に踏み入りました。難しい道のりを経て、やっと日本の社

います。

七十年以上の歳月に、これらの残留孤児たちはどのように父親の同世代が侵略した土地で成長したのでしょうか。それらの中国養父母はどのように戦乱の中、飢餓だけの年代に敵の子孫を育てたのでしょうか。彼らは日本に帰った後どのように暮らしたのでしょうか。彼らはどのように中国と日本の二つの故郷を考えているのか。これらはすべて人々が理解したいと思うものです。言わなくても、恩情を体現できる事跡は二つの国家の人も、世界に平和を愛する人も理解する価値があります。世間に多く存在しない大いなる愛は、胡暁慧、丁一平女士及びその団体にその方面の素材を集めて、その方面の図書を出版する情熱をかきたてました。それらの平凡な人が平凡ではないことを述べることで、中国あるいは中国だけが生み出すことのできる人間の真情と人間の輝かしさを展示することを望んでいます。

『忘れられない家族——日本籍の中国人民解放軍戦士の真実記録』は山辺悠喜子女士の回想録です。山辺悠喜子女士は数万の日本籍東北民主連軍(後に中国人民解放軍第四野戦軍に改名した)の一員です。山辺悠喜子女士は書籍の中で、彼女が十六歳の時に人民解放軍に参加したこと及びその中で経験した楽しさ、貴重で成長を遂げた歳月を述べました。作者が帰属した衛生隊には日本籍の西洋医者も、中国籍の漢方医者もいて、皆が医学種類も国籍も分け隔てなく、日本人と中国人が仲睦まじく付き合い、お互いに面倒を見て、愛護し、生も死も共にする戦友の感情を形成しました。同時に、作者は初めて当地の人民の東北民主連軍に対する信頼と本当の支持を体験し、初めて「軍と民が家族だ」とという言葉の意味を理解

し、本当に「皇軍」と呼ばれる日本軍隊と民主連軍の差を感じ取りました。作者は一九五三年に帰国した後に、困難に会った時、中国の戦友の話を思い出します。中国での稀有な経験で自分を励まします。その後、作者と彼女の団体はいつも中国に考察にきて、中国政府、民間組織及び個人と交流し、今の中国の発展と成果、特に本当の戦争の歴史を日本の若者に教えます。自分の積極的な活動で日本政府が本当に過去を反省できるよう促進し、日中関係の発展を促進できることを望んでいます。中国東北が日中を繋げる橋になることを望み、お互いに理解できる「家族」になることを望み、永遠に友好を継承できることを望んでいます。

『赤い血と夕陽が黒地を映る——日本少年の「満州国」での経歴』は竹内治一先生の小説の形式をとった回想作品です。竹内先生は少年期を「満州国」で過ごしました。彼は身をもって日本人が「満州」の征服者となり中国人を侮辱した状況から、ソ連赤軍に虐待された敗者となり、侮辱した中国人に寛容に迎えられる状況になるまでを経験しました。そのために、作者は歴史的事実に基づき、特に自分の体験から、小説という形式で、あの本当の歴史を述べることを望んだのです。十四年間の中国を侵略する戦争は、中国人民とアジア各国の人民だけでなく、日本の一般庶民にも被害を与えました。内なる良心に従い、作者はずっと「それは侵略戦争です、絶対あんな戦争をもう二度と起こしません」と唱えます。竹内先生は日本で病院を経営する院長として、四十年間の医師としての生涯で、医者の責任を担うと同時に、日本侵略戦争の罪を公開する集会に参加することも忘れていません。常に平和を唱え、日本が戦争の責任を反省することを促し、日中友好を唱える学術講演会、報告会や実地調査などに参加します。本書の中国語翻訳

者笪志刚教授が自らの目で見たのは、竹内先生と奥様が七十歳になった後、痛風、糖尿病などの慢性病になった体で旅路の困難を克服し、自費で日本各地及び中国に「九一八」事件七十周年学術検討会、日本十五年戦争研究会に参加し、現地の中国を侵略した日本軍隊が残留した要塞、七三一部隊の罪遺跡などを調べます。

民族の慈悲の心が種族及び国境を超える時、ますますその民族の偉さがはっきりと現れ出ます。その意味では、『夕暮れには郷関を愁う——私と二つの故郷』は中国人民の善良な品行と人間の輝かしさを体現している作品です。『周易』に「君子が悪で善を唱え、天の善良の命令を遵守する」という言葉があります。それは悪行為を排斥し、善良の徳行を宣伝し、天意に従うという意味です。つまり、『赤い血と夕陽が黒地を映る——日本少年の「満州国」での経歴』と『忘れられない家族——日本籍の中国人民解放軍戦士の真実記録』の二書は悪行を厳しく叱責しますが、善行を褒めるよい作品なのです。

以上、序文として。

于逢春

二〇一五年十一月二十四日于東京逆旅

目次

白山と黒水の養育恩情

——白山明徳

一九八八年、養母と妻子を連れて、三十年間に暮らした中国を離れて、日本に帰って、定住しました。可笑しいと思う人が多いかもしれません。大部分の残留孤児は夫や妻と子を連れて帰り日本に定住しますが、どうして私は養母も連れて帰ったのでしょうか?理由は簡単です。実の父母は体を与えてくれ、養父母は愛を与えてくれました。生んでくれた恩を忘れないだけでなく、育てられた恩も忘れられないからです。

一九四三年に、私は中国の長春に生まれました。実の父親は日本軍隊の軍人で、中国に侵略する戦争に、母を連れてを中国にいきました。そこで、兄と私二人の男子を産みました。一九四五年、日本が戦敗になった時、父親は亡くなり(戦争で亡くなったか病気で亡くなったかは分かりません)、母親は二人の幼い子供を連れており、暮らしは苦しかったのです。日本軍人と家族が日本に送還される時、母親は当時の奉天(現在の瀋陽)で坂野という名の日本人裁縫師に私を養父母のところに送ってくださいと頼み、兄だけ連れて日本に帰りました。これらの経緯は養父がいなくなった後に、養父の遺書と養母の話から知りました。養父の白剣秋(白澄)は東北の長春人です。かつて国民党軍隊の軍官で、暮らし向きは豊かでした。養母の金石純は大連人です。坂野さんがたまたま養父母とは知り合いで、この縁のおかげで、私は白家に来

私と養母

ました。彼らは幼い私を見ると、すぐに引き取ると決めました。

思い出の中の養父は、黄埔士官学校を卒業し、真面目で善良で才能がある人でした。一九四八年十一月、参謀長としての彼は部下を統率して蜂起し、瀋陽の平和解放に自分の力を貢献しました。その後、ただ製図の仕事だけに従事したくなかったため、瀋陽に留まり、東北を建て直すことに参加しました。新中国が成立した後、人事移動で、養父は湖北の武漢に行き、私と養母も一緒にそこに移動しました。

幼い時、養母はいつも身なりを整えてくれて、おいしい食べ物を作ってくれました。暇なとき、『三字経』などの古書を教えてくれました。家のレコードプレーヤーはよくレコードをかけたことは最も深い印象を残しました、。それは養母がわざわざかけてくれることでした。また養母は『蘇武牧羊』などの歌を教えてくれました。いつも歌を歌った楽しい歳月を忘れいれない。その後、私は肋膜炎とい

う病気になりました。同時に、妹も肺炎になりました。抗生物質が足りないから、私の病気は治しにくいものでした。養父母はすごく焦っていました。しかし、諦めなくて、私を連れてあちこち治療を求めました。養父母は私の病気を治すことに忙しいとき、妹の病気は手遅れになりました。最後、私は完治しましたが、実の娘は永遠に去りました。私たちもきわめて悲しいでした。養父母はもう一つの娘を失ってしまって、私を失いたくないと思ったから、一層私をかわいがりました。

養父母は私のことを気にかけ、私の勉強も重視し、武漢の小学校に入学させました。私は絵を書くのが好きでしたから、彼らは私を励まし、専門的な先生に私を教えるよう頼みました。中学校から高等学校まで、クラスの壁新聞のデザインもイラストレーションも私が作ったものでした。ですから、心の中で、画家になるのが私の最大の夢でした。

一九五七年、何の心配もなく養父母の愛を楽しんだ時、軍人出身の、真面目な養父は仕事で誰かの機嫌を損ねたからか、「右派」に定義され、湖北の沙洋農場に送られ改造させられました。はっきり覚えていますが、一九六一年、私が武漢市第六中学校に入学した時から、養父が亡くなるまで、養父はずっと農場にいました。一九七〇年、名誉が回復された養父は、省から博物館で働くという知らせを受けましたが、突然の変動に即座に適応できなかったのか、脳出血で亡くなりました。養父は農場に行った後は、また武漢に帰ることはなく、また私たちと一緒に暮らすことはなかったのです。たぶん、家族にとってそれが一番無念なことです。養父の死で、私たちは極めて悲しかったのです。当時の私と養母は、暗くて古い賃貸の部屋に住み、暮らしは苦しかったですが、気丈な養母は気落ちすることなく、依然として息子を学校に送り、

バイトで生活を維持し、学費を稼ぎました。

高等学校の時、国語先生の王洪玉は家庭訪問に来ました。養母は先生と勉強についていろいろ話し、先生に私のことを気にかけてくださいとお願いしました。大学の入学試験では、画家になることを希望し、中央工芸美術学院に申込みました。筆記試験に合格しましたが、養父のいわゆる政治問題で、最終的に採用されませんでした。当時、私と養母にとって、それは大きなショックで、非常に失望しました。あの時、大学に受からなかったクラスメートはみんな辺境支援と農業支援に行きましたが、養母一人を家に残すと心配なので私は武漢に留まり、どこにも行きませんでした。しかし、ずっと働くチャンスはありませんでした。当時の私は若くて、考えも足りませんでしたから、一九六五年に、養母を一人にして、自ら湖北大沙湖場区に農業支援に行きました。農場の環境は苦しく、労働の負担は大きかったので、私とほかの若者は苦労しました。疲れた時ほど、家にいる養母を懐かしみました。忘れられないのは、当時の養母が息子の行為を責めることなく、文句も言わず、ただ一人で武漢にてバイトし、節約した金を農業支援に行った息子に支援したことです。

農場にいる期間、農場は、私が知識青年で絵を描けると見ると、私を農場学校の中学国語教師にさせ、同時に広報の仕事にも従事させました。私は性格が謙虚で、人にも優しいし、仕事の文句を言わないし、ただ何も言わずに働くから、農場の人と学生から褒められました。その後、ここに農業支援に来た家内と知り合いになり、恋人になり、夫婦になりました。息子もここで生まれたのです。

その間、養母はずっと一人で武漢に住んでいました。一度、養母が転んで怪我をしましたが、私が知った

のは完治してからのことでした。ここに至って私はようやく武漢で一人暮らしの養母を心配し、農場に迎えました。家族三代、四人はやっと一緒に暮らし始めました。大都市から来た養母は農場の生活に慣れませんでしたが、息子たちと一緒に暮らせて、孫がそばにいることに満足でした。あの時から、養母はずっと私たちと一緒でした。

私の出生について、養父母はずっと秘密にしていました。唯一の息子が彼らを離れると心配したのかもしれません。養父が労働改造の農場で病気で亡くなったと聞き、深い悲しみのなか農場に養父を送りに行きました。養父の葬式が終わった後に、農場の担当者から養父の遺書をもらいました。遺書に私が日本の孤児だと書いてあるのを見た時、やっと自分の本当の身分が分かりました。養父を失つて悲しかったですが、それ以上にその育ててくれた恩に感動しました。以前、自分の身分を知らない時、父母が養父母だと知らなかったので、父母からの愛は何も特別なものでなく、他の父母と同じように、生まれながらの愛、自然の愛だと思っていました。一九八二年、肉親の勧めで、養母は私のことを話してくれました。日本軍人の子供なのに、中国の軍人に引き取られ、育てられたと知った時、驚きました。日本が中国を侵略した残酷な戦争の時代に、中国人民と中国軍人が素朴な同情心で日本軍人の孤児を引き取ったことは、どの戦争歴史にもそんな善良の行為はないと思います。日中が国交正常化し、中国残留日本人が肉親を尋ねる機運が高まると、私は養母の励ましのもと、東北の長春に戻り、養父の親友を訪ね、彼らから私を生んだ両親のことを教わり、孤児を託した人の証と物証を探し、公安部にさえ協力を求め、出生の証拠資料を揃えました。一九八五年十二月、私は日本政府の承認を得て、訪日調査団の副団長として肉親を捜しに日本

を訪れました。テレビ放送の肉親を探す会に、孤児の代表として、孤児たちが日本の肉親を見つけたいことを表明しました。当時のテレビで数日の間、毎日のように放送され、多くの日本人が肉親を探して訪ねてきました。しかし、私の肉親はずっと現れませんでした。活動の最後の日に、ある日本の年配の方が私を見つけて、「あなたの話を聞いて、感動しました。私はあなたの家族ではありませんが、日本政府の移民局に働いたことのある日本の山村文子さんを推薦し、一緒に保証人として、あなたが日本に帰れるよう保証した。」と話してくれました。(注：日本政府の規定により、残留日本人が帰国したい場合、孤児の身分を確認した後に、自分の家族あるいは他の日本人が保証人として、日本での生活を保証すると、帰国ビザの手続きを取り行えます)一九八八年の初め、日本の山村文子さんは困難な旅路の中、日本から中国に来て、湖北の農場を訪れ、私の一家に会いました。今でも、彼女との話を覚えています。

NPO法人中国帰国者・日中友好の会の事務所内の餃子製造区

「息子さんは一緒に日本に帰りますか」
「はい、一緒に帰ります」
「奥さんは一緒に日本に帰りますか」
「はい、一緒に帰ります」
「じゃ、養母もあなたについて、日本に行きますか」
「私について帰ります」

山村さんが日本に帰ってからしばらくして、ビザも到着しました。一九八八年二月五日、家族四人は順調に日本に帰りました。

帰国後、政府から提供してくれた公営住宅に住み、さらに語学勉強班にも入り、早々と日本語を学び始めました。様々な方法で自分の肉親を探しましたが、何の手掛かりもありませんでした。それから息子は入学し、妻は職業訓練を受けた後に働き始めました。私は、絵が描けたので、北典社と呼ばれる会社に就職し、図案と文字の制作、手動印刷の仕事に従事しました。ここに、日本家紋の図案を描ける先生が一人おられたので、私は彼について家紋のデザインを学びました。(注:日本では、どの家あるいは家庭でも自分の家紋を持っています。それは家族の身分、血統、出身と家柄などを表します。家紋は家族と家庭のとシンボルです。動物、植物、日常用品などの図案あるいは象形文字で描き、一般的に家族の服装と物品に印刷し、神事と祭祀、葬式などの時で使われます。例えば、死者の喪家には必ず家紋をかけます。)自分の勉強と努力を通して、私の技術は高まりました。難度の高い仕事でもできるようになりました。養母か

ら、「ちゃんとやることは功徳を積むことだ」と聞いたことがあります。教訓に従い、十三年間働きました。社長にも信頼されました。小泉元首相の母親が亡くなられた時、家にある霊廟にかけられた家紋は、私が作ったものなのです。日本に帰って、中国で勉強した技術を基に一家を養っていることに思い至ると、より中国の故郷が懐かしくなります。養父母が私によい生活と教育環境を与えてくれたことに、本当に感謝します。

日本の規定では、日本国籍に帰化した人は、日本人の氏名を付けなければなりません。日本に帰った残留孤児は、自分の家族を見つけたら、家族の姓に付けできますが、家族を見つけていない人は普通、保証人の姓にします。私も、保証人の姓に付けるよう言われたのですが、中国の東北を忘れらず、養父母の養育の恩を忘れられませんでした。「白明徳」は養父母に付けてくれた名前なので、どうしても手放したくなかったのです。よく考えた末に、「白山明徳」にしました。白山と黒水がある中国東北の大地という意味です。一人の「明徳」と呼ばれる日本人の子供はそこに生まれ、そこで白氏の養父母に育てられたのです。

一九九三年十二月十九日、養母は日本で亡くなりました。養母の生前の願い通り、「葉落ちて根に帰る」の言葉通り、私と妻は養母の遺骨を抱いて中国の武漢に帰り、養母を武昌の石門峰霊園に葬りました。毎年の清明節には、武漢にいる友達の張純、黄伝斌、康清之などに養母の墓へ参るように頼みます。私が武漢に帰る時にも、墓参りに行きます。父母の愛を改めて理解します。中国養父母の愛は戦争を超えた大きな愛で、人間性の輝きがきらめきます。

いま、日本に帰ってもう三十年間近くになります。中国と日本での生活の年数はだいたい同じになりま

した。日本にいても、いつも中国の東北、武漢の友達、大沙湖農場を思い出します。あの時、中国は貧乏でしたが、あそこに残る忘れ難い感情と記憶、あそこに残る振りきれない汗と青春は、私の記憶と家紋の中に深く刻まれています。現在、息子は日本の大学を卒業し、公務員になり、結婚して、子供ができ、一家は豊かで平和な生活を送っています。私に対して、読書すること、文章を書くこと、NPO法人中国帰国者日中友好の会の刊行物を編集することはもう私の生活の中での欠くことができない一部分になる。それらを思う時、一層、養父母からもらった最高の生活と教育を忘れられなくなり、一層生まれ育った故郷を忘れられません。

　日本に帰った後、ずっと家族を見つけられませんでしたが、私は中国の親戚と友達を家族のように思っています。康清之が送ってくれた食料を購

2011年4月

家園　創刊号

NPO法人　中国归国者・日中友好の会　主办
〒110-0016 東京都台東区台東 4-23-11 川口工商ビル1階
TEL：03-3839-9357　FAX：03-3839-9358
http://www.ab.auone-net.jp/~jc-yuko

謹んで地震災害のお見舞い申し上げます

この度、東日本大地震の影響で被災された皆様に
心よりお見舞い申上げます。
一日も早く復興をされますようお祈り申し上げます！

我们能为灾区民众做些什么　池田澄江

日本东北部太平洋沿岸地区，2011年3月11日14时46分发生了史上罕见的9级大地震，随之发生了海啸，并导致福岛核电站放射事故，我们这些战争的幸存者，也经受了这场灾害的考验。

国难当头，岂能袖手旁观，归国者们自觉地行动起来，纷纷来到「NPO中国残留孤儿之家」捐款，献上热心。让我们感动的是家住八王子市，年已74岁的高龄的村田早苗老人，拄着手杖乘车往返三个多小时，并将她周围的"残留孤儿"们共同为灾区捐助款85,000日元送到办公室来了，表达了归国者们对灾区市民的慰问之情。

3月22日、中国「残留孤儿」原告团、NPO中国归国者・日中友好之会、中国归国者・东京联络会，三个团体在上野召开紧急理事会，会后发出《向东北关东地区赈灾捐款倡议书》。

4月2日为止、千叶县千叶市、船桥市、松户市、浦安市、市原市、习志野市，54位归国者同胞积极捐款58万日元，起到了模范带头作用，对此我们表示谢意。

4月2、3、4日、上述三团体又动员35人为灾区市民包出9000个饺子。

4月5日晚上九点、以中国归国「残留日本人孤儿」的名义，14人乘坐巴士赶赴东北重灾地区岩手县陆前高田市，进行赈灾活动。

4月6日、在岩手县陆前高田市スポーツセンター现场，煮出热腾腾的水饺慰问当地灾民，悲灾区民众之悲想、灾区民众之想，急灾区民众之急，在今后相当的日子里，让我们学习日本民众面对严重灾害，冷静、忍耐，坚韧不拔的精神，让我们团结一致，积极行动，一道为抗震救灾，复兴日本做出应有的贡献。

1

别让灾难带走希望

（創刊詞）　白山明德

3月11日东日本大地震，海啸过后——

宫城，毁坏残蚀的废墟旁，仅剩下的一棵小树，长出嫩嫩的叶芽。

千年一劫国家和民众经受着接踵而来的苦难，在这动荡的非常时期，我们「中国归国者・日中友好の会」郑重决定：主办会刊—《家园》奉献给朋友们。

《家园》，小不丁点，虽然简朴，不为官办，但它有温馨与关爱的氛围，因为它是我们自己的。

《家园》，也开阔大气，因为它拥有众多归国同胞、兄弟姐妹，拥有热血仗义、交谊甚久的日本律师先生的协力帮助。

《家园》，树立着一面鲜亮大旗：增进日本、中国世世代代友好发展。

作为从中国归国"残留日本人孤儿"，我们已经超过65岁了，今天在严峻的现实面前，无须再絮叨我等小时候的不幸，广漠天地间，任何一种生命的历程中，风险无处不在，无时不有，拥有生命时，就带有一个不可缺少的条件：那就是勇敢，冷静和忍耐。朋友，让我们抹去心灵所蒙上的黑色的"3．11"阴影，以新的眼光、新的认识面对这已破碎的世界，用爱去关注灾区、灾民，做好日常的每一件事，让心态有新的转化，变得谦和，宽容，理智，总之，走出消极无为的低谷。

展望未来，年长者，年轻人，每天都可放弃一个过去的我，每天都让一个全新的我诞生，因为那太阳，每天都是新的。

今后，为加强报道本会的相关通知决定，各方面活动情况；为协助"二世三世"克服困难，勇于进取；为开展各友好团体交流往来，我们将尽力办好《家园》，欢迎读者，朋友来稿（个人写作800字以内），征集个人体验，见闻、诗画、摄影等作品。

《家园》 热诚欢迎大家的参与，互动，欢迎新老朋友的支持、帮助。

期待 重新打开窗扉，迎来清爽的春风，和煦的阳光；
祝福 国民，家人，朋友，平平安安，又有欣慰美好的笑颜；
祈盼 日本早一天脱离困境，重建复兴，迎得新的希望。
——这，就是我们《家园》的初衷和心愿。

2

NPO法人中国帰国者・日中友好の会『家園』創刊号、創刊詞

買する糧食切符(注：あの時、中国では配給制でしたから、配給の切符で食料を購買し、糧食切符は金のように貴重だったのです)、王洪玉先生からの励まし、大沙湖農場からの友好と世話、二十年間ずっと私の代わりに養父母の墓へ参る友達を忘れられません…また、二〇一一年三月十一日、日本の東北部に震度九級の地震で津波が起こった時、武漢での先生と友達からもらった心配の電話、五月初、瀋陽で行われた息子の結婚式の様子、その後に武漢第六中学一九六一年高等学校一班が入学してから五十周年の宴席に参加したことも忘れられません。

私は、中国に生まれ、中国に育てられた日本軍人の孤児として、自分の経験で戦争の残酷さを証言でき、侵略された国家の人民が侵略者の孤児を育てるという大きな愛情を証言でき、歴史から日本が学んだ民族の善良さと友好を証言できます。その平和を熱愛する国は、私の人生の方向性を作り上げました。微力ながらも日中友好活動を促進すること願い、中国と日本の友好関係が改善できることを希望し、それがいつまでも続くことを望んでいます。

「父の愛は山の如し」の大家族

――比田井千鶴子

私は比田井千鶴子と申しますが、中国名は唐桂蘭です。もう七十歳になります。現在も昔のように簡素で健康的な生活習慣を保っています。食事には特に気をつけながら、普段も適度な運動をしています。たまには温泉に入ることもあるので、とても元気です。私は通河師範学校を卒業してから、ずっと通河県清河林業局病院で働きました。私と一緒に仕事をしていた同僚たちのほぼ半分は他界しています。私は二十世紀の八十年代に日本に戻りました。戦争中の残留孤児として、半世紀前の出来事は忘れがたく、今もまぶたに浮かんできます。

中国の父親である唐鳳財を思い出すと、いつも心の悲しみと父への思いを隠し切れません。父は私が十四歳の時に亡くなりましたが、慌ただしかったせいで、写真が一枚も残っていません。夢の中では何度も会うのですが、ぼやけてよく見えません。でも父親だと確信しています。実のところ、父の実の娘は夢で父を見たことがないかもしれません。これはすべて父親がわたしたちに優しくて、情が深かったからこそです。

私は中国黒竜江省通河県で生まれましたが、実親は開拓団と共に中国東北に来た日本人です。日本敗戦後、実父は家族を通河県に残したまま、ソ連軍に連れて行かれ、その後ソ連で死にました。戦争が終わ

ったばかりの時、母親は一人で私たち姉妹三人の面倒を見ましたが、実に大変でした。その時は他の人もみんな大変でしたから、私たちの面倒を見る余裕もありませんでした。運命かもしれませんが、私たちは清河鎮小古洞村の温厚な中国農民である父に出会いました。養父という言い方には慣れませんので、父と呼ばせてください。そのほうが言いやすいのです。父は私たちが日本人であることを少しも嫌がったりせず、よく母の面倒を見て、私たち姉妹を実の子のように扱ってくれました。彼はあまり学校に行っていませんでしたが、私たちに中国名を付けてくれました。私は唐桂蘭と呼ばれるようになりました。姉妹三人のうちで、私が一番下でした。父の愛と保護の下に、私たち家族の生活はだんだんよくなり、その後また子供四人が生まれました。七人兄弟が両親のもとで日々成長しました。本当に大家族ですね。

それでも、私は、父が年上の三姉妹に愛をたくさんくれたと、ずっと感じています。父は特別な理由がないけど、生き延びられただけでも大変だったとも言いました。そのときは周りのみんなも大家族です。豊かではないですが、父の温かい見守りのもと、私たちはこの大家族で楽しく成長することができました。

その時はお金がなかったので、秋になった衣替えの時が一番つらかったです。貧乏の上、こんなに子供

実の母親

がいたら、だれでも新しい服をもらうことができないでしょう。両親にとってこれは一番つらいことでした。しょうがないですね、お腹がいっぱいなるまで食べるのも珍しい時代ですから。それでも、父は先に私たち姉妹三人に着替えを与えてくれました。「お姉ちゃんたちからもらえばいいんだろ」と言われた年下の四人は、それほどついてはいませんでした。収穫がよく、余裕があった年だけ、たまには新しい服をもらいました。そのときの弟や妹は幼く、新しいのも古いのも分からないので、お姉ちゃんたちと喧嘩せず、両親の言う通りにしました。

　毎年秋になると、父は食糧を売りに行きますが、たまには贅沢しようと、その帰りに儲かったお金で麻花（マーフア、中国のお菓子）を買ってくれました。ある日、父は食糧を売りに行き、夜中に帰ったのですが、「先に食べなさい」と言いながら、私たち姉妹三人をわざわざ起こして、麻花を食べさせてくれました。それで母を怒らせてしまいました。母は、「みんな気持ちよく寝てるのに、何で起こしたの？明日の朝でもいいじゃない。」と言いましたが、父は「明日になったら、弟や妹に取られてしまうだろう。食べられないかもしれないよ。だから先に食べてほしかった」と答えました。実は、麻花だけでなく、おいしい物があれば、父はあの手この手を使って、弟や妹より先に私たちに食べさせてくれました。自分の実子つまり私の弟や妹たちは子供のときから本当に悔しい思いをさせられました。今は一緒にいるので、償うチャンスが沢山あるから、お父さん、ご安心くださいね。

　もう一つ言いたいのですが、父は我々の教育を非常に重視していました。あの苦しい時代では、貧乏人

はいつも沢山の子供を抱えています。とりわけ私と同じ歳の孤児たちは、文字さえ知らない人もいますが、殆ど学校に行きませんでした。しかし厳しい条件でも、父は苦労してでも、学校に行かせてくれました。私は通河師範学校中学校まで進学し、卒業しました。その学歴があったからこそ、卒業後に清河林業局病院に就職できたのです。当時はそのよさがわかりませんでしたが、何年も経ち日本に戻る前に旅券を申請した時、ふっと気づきました。私と同世代の人たちには、名前さえかけない人もいたのです。

あの特別な時代において、父は母と私たち姉妹三人を守るため、あらゆる方法を使いました。まず、母と私たち姉妹三人を迎えいれてから、父は母の日本語を封印しました。それは、子供三人の生活に悪い影響をもたらし、厄介なことを起こす恐れがあるからです。母はその用心深さを理解しましたので、中国語を勉強し始めました。母にとっては難しかったでしょう。母はもう年でしたので、なかなか上達できず、発音もうまくできませんでしたが、私たちは彼女のいうことを全て理解しました。父も母と私たちに一生懸命に中国語を教えました。憂いなく成長してもらうため、両親は相談の上、実父が日本人であることを私たちに隠しました。父は子供の前でこれを言ってはいけないと、近所にも協力を呼びかけました。私たち姉妹三人は、大変苦労したこの父が実父ではないことを、大きくなるまで知りませんでした。このことを知ってからでも私の心の中では、彼こそ父親です。

あまり学校に行っておらず、温厚な農民として、これらを実現するのは本当に大変でした。正直にいうと、私たち三姉妹は父の実娘ではありませんが、父から少しも差別や虐待を受けたことがありませんし、

体罰されたこともありません。逆に、実子以上の愛と関心をくださいました。そのおかげで、生き延びた私たちは異国の地で美しい幼年、少年ないし青年時代を過ごすことができました。父が私たち三姉妹にくれた深い愛情は、既に国境を越えて、さらには家族愛をも超えています。

残念なことに私が十四歳の時に、父は病気のため私たちと永遠の別れをすることとなり、私たちが父の面倒を見る機会は失われてしまいました。

やがて八十年代に入り、残留孤児帰国ブームに伴い、我々も日本で肉親を探す旅を始めました。私たち家族は中国で四十年近く生活していましたが、得難いことに、母は中国にいる間、ずっと日本の兄つまりわたしの叔父と連絡をとり続けていました。この絆を維持するのに大変苦労しました。叔父がたゆまなく努力したおかげで、母は悩んだ末に、子供のために日本に戻ることにしました。母は一九八一年にまず一番下の妹を連れて帰りました。その

病院での同僚は私を見送る

後、母は叔父と共に中国に残された私たちの帰国手続を行いました。
一九八三年、中国人の夫と子供四人を連れて、私は中国から日本に戻りました。当時私は三十八歳で、四人の子供のうち、上の子は十六歳で、一番下の子は九歳でした。母と叔父の協力のもと、兄弟たちとともに日本に戻りました。他界した父を安心させるため、私はどうしても日中ハーフの弟と妹たちを連れて帰りたかったのです。いつまでも父の恩を忘れません。喜ばしいことに、弟たち四人は我慢強く、自分たちの努力の末、今も豊かな生活を送っています。
日本に戻りましたが、言葉が通じず生活環境も大きく変化したことで、なかなか慣れませんでした。最初は清掃の仕事で生計を立て、日本語が少しできるようになると、印刷工場に入りました。数年後に目を悪くしてしまい、工場をやめて再び清掃の仕事を始めました。仕事はなかなか大変でしたが、給料は悪くなく、生活を十分に維持することができ、母の面倒を見ることもできました。母も日本に戻ってから生活に慣れるまではすごく時間がかかりました。私たち兄弟はよく面倒を見ましたが、一九九八年に母は八十六歳で他界しました。母は最期の日も父や娘の名前を口にしました。
嬉しいことに、子供四人は日本に着いてから徐々に社会に溶け込み、生活にも慣れ、日本語も上達しました。娘二人は日本人と結婚して、いい生活を送っています。息子二人は苦労しながらも仕事に真面目に取り組んでいます。孫はもう二十九歳になります。
日本に定住しましたが、何年かおきに中国に戻り、父の墓参りに行きます。私たちの生活状況を教えて、

彼への思いを託します。十何年前に、二人の妹たちはお金を出しあい、弟を中国に行かせて、父のお墓を修繕してもらいました。中国に親族があまりいないので、息子や孫たちはあまり中国に帰りませんが、私はチャンスさえあれば中国に帰り、たまには兄弟たちと一緒に帰っています。まだ歩けますし、元気なうちに中国に戻り、父の墓参りに行って、父とお話ししたいです。

過去の戦争がなければ、大変な思いをさせられた孤児たちは存在しなかったでしょうし、戦争の苦しみを味わった平民もいなかったと思います。中国人にどんなに迷惑をかけて、日中両国の平民をどんなに死なせたことか、戦争がなければどんなに幸せなことか。この二つの国がずっと平和かつ協力的で、戦争なんてなければ、ますます幸せになると思います。振り返るに堪えないその歴史をもう二度と起こさないように祈っています。私の影響で、兄弟と子供たちは日中関係に非常に関心を持っています。彼らは両国の出来事に注意を払っているし、平和と友好が続くように心より願っています。

もう七十歳ですが、残留孤児の中では若いほうです。今は、残留孤児の集まりにおいて、毎年数多くの人が亡くなります。生きた歴史がだんだんと去っていくのです。私たちはその歴史を二度と見たくないし、戦争経験者として戦争による苦しみと痛みを後世の人に述べることができて、うれしく思っています。現在の素晴らしい生活も大切にしています。

父親のことは心より感謝しています。尊敬すべき父がいなければ、今の私もいません。彼はその子たちが日本人であることを知りながらも、自分の子供以上に大切にしてくれました。あまり学校に行ってい

ない農民でしたが、海のような広い心を持っていました。愛国主義とか民族間の恨みとか知らないかもしれませんが、最もシンプルな行動で、私たちに「父の愛は山の如し」というものを教えてくれました。素朴で善良な中国人は、私たちに美しい印象を残してくれました。私は中国語が好きで、日本にいても、なるべく中国語をしゃべるようにしています。長く使わなくても中国語は忘れませんが、日本語は忘れがちです。

今は日本に暮らしていますが、私の心はまだ中国につながっています。

中国の故郷に戻る私と母親

貧しい家庭における幸せな人生

——成川美子

再びアルバムを捲り、大切な古い写真を眺めていると、思わず涙が流れ出て、思いは人生の軌跡を変えたあの特別な時代まで遡ります。

私は王玉清と申しますが、日本名は成川美子です。一九四〇年に日本の愛知県に生まれました。四歳の時、両親と妹と一緒に船で中国へ来ました。当時の東北は情勢が不安定で、私たちも転々と住所を変え、ただ人の流れにまかされるまま、中国黒竜江省寧安県東京城自行村（土城子）までたどり着きました。生計を立てるために、母はいつも私を連れて、ジャガイモを探しに行きました。ある日、母は出かけたまま帰ってきませんでした。その後、父は私の前でソ連軍の兵士に連行されました。父は涙ながらに連れていかれ、とても別れがたい顔をしていました。何もわからない私はショックの余り、気絶してしまいました。それから何があったかは覚えていませんが、しばらくして、王景成という中国人男性が難民キャンプに現れました。彼は私に二度目の命をくれて、全ての愛をくれた養父です。その時、父は親戚のために、養子縁組にする子供を探しに来ており、一人のお婆さんに「この子を引き取ってください。じゃないと、おそらく何日後かに死ぬよ。」と言われました。独りぼっちになった可哀相な私を見て、彼は心を打たれました。その時、幼い私もこの見知らぬ男を恐れることはなく、私たちは知らぬ間に、不思議な糸で結ばれていたのです。こうして、彼はボロボロの私を連れて帰りました。そんな私を見た養父の親戚は、この子はもう長くない

私と養父(左から二番目)養母(左から三番目)

と思い、養えないことを口実にして去っていきました。これはどうしたものでばうか。養父母は結婚したばかりで貧しく、もし私を引き取ったら、生活はより大変になります。もし私を返しに行ったら、地獄の入り口に届けるようなもので、私が生きることはもうできないでしょう。養父母は考えに考えた結果、私を引き取ることにしました。「とりあえず育てよう。小さくても命なのだから。」と父は呟きました。そうして、私はこの家族に入り、素敵な名前まで持つようになったのです。

貧しい家庭にとって子育ては大変で、おまけに私は弱々しく栄養失調でしたから、両親の負担は想像に難くありません。私の元気を取り戻すため、父は箱を背負って、麻花を売り始めました。そのわずかな収入でお米を買ってくれましたが、彼らは一口も食べませんでした。彼らの世話のもと、私はだんだん元気になり、性格も明るくなりました。豊かではありませんでしたが、他の子供と同じように両親から愛をもらいました。この家族にとっても私の訪れは大き

な喜びをもたらしました。養父母は、私は小さい頃から素直で、皆に好かれたと言っていました。近所の人も優しく、日本人であることで差別を受けたことはありません。幼い私は実親を失ったとはいえ、両親の愛を失ったわけではなく、養父母から幸せな幼年時代をもらいました。

その後、養父母は七人の子供を産みました。自分たちの実子を持つようになりましたが、両親の私に対する感情は何も変わりませんでした。養父母はいつも弟や妹に「お姉ちゃんは長女だから、皆ちゃんと話を聞きなさい」と言ってくれました。それで私はもう何も心配することなく、姉らしく振舞えることができました。

ある冬のことですが、父は仕事を終えた後、家に帰って、懐から数尺の布の切れを出しました。みんな驚きました。当時、布の供給はとても少なく、数尺の布を手に入れることは容易なことではありませんでした。父は会社からもらった布だと説明した上、「年頃の女の子だから、いつも古い服ばかりではよくない」と言って、私に新しい服を作ることを母に伝えました。新しい服をもらえると聞いて、私は嬉しさの余り踊りだしました。

後年、これらのことを思い返すたび、私はやはり感慨を覚えます。父は血のつながりのない子供にすべてを与えましたが、自分は継ぎだらけの何年も着古した服を着て、マイナス何十度の室外で黙々と重労働をしました。それはもう、愛としか呼びようがありません。父は自らの行動で国籍および血のつながりを越えた愛情を解き明かし、彼の善良さ、優しさ、および見返りを求めない愛で父としての責任を果たしたのです。

実の子ではないけれど、両親はどんなに苦しくとも、私には勉強が必要だと思い、学校に行かせてくれ

ました。せめて小学校まではと。しかし、家は非常に貧しく、たくさんの妹や弟を養わなければならず、中学校に進学するのは難しかったです。両親の悩みを知っている私は、進学しませんでした。両親も仕方がないと思いながらも、この事について、私に対してずっと申し訳なく思っていました。

両親の愛のもとに育てられ、私はあっという間に大きくなりました。同じ村に住む、小さい頃からの私を知る叔母さんは父を訪ね、甥っ子を紹介しました。父は向こうの状況を聞くと、とても満足し、私の代わりに結婚を了承しました。しかし、私は二十歳にもならず、ずっと両親の保護の下で育てられたので、その事実を受け入れられず、どうしても応じませんでした。「私が反対」と聞いた優しい父は、初めて私に怒りました。あの時代、農民にとって、成長した娘が裕福な人と結婚すること以外に重要なことはありませんでした。そして、父の「飴と鞭」で、わたしはついに主人と知り合い、結婚しました。

結婚してからは姑と同居し、その後に長女を産みました。主人が単身赴任のため、私は一人で子供を世話しましたが、残念なことに、五ヶ月の時に亡くなりました。その悲しみから立ち直れるように、主人は私のそばに戻ってくれ、林場から東京城林業局に転勤しました。その後、家族で海林に引っ越し、最後に大ヒンガン嶺地域の漠河に移り住みました。転々としていた間に、子供を産みました。結婚後は両親と離れ離れとなり、そのことをずっと気にかけていました。当時の交通は不便で、里帰りの片道に何日もかかりましたが、時間があれば会いに行きました。

子供たちは大きくなるにつれ、自ら祖父母の家に行くようになりました。子供が帰ってくると聞いた父は、牛車に乗って、ずっと前から村の入口で待ち構えていました。孫たちを見るや否や、父は抱っこしたり

触ったりして、すごく喜んでくれました。知り合いがあいさつしたら、父は「俺の孫だよ、大ヒンガン嶺から来た孫だよ」と大声で教えました。彼はとても喜んで、とても自慢しました。子供たちが家に着いても、父はじっとしていられず、自ら小麦粉と具材を用意して、おいしい餃子を作ってくれました。新鮮な果物を孫に食べさせるため、人からものをもらわない母も、杏の木を指しながら、「孫が来たから、少し杏をちょうだい」と近所の人にお願いしました。両親や親戚が子供にとても優しかったので、子供たちも爺ちゃん婆ちゃんの家が大好きです。子供たちは、農園で成熟したトマトを摘むお婆ちゃんの嬉しそうな顔を、いまだに覚えています。

時が経つのは早いものです。気づいたらもう中国で四十年間あまり暮らしていました。ある日、日本に戻って肉親を捜せるという連絡が突然に届きました。その時の気持ちは、二十歳でいきなり結婚を知らされた時と同じでした。本当に信じられませんでした。中年にもかかわらず、自分の身の上を遡らなければならないことは本当に不思議です。自分のルーツを探すため、両親にさんざん言い聞かされ、一九八六年に、私は第十回肉親捜し訪日団に参加しました。残念なことに、そのツアーで肉親を見つけられませんでしたが、日本に定住できるという通知書をもらいました。私は意外に感じると同時に、呆然としていました。人生にはたくさんの選択がありますが、帰国するというのは一番難しい判断でした。

家族と一緒に帰国するかどうかまだはっきり決められずにいた時に、住まいの大ヒンガン嶺は百年に一度の山火事に遭いました。避難のため、家族を連れて両親の家に戻りました。私たちが家に戻ると、一番喜んだのは両親で、一番忙しくなったのも両親です。私の家族が落ち着けるよう、父は親戚全員を集め、

実際の困難を説明し、助けを呼びかけました。親戚たちがお金や物を援助してくれたおかげで、私たちはその非常時も安心して過ごせるようになりました。

そんな困難な状況において、私たちは日本に帰ることを決めました。主人は中国を離れたくはなかったのですが、「中国で五十年間付き合ってくれた分、日本で五十年間付き合ってあげるよ」と言ってくれました。父は、日本の生活に慣れないことや、生活が困難になることをすごく心配しましたが、最後には同意してくれました。彼は「帰国に賛成するよ。もし生活できなかったらまた戻ってくればいい。ここにも家があるのだから」と言いました。時がゆっくり流れれば良いのにと願いましたが、とうとう別れの日がやってきました。家族や親せきが集まり、ご馳走がたくさん並べられましたが、わたしは一口も食べられませんでした。彼らに見送られ、私たちは帰国しました。涙で目が霞んでしまいました。さらば、最愛の家族よ。さらば、永遠に忘れない中国。両親の深い愛を伴い、第二の故郷に対する恋しい気持ちを伴い、一九八八年に私たちは日本に帰国し定住しました。

肉親の手がかりがなかったので、自分の本当の名前を知ることができませんでした。私は自分に成川美子という日本名を付けました。成川の「成」は、父である王景成から取ったもので、「川」は日本人が愛用する苗字です。美子は日本名の発音です。

日本に戻ったばかりの頃、私はとても落ち込んでいました。故郷への思いと、新しい環境に慣れないことで、よく眠れませんでした。それで思いを込めた手紙を中国の家族に書きました。毎回手紙を受け取る時が、一番うれしかったです。家族の長い返信には、言いふくめや励ましの言葉が溢れていて、それで最

も辛い時期を堪えることができ、精神的な支えとなりました。

家族に会えることをいつも願っていました。絶対にいい生活を送れるようにすると、心の中で誓いました。そうすることで、父を日本に迎えることができ、孝行できるようになるからです。私が帰国した後、父は日本の生活をとても心配していました。その心配を打ち消すため、私は父を日本へ迎え、生活の状況を見せてあげました。父はそれを見て、とても安心しました。両親の最大の願いは、きっと大切に育てた娘が異国でいい生活を送ることでしょう。

日本に戻ってから、チャンスがあれば、中国へ会いに行きました。毎年、両親に仕送りをすることを最大の目標とし実現しようとしました。他でもなく、娘としてただ両親の晩年の生活を豊かにしてあげたいと思いました。しかし、すべて順調に運ぶわけではありません。ある年、両親に仕送りをしてから間もなく、甥っ子から連絡をもらいました。電話で彼はもう仕送りをしなくていいよと言いまし

私と養父の日本生活

た。それは、父が前の年に永遠に眠りについたからです。父は心配をかけたくないから、病気のことを言わないように、わざわざ家族に言い付けていました。臨終の際にも、悲しませるから娘に言わないでほしいと、父は皆に伝えました。私はそれを聞いた瞬間に、立っていられなくなり、父が亡くなったことをとても信じられませんでした。わたしは涙をボロボロこぼしました。私の偉大な、善良な父よ、あなたの人生をすべて子供に捧げながら、なにも求めませんでした。亡くなる直前もわたしのことを気にかけてくれました。その天より高く、海より深い恩に、私はどうやって報いればいいのでしょう。

翌年に中国に帰りました。遠くから父のお墓を見て、父を偲び、無念さで涙をたくさん流しました。父の墓の前に泣き倒れて、目の前に様々な父との思い出が現れました。もう一度父に会いたかった、もう一度「お父さん」と呼んであげたかったです。

育ててくれた父はもう戻りませんが、年取った母は残されていました。異国にいても、長女としてちゃんと親孝行をすることを心の中で誓いました。異国にいても、母のためにできる限りのことはしました。父が亡くなったせいか、母は悲しみの余り、体がますます悪くなり、何年か後に他界しました。臨終の際に、彼女も私に言わないようにと親戚に言い付けました。世の中で最も可愛がってくれた両親がいなくなり、私は一晩にして再び孤児になりました。

現在は生活が豊かになり、子供たちもちゃんと親孝行をしてくれます。弟や妹の子供たちも日本に留学に来て、ここで結婚し就職しました。私たち家族はよく集まります。孫も中国好きで、中国語も上手です。彼はいつも日中の架け橋になり、日中友好に貢献したいと言っています。日中友好も私の心の中の願

家族と、日本での写真

いです。今は、体が元気なうちは、中国に戻って両親の墓参りに行き、日本の生活状況を伝えたいです。

私の人生において、実親は誰なのかは分かりませんし、血のつながりのある親戚が健在かどうかも知りませんが、自分が中国人に育てられた日本人であることだけは知っています。故郷に帰れましたが、心は中国東北の黒い土地に残してあります。私はずっと苦労した養父母からもらった全てを永遠に覚えていきたいと思います。彼らがいなければ、私はこの世にいたかどうかも分かりません。私は自分自身の経験談をもって、いかなる正義ではない戦争も、でたらめな行動も、最後には絶対失敗してしまうことをみんなに伝えたいです。「移り変わりこそ人の世」。これは正しいです。一人でも一つの民族でも一つの国でも、正義の道を歩んでいけば、きっと人々は豊かになり、国は栄えると思います。私の二つの故郷が永遠に輝いていくように、心よりお祈りいたします。

私の朝鮮族の家族愛

——村上幸子

一九四五年のことです。戦争が終わったばかりのある日、吉林省輝南県朝陽鎮に滞留していた祖母、母、兄および私は、残留していた開拓団の大勢の人たちとともに撤退しましたが、父親はずっと何の消息もありませんでした。我々は日本に戻る列車に乗っていましたが、鉄道の状況がよくないので、朝陽鎮駅で足止めを食ってしまいました。その後の思い出によると、当時の場面は悲惨で見るに耐えられないものだったそうです。隅っこには病気や飢餓に苦しめられ、死にそうな人が丸まっていて、赤ちゃんの鳴き声も徐々に弱っていき、毎日死者が出る状況だったそうです。私の母も疲れの果て体力がなくなりました。

私たちはお腹がすいてたまらなくて、このままだと一人も帰れないかもしれないので、外ですこしでも食べ物を探すため、祖母は懸命に私を抱っこしながら、兄をつれて列車を降りました。幸いなことに、列車を降りてすぐに祖母は駅前で冷麺屋を構え、私たちの命の恩人であり、私の一生の養母である崔南善に出会いました。祖母は私たちを連れてふらふらと彼女に近づき、片言の中国語で「お腹が空いてたまらない。少しでも食べ物をくれませんか。冷麺二杯でもいい」と言いました。さらに、「私は年だから、この二人両方ともを連れて帰ることは無理です。よければ、この女の子を引き取ってくれませんか」と言いながら、指に

嵌めた二つの金の指輪を外し、彼女の手に握らせました。祖母は、「これは子供の養育費に充ててください。いつかこの子を受け取りに来ますので。」と言いました。

その時養母はすごく唐突な話だと思いましたが、目の前の老人と幼児を見て、子供の純粋な眼差しに心を打たれて、自分は四十代だが子供も居ないこともあり、同情して一歳余りの私を引き取ってくれました。

養父母は朝鮮族で、お互いに再婚者でした。養父の李相鶴は養母より二十歳も年上で、養母が子供を生めないので、自分の子供がいませんでした。養父と養母はいい生活を送っていました。私がこの家族に加わり、楽しさも増えました。彼らは本当に心を込めて私を育ててくれました。衣食の心配がなく、おまけに可愛らしい中国名——李真美。最初の頃、養母は冷麺屋のお仕事の傍ら、私の面倒も見なければならなくて、時には忙しくて手が回らなくて、私の顔を洗ったり髪を梳かしたりする暇さえありませんでした。一番忙しい時は、私を

私と主人が中国で結婚した時の記念写真

丸刈りにして、腕白な男の子みたいにしたらしいです。これを思い出すたびに、養母は面白がって大声で笑ったものでした。

私が日本人だと知っている近所の家は、自分の子供を一緒に遊ばせませんでした。私は寂しかったので、友達を作るため、母の冷麺屋から仕込み用の牛肉を密かに盗んで、彼らにあげました。面白いことに、彼らは牛肉を食べる時は一緒に遊ぼうと言いますが、食べ終わったとたんに構ってくれませんでした。母にはあえて言いませんでしたが、あの頃のことを想うと本当に可笑しいです。

小学校の時の話ですが、教科書に日本軍が中国を侵略する内容があって、同級生たちはそれを読んでいる時、いつも私をじろじろ見ました。放課後に「チビ日本鬼子、チビ日本鬼子」と呼ばれ、私はすごく悲しくて、机の下に入るぐらい頭を下げました。そのせいでいつも母の前で泣き出しました。母は学校でいじめられた私を見て、校門まで来てくれて、そのいじめっ子たちに「これ以上この娘をいじめたら、私に殴られるぞ」と嚇かしてくれました。このようにして、母に守られたおかげで、小学校の年月を楽しく過ごすことができ、中学校に順調に入れました。教師志望だったので、その後吉林師範学校に進学することもできました。これはずっと母の誇りでした。

養母は一九五八年以降、国営飯店、配置され毎日油煙を吸い込んだせいで、肺炎となり、県の病院に一か月ほど入院しました。当時の担任医である李仁求は責任感のある方で、立派な医者でした。彼は養母の面倒をよく見るし、話も合いました。この時期に看護婦から、彼が朝鮮族で、まだ結婚していないと聞き、

母は頼もしい若者だと思い、私を彼に紹介しようと考えました。母は電報で私を学校から呼び出して、薬を取りに行かせるという口実で李先生に合わせました。李先生は私より七歳上ですが会って話してみたら会話がよく弾みました。養母の全力の応援のもと、やがて婚約をし、学校を卒業してまもなく結婚しました。本当は卒業後に教師の道に進むはずでしたが、彼の助言で医者になろうと思い、彼の意見に従って、病院に研修に行き、針灸治療を専門に針灸医者資格を取り、現地の県病院で働くようになりました。

当時、養母は日本人ということが悪影響をもたらすことを心配して、わざと私の経歴を隠してくれました。養母の友達は私を見て、「その座り方が日本人っぽいね」と母に話掛けましたが、母は不愉快な表情で「何を言ってるの、ばかなことを」と答えました。その後、私が結婚する時、姑が養母との四十歳の年齢差を知り、おかしいと思い、兄弟も居ないのにどうして四十歳の時に私を産んだのと母に聞きました。母はもう隠せないと思い、日本人引き上げの時に私を引き取ったことを教えました。彼女は私の日本の名前を知らず、十二月二十三日の誕生日だけ知っていました。私はその時に初めてその経緯を知りました。主人はこれを知ってからも、私をよく守ってくれて、私の養父母を誇りだと思ってくれました。

結婚後に一人の息子と一人の娘を産みました。私たち夫婦は仕事が忙しくて、子供の面倒を見る負担を養母が引き受けてくれました。母親である私以上に丁寧に自分の孫の面倒を見ました。この二人の子供の成長に関して少しも心配したことはなかったと言えます。この子達は自分の祖母に対し、とても親しみを持っています。

養母は子供を生めず、自分の子供がいませんでしたが、全ての力と感情を血のつながりのない私に注いでくれました。私は養父母のもとで一日も悔しい思いをしたことはなく、衣食も心配せず、ほしいものも大概与えてくれました。私の家族は実に仲が良いです。その後、養父母は年をとるにつれ、徐々に気力が衰えていきました。主人と私は医者で、専門的な看護や介護の知識を持っているので、しっかり面倒を見ようと養父母を傍に迎えました。残念なことに、養父は一九六〇年に亡くなり、養母はそのショックを受け、体がますます悪くなりましたが、主人と私と子供たちはずっと付き添っていました。一九七六年に、養母が他界してしまい、私は暫くの間、立ち直ることができませんでした。私の中で彼らは実の父母と同じで、できる限りのことをすべてしてきました。心底思うのですが、彼らが居なければ、現在の私はありません。

やがて日中が国交を結んで、たくさんの中国残留孤児が相次いで日本に実親を探しに戻るようになり、私も日本に実親探しのチャンスを与えられました。中国で何十年間も過ごし、中国の生活になれた私たちが、日本に帰ってもどうにもならないと思い、私は非常に迷っていました。主人は「向こうに行ってみたらどう，自分の実母や兄などの親族に会えるかもしれない」と説得してくれました。何度も考えた結果、とりあえず行ってみようと決心をつけました。一九八五年八月に第七回中国残留孤児肉親探し訪問団とともに東京の代々木に訪問しました。後で知りましたが、実母は当時日本に戻ってから、二年後に他界し、実兄も見つかりませんでした。

一九八七年に私たち家族は日本に戻りました。日本に戻り、新たな生活を始めました。主人は医者で、中国に居る時に日本語を勉強していたことに加え、目の病気を長年研究したおかげで、網膜脱落や眼球萎縮、失明などの目の病気に対する効果があるということで、針灸理療室を開くことができました。多くの患者さんが元気となり、彼も世話好きなので、現地の知名度がますます高くなり、たくさんの人が口コミで尋ねてくるようになりました。新聞にも二回ほど報道され、日本に着いてから以前より躍進したとも言えます。

村上幸子という名前は、全国孤児学会会長が彼の苗字から付けてくれました。彼は中国父母に引き取られて幸運だったから、幸子にしようと言ってくれました。私も同感でした。中国の養父母に育てられたからこそ、彼らから広い心、優しい心そして愛情の持つ心を教わったのです。主人と私もずっと人の助けになる行動を取っています。主人は日本語が上手で、日本人とうまく交流できるので、日本に着いてからよく「孤児の家」に行って私のような残留孤児の通訳となり、多くの難題の解決に協力しました。

天には不測の風雲が起きます。主人が二〇〇六年に突発性の心臓病で亡くなり、私は世界が崩れたように感じました。彼に救われた患者たちはそれを聞き、駆けつけてくれました。主人が他界してから、私は三年間も病気にかかりました。この三年間、「孤児の家」がずっと世話をしてくれたおかげで、心の病から脱出できるようになりました。今は私も「孤児の家」に行って、患者さんにマッサージをします。中国でも自分のマンションを持っているのは、中国に戻っても自分の家があるためです。わたしは定期的に養父

中国へ養父母を感謝しに行く

母の墓参りに行って、最近の出来事などを話しています。彼らは現在も私を見守っているでしょう。私は彼らの情熱を引継ぎ、できる限り困っている人を助けることで、彼らを慰められたと思います。これが今の一番の願いです。

私は日本人ですが、中国から厚い恩を頂きました。養父母がいなければ、現在の私はいません。中国には家族愛、恩情と思いがあり、日本にはルーツがあるので、私は二つの故郷を持っています。戦争に出会ったのはとても不幸でしたが、中国の善人に会えて日本で肉親を探せるチャンスに恵まれたのは幸運でした。私は人生における自然の愛を堅く信じています。二度と戦争が起こらないように祈っています。

二つの故郷を懐かしむ

——池田澄江

私の中国語の名前は徐明ですが、現在の日本の名前、池田澄江を知る人は多いです。それは、現在の私が日中両国の間に、両国民の友好活動のために、積極的に努力しているからです。私は何故そんなことをするのか、金のためでしょうか?私の話を聞いたら、答えが分かると思います。

私の実の父は中国を侵略する日本軍隊の経理を担当し、母は軍についてきた家族でした。一九四四年十月十四日、戦争の混乱の中、私は生まれました。一九四五年に日本が戦敗になった後、父親はソ連紅軍に捕虜にされ、シベリアに連行されました。母親は兄一人、姉三人と十ヶ月になった私を連れて避難するために、あちこち行きました。最終的に黒竜江省の牡丹江市の日本難民収容所に逃がれました。途中ほとんど何も食べなくて、母はもう母乳もなく、姉たちがあちこち物乞いをし、無理やりに生きました。牡丹江の収容所に着いた時、私は病気と飢餓で虫の息でした。母親は私を抱いて、あちこち人に頼みに行き、跪きながら、中国人にこのかわいそうな赤ちゃんを引き取ってほしいと願いました。善良な李成義と王曙光は私の病気を治すと答えました。両家の夫婦の懸命な治療により、私は奇跡的に助かりました。しかし、李家と王家の両家とも子供がいたために、私の面倒を見続けることができず、私の病気が良くなると、彼らは子供のいない徐本志に私を預けました。それが私の養父です。私はそれから、中国人徐明として育てられました。

私と私の養父母

記憶では、ほかの家庭と比べると、うちは豊かでした。養父は商売をしており、心根の善良な彼は、私のために全力を尽くしてくれました。引き取られた時に、目が病気でほとんど失明しかけていましたが、養父は私を背負い、あちこちのお医者さんに助けを求めてくれ、回復に至りました。

養母は優しい女性で、私をよく守りました。私への愛は「手の中においたら転ぶと心配し、口の中においたら解けるほどど心配する」ようなものです。出かける時、養母は私の手をつなぎ、失うことを心配していました。記憶の中で、養母はいつも私に白い服を着せていたのを覚えています。あの時代に、ほかの子供とは違い私は毎日いつも清潔でした。

幼い時、自分が日本人だと知りませんでした。五歳の時、ひとりで家から出かけると、初めてある子供から「日本鬼子」と呼ばれるのを聞き、家に帰ってから養母に日本鬼子って何と聞きました。彼女は私の幼い心を守るため

に、日本鬼子がただのアダ名で、だれでもアダ名があると教えてくれました。

養母は掌中の珠のように、自分の子のように私を愛しました。彼女の善良な、博大な民族の気持ち、言葉と行為及び強烈な母性愛は深く私に影響を与えました。生活の中で、彼女は私を守りましたが、人としての基本については、彼女は厳格に私に要求しました。それは、後の私の生活と仕事に多大な影響を与えました。四歳か五歳の時だったと思いますが、うちに幼いゲストが来ました。それは二歳ぐらいの男の子でした。最初の数日は、彼に対する友好と好奇が満ちていました。でも数日後には、彼に不満を覚えました。以前なら、美味しいものがあったら、ママはまず私に食べさせました。でも、彼が来てからはどうして彼がまず最初に食べるのでしょう。そいつは私のものだけでなく、ママの愛も奪ったのです。ある日、私はついに爆発しました。彼の手にある食べ物を奪いました。小さな男の子がワーワーと大泣きすると、ママが聞きつけすぐ飛んできて「どうして弟を虐めるの」と聞きました。うちにはいてほしくない、私のものを全部持っていくから、と答えました。ママは私を抱いて、「この子にはママがいないのよ。あなたにはママがいるでしょう。ママがいない子はかわいそうだよね。もしあなたに何かあったら、ママが面倒をみてあげれる。でも彼にはママがいないから、もしあなたが彼を助けなかったら、だれが助けるの」と言いました。それを聞いてから、やっとママの心を理解しました。そこで、胸を張って、「分かったわ、一緒に彼の世話するよ」と言いました。

そして、「弱い人を虐めてはいけない、絶対に困難な人を助けなければならない」というのは私の一生の信条になりました。後年、それも私が日本で六年もの間、権利を維持するために努力を尽くす精神的支

柱になりました。

養母からの第二の要求は、嘘をついてはいけない、でした。普段は優しいママですが、一旦私が嘘をついてると知ったら、非常に怒りました。ですから、私は嘘をついたことはありません。「嘘をついたら、他人から信頼されない。あなたが一度嘘をつき、誰かに気付かれたら、それから何を話しても、だれもあなたも信じないわよ」とママは言いました。

その後、養父の商売は赤字になり、春節になると、うちに返済を要求する多くの人が押しかけました。不法なバイトを二度したため、養父は逮捕されました。うちには、かわいそうな母と私だけ残りました。あんなにも苦しい歳月に、痩せた養母は普通以上の愛を与えてくれました。二人が生きるために、養母は毎日早めに出かけ、遅く帰りました。朝の三時に起き、列に並びアイスキャンディーを仕入れ、また売りに行きました。歩くのが難しい纏足をした女性にとって、それは非常に困難なことでした。暮らしは苦しかったですが、春節になると、ほかの子供が新しい服とかおもちゃを持っているのに、私が何も持っていないのを見て、養母は結婚した時の綿入れの上着を箱の底から持ち出して、私のサイズに変えました。私が大きくなったら、ママはまた綿入れの上着を適当な大きさに変えました。あの綺麗な綿入れの上着が、子供時代の思い出の中での最も暖かな幸せでした。

大人になるにつれ、他人と異なるということがだんだん分かりました。十八歳の時、師範学校を卒業すると、希望通りに、私は教師になりました。その時、私は山の奥にある学校に配属されましたが、成績が十分優秀だった私は納得できませんでした。後に分かったのですが、リーダーは私を守るために、私を静か

な山に配置したのでした。山の奥にいたので、「文革」の被害を避けることができました。山の奥で教師として十年が過ぎました。そこで夫と結婚し、三人の子供を産みました。日中関係が正常になった後に、私は牡丹江市の林業学校に戻り、勤めました。

一九八一年、日本に帰り、定住しました。私の心を最も突き動かしたのは法律事務所に勤めていた時です。残留孤児が国籍の手続きを行う時、すべて私の手でやりました。一千三百人の資料を全部読みました。彼らが幼少から大人になるまでのことを、最初から最後まで、資料を読みながら泣きました。彼たちがどんな苦しみを経験したのかよくわかりました。これらの人たちは苦しんでいます。私もそうだけど、彼らはもっと苦しいのだと私は思いました。それらの苦しい人は、もしだれも彼らを助けないと、彼らのその苦しみは続き、一生の苦しみになるに違いありませんでした。そこで私は、もし皆の力を合わせたら、一緒に困難な環境から抜け出し、もっとよい生活を送れるかもしれないと思いました。そして、自分の金で、五百通の手紙を出しました。車に乗り、外に宣伝に行く時、全部自分で旅費を払いました。ようやく彼らを集めましたが、まだ理解できない人はいました。ある残留日本人の息子から脅迫電話がかかってきました。「池田澄江、なぜ起訴をするのか、なぜ政府に反対するか、政府に反対してなんのいいことがあるか。もし負けて、母の生活費を失ったら、おまえの一家を殺すぞ。おま

日本に帰った前に家族全員が中国での記念写真

えの一家をひどい目に合わせてやるぞ」と。しかし、私は畏縮しなかったのです。

二〇〇二年、私は私と同じ経歴を持ち、身分のはっきり分からない人（日本の残留児）を連れて、国民待遇を得ようとするために、六年の間、権利を維持する道に踏みだしました。スローガンを揚げ、大声を叫び、不撓不屈のデモ行進をしました。私たちの積極的な努力を経て、いま、どの残留児も約十八万六千円／月の補助金を受け取っています。住宅も医療も無料で、以前の出国の際などにおける制限も取り消されました。やっと尊厳ある生活を送れるようになりました。

私は日本人ですが、心の中では自分を中国の子供としています。中国語を話したり、中華料理を食べたり、考え方も生活習慣も中国的です。実をいうと、日本に本当の友達はいなくて、話せる人もいなくて、本当に不安です。しかし、中国にいたら、心地がいいです。中国と日本での感じはまったく異なっています。子供から「ママ」と呼んでくれたとき、電話で「お母さん…」と読んでくれたとき、心は暖かくなります。その暖かさは日本でどうしても見つけられないものです。時間の経つのは本当に早く、日本での生活はもう三十年になりました。長年、ずっと日中の友好事業に力を尽くしています。「残留日本人が中国人民の養育の恩を感謝するための訪問団」の団長として、百名以上の残留児を連れて、四度中国を訪れ、中国の養父母に恩返ししました。今年七月、私は中国政府のリーダと接見しました。八月、外交部から抗戦勝利七十周年を記念するための閲兵式に参加するよう誘ってくださりました。本当に感激しました。中国人民は私のことを忘れていません。

臨席が終わった後に、もう一度養育の恩がある土地――黒竜江省の牡丹江市の地を踏みました。飛行

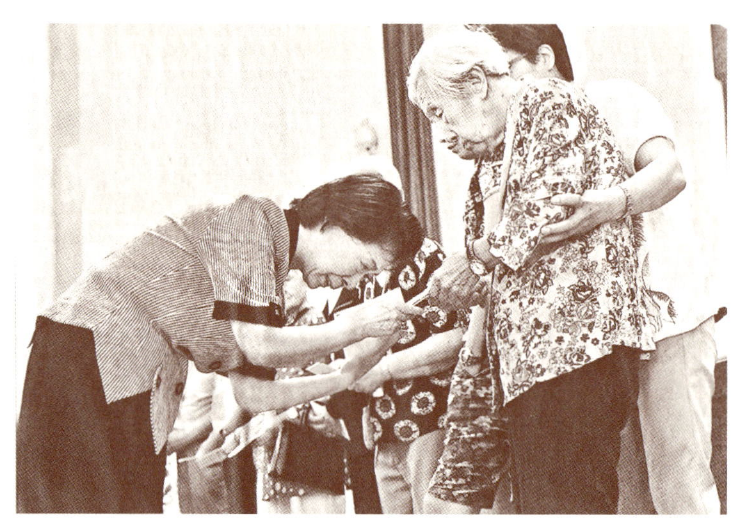

養父母に感恩する

機から降りたらまず最初に、すぐ養父母の墓へ参りに行きました。本当にここの一木一草を懐かしく思い、どうしても河畔公園に散歩したいと思い、懐かしい「大楂粥」を心の中でずっと飲みたいと思い、日本に暮らしている間、ただそうしたい思っていたので、心は幸せで満たされました。記憶にある暖かい家、楽しかった幼少期、世の中で最も真摯な母親の愛と養父が私を抱いてあちこち医者にお願いに回った光景、幼い私がいつも他人より綺麗な白いスカートを着て踊っていたこと…

「本音を話すと、私には家が二つあるよ、一つは日本に、もう一つは中国に…祖国に帰っても、中国の家をもっと懐かしむ、中国の養父母がいなければ、だれが引き取ってくれたのか、育ててくれたのか。」日中友好を伝承するのは私の一生の事業です。その事業だけをずっとやり続けることを決意し、中国の故郷に対して深く深く懐かしむ思いをみんなに伝えます。それは私です。それは中国人の徐明が一生をかけて叫ぶ、感情が一番深い本音です。

血のつながりを超えた故郷への言葉・故郷への愛

——高橋カツ

一九四五年のある日、黒竜江省海林市のある老女はいつものように早起きして、出かけました。小川沿いに歩いていると、かすかに子供の泣き声が聞こえてきました。その声の元を探そうとすると、泣き声が消えてしまいました。彼女はもう年だから、耳が遠くなったではないかと思って、「年取ったら、耳もだめになったな」と皮肉っぽく言いました。この老女が頭を振りながらこの場を去ろうと思った時、泣き声が再び聞こえてきました。「違う。誰かが泣いているんだ」と、老女はその周辺を探し始めました。その後、彼女は河のそばの溝でみすぼらしく、汚い女の子を見つけました。泣いているのはきっとあの子に違いないと、急いで走っていき、女の子を抱き上げました。老女は女の子の涙を拭きながら、「いい子だから、泣かないで。お母さんを見失ったの。お婆ちゃんに住所を教えて、送ってあげるから」と言いました。しかし女の子は何もわからないかのように、大泣きをし続けました。老女は焦りを覚え、「養えないから捨てちゃったのかしら。子供を捨てるなんて、誰がそんなことをしたの。可哀相に」と、女の子の涙を拭きながらつれて帰ろうとしました。その子は老女の言葉がわかったかのように、泣き止んで、彼女を見ながらしゃべり出しました。何?日本人の子?女の子がしゃべり出した瞬間に、その子が日本人だとわかり、老女はびっくりしました。日本に侵略され、めちゃくちゃにされた上、多くの国民が殺されてしまいました。そ

私の養父母、弟と子供

の場面が走馬灯のように頭に浮かんできました。敵の子供を引き取るものかと、老女は女の子をおろして、帰ろうとしました。その女の子は、今まで抱っこしてくれて、涙を拭いてくれたお婆ちゃんが去ろうとする姿を見て、再び泣き出してしまいました。その泣き声は彼女の心を動かしました。その善良な老女は帰りきれず、ゆっくり振り返って、女の子を見つめました。まあ、いいか。国から一般人までめちゃくちゃにしたのは侵略者で、この子ではない。子供は無実なのです。実親まで失ったこの子もまた、戦争の被害者なのです。自分が助けなければ、この子は死ぬかもしれません。このように考えながら、老女は戻って、女の子を再び抱き上げました。その女の子が私で、助けてくれた老女はわたしの中国の曽おばあちゃんです。

老女が日本人の子供をつれて帰って引き取ろうと知っても、家族は激しく反対することなく、中国人の広い心で受け入れてくれました。さらに、張淑珍という中国名を付けてくれました。当時、養父である張国志はまだ結婚して

いませんでした。家族は注意深く、異国で捨てられた子供の面倒を見てくれました。何か美味しいものや、良い品があれば、自分たちでは使わずに、私に与えてくれました。私はこの家族の箱入り娘となりました。何年か後に、養父は結婚し、結婚当日に私も一緒に連れて行って、養母の于春菊に私のことを話しました。養母はぜんぜん気にすることなく、中国人の子供と同じように生活させてくれました。優しく面倒を見てくれ、人から差別を受けないように身の上を隠してくれました。何も知らない私は、養父母の傍で憂いのない生活を送ることができました。その後、養母は次々と八人の弟や妹を生みました。それで私は長女となりました。敏感な私は、子供が増えてから、養父母が自分に関心を持たなくなり、大切にしてくれないと思い、ずっと落ち込んでいました。「娘のことを一番分かるのは母親」といわれるように、養母はそれを察知して、父に教えました。ある日、養父は「おまえはお姉さんだから、俺と母さんが仕事に出かけていったら、おまえが弟や妹のお母さんなんだよ。彼らの勉強も見なければならないし、悪いところがあれば厳しく叱らなければならないよ。それができなかったら、おまえにも同じように罰を与えるよ。」と言いました。言い方は厳しかったのですが、私はすごく嬉しく思いました。養父はこの言い方で、わたしが家族の重要な一人だと教えてくれたのです。私は責任重大です。養父の話により、姉としてすごく発言力を持つようになり、自信が付くようになりました。

その後、学校に入りました。成績は良かったのですが、養父母の苦労を見て家計を考えたら、小学校卒業の時に勇気を出して、「父さん、中学校に行かない」と言い出しました。「どうして」と聞かれて、「別に。ほら、家族に子供が多いし、経済条件もよくない。弟も妹も学校に行っていないのに、そんなわがままな

ことはできない。早く家計を少しでも支えたい」と答えました。「もういい。何も言うな。俺は何があってもおまえを中学校まで進学させる」と、養父の一貫した姿勢で、私は中学校を卒業しました。中学校卒業直前の時、養母は「おまえは家計とか考えなくていいのよ。進学したければ行かせてあげるよ」と言ってくれました。あの厳しい時代に、中学校にまで進学させてくれたことは大変なことでした。まだ弟も妹もいるし、両親に苦労させてはいけない、わがままをしてはいけないと思いましたので、進学の話をきっぱり断って、就職して家計を楽にしようと決心しました。養父母はあまり学校へ行っていませんが、謙虚で責任感の持つ人になるべきことを行動を通して教えてくれました。

中学を卒業した後、郵便電信局で電話交換手の職に就きました。幸運なことに、電話を交換しているうちに、主人と知り合い、家族の応援の下で、結婚しました。その後主人と黒竜江省大慶市に転勤し、大慶油田の社員となりました。

一九八四年、養父は重篤に陥ってしまいました。心配するあまり、会社を休んでつきっきりで看病を始めました。ある日、養父はずっと私を見つめ、何かを言いたそうですが、なかなか言おうとしません。それを察知した私は、「父さん、何か言いたいことがある。言いたければ思い切って私に言って」と養父に言いました。養父は暫く経って、「娘よ、おまえは俺とお母さんの子供ではない。ひいお婆ちゃんが拾ってきた日本人なんだ」と重い口を開けました。「何?私は日本人?父さんの子供ではない?」と、私は一瞬呆然となり、信じませんでした。ありえない、私を箱入り娘のように四十年間育ててくれた両親が実親ではないことを受け入れられませんでした。養父の手を握り、自分の顔に当てながら、涙をその皺に流しました。

私が遺児友達たちとバザーの餃子を作る合間

私は泣きながら、「父さん、どうして教えてくれたの。あなたがわたしの父さんよ」と小さい声で話しました。その後、養父の懸命な語りと自分の大量な涙を伴って、初めて自分の身の上を知りました。

その後、たくさんの残留孤児が日本に肉親を捜しに行きましたが、私は養母や兄弟たちと別れがたく、なかなか決められませんでした。結局、養母の応援で探してみようと思い、日本に帰りました。一九八八年十月に、私は四十五歳にして、はじめて日本の地を踏みました。実の親を見つけられると思っていましたが、結局見つけられたのは自分の戸籍だけでした。あとで聞いたのですが、実母は中国で他界し、実父は日本に戻ってから亡くなったそうです。一生懸命探した結果、唯一の兄がまだ生きていたのですが、結局は会うことができませんでした。血のつながりがあってもなくても、別に大したことではありません。世界で唯一の実兄でも、私にとっては見知らぬ人ですし、血のつながりがなくても同じ食卓で何十年間ご飯

を食べた中国の兄弟ほどは親しくはないのです。当時日本が中国を侵略し、戦争を起こしましたが、ひどい目にあったのは一般人ではありませんか。私のような多くの残留孤児は、中国の養父母の養育がいなければ、とっくに死んでしまって、今を語ることはなかったでしょう。私の身体は日本に帰りましたが、心は中国に繋がっています。

日本に戻って、最初は横浜に住みましたが、その後東京に引越ししました。私たち夫婦はもう中年だし、何十年もの間、中国で生活していたため、日本語が生活の上で、仕事の上で、最大の難題となります。悲しい時は、中国に居る家族に会いたくて、中国に帰ろうと思いました。養母に電話で日本の境遇とホームシックを訴えていました。わたしも養母が娘の電話に出るたびに、涙を密かに流したことを知っています。彼女もこの小さい頃から育てた、大人しい愛娘に毎日会いたがっていたのですが、そんな都合のいいことは言わず、娘が日本で幸せに暮らせることを願っていました。「娘よ、大丈夫。昔のような困難な時期も耐えてきたじゃない。今の生活はあの時ほどひどくないし、その困難も一時的なものよ。何も考えずに、困難を克服して、言葉をよく覚えて、まじめに働いて、早く日本社会に溶け込みなさい。そして胸を張って、堂々と日本人になりなさい。娘よ、よく覚えていて。いつになっても、あなたは私の愛娘だし、ここはずっとあなたの家なのよ。今後何かいやなことがあったら、一人で考えこまないで、私に言うのよ。」と言いました。最も厳しい時に、母は私を育ててくれましたが、母に介護が必要な時に、私はそばに居てあげられることができず、とても辛かったです。何度も母の慰めと励ましを思い出したからこそ、私は頑張れ

自分の会社での私と家族

る勇気を持ち続けることができたのです。

たゆまない努力のおかげで、自分の建築会社を持つようになり、家族全員の協力を得ることで生活も豊かになりました。しかし私の心の中には一つの静かな場所があります。それは養父母と兄弟たち家族が住んでいるところです。

中国に何回帰ったかはもう覚えていませんが、会いたくなったら、中国に行くことにしています。帰るたびに私を育てた故郷の発展と変化を感じています。道はどんどん広くなり、どんどん長くなりました。時間が経つにつれ、たくさんの人と物事が変わっていきますが、私の故郷への愛は変わることはありません。

私は日本人ですが、中国育ちですので、二つの故郷を持っています。その二つの故郷が共に順調に発展していくことを祈っています。

児涙念恩情

——宮崎慶文

宮崎慶文は日本名ですが、五十二歳の時にもらったこの新しい名前より、中国名である閆慶文と呼んでほしいです。

私は残留日本人です。中国に残されたおおぜいの日本人の子供と同じように、当時の日本の侵略戦争の犠牲者です。戦争のせいで、小さい頃から故郷を離れ、肉親からを離れましたが、この多彩な世界を見ることもできず死んでしまった子供さえいます。不幸な世代だと言われていますが、私は自分が幸運だと思います。なぜなら私の人生の中、二人の老人が自分の子供のように私を愛し、私を育て、人生の道理を教え、学校へ行かせてくれました。自分の息子でもないのによく面倒を見てくれました。それは、山ほどの恩をくれた私の養父母です。優しい彼らに引き取られなかったら、飢餓または寒さによりとっくに死んでしまったかもしれません。彼らは第二の人生を私にくれたのです。

一九四五年十一月十日に、私は中国遼寧省大連市に生まれました。当時、一人の兄と一人の姉がいました。一九四七年の初め、私たち一家はフェリーで日本に引き上げようとしましたが、一歳余りの私をどうするか困っていました。長期にわたり十分な食事を与えていないせいで、栄養不良になっていました。一歳を過ぎたとはいえ、まだ歩けないので、殆どの時間は父に寄り添って気力のないまま寝ていました。時

私たちと養父母

には、飢餓で死にそうとなった私は目を開ける位の力もありませんでした。真冬日の氷点下何十度の下でも、薄っぺらな洋服を着て、皮膚は寒さで青白くなっていました。実父は、もし無理やりに私を連れて行ったら、日本に着く前にもう死んでしまうのではと思い、そうなるのは避けたかったのです。悩んだ末、私の命を助けるために、優しい中国人に引き取ってもらおうと決めました。当時の実父も、日本が起こした、故郷と肉親を離れ離れにした戦争を恨んだでしょう。でもどうしようもないのです、まず息子の命を助けることが何より重要です。かなり手間取りましたが、実父はやっと日本語を話せる中国人鄒成良さんを見つけました。彼の紹介で、実父は私を抱っこしながら、閆子余、趙翠蘭の夫婦を訪ねました。中国の優しい方に引き取ってもらえて、本当に私は幸運でした。実父は閆さん夫婦にお辞儀しながら、「ありがとうございます。徳をもって恨みに代える、私の子供を引き取って下さって、大変感謝しています。」と言いました。閆子余は哀れな子

供を見て、「そうだ。私の親族のうち、何人かが日本人に殺されてしまった。けど、親心というのは、子供の死を無視することができない。子供は無実だ。私たちが助けなければ、誰ができるでしょうか」と答えました。こうやって、閆家は私を引き取って、閆子余が私の養父となりました。実父は涙を流し、お辞儀しながら去っていきました。あの時、実父はもう少し状況がよくなったら迎えに来ようと思っていたのかもしれませんが、図らずもそれは私と彼との永遠の別れでした。

衰弱した私を見て、養父母も胸を痛めました。自分がどんなに苦しくても、この子を助け、この子を育て、しっかりとした人間になってもらおうと強く決心しました。当時の社会資源は極めて乏しく、お米や小麦粉などの高級食糧はもちろん、とうもろこしのような雑穀も一般人にとっては贅沢そのものです。その頃はお腹がいっぱいになるまで食べられるだけで幸せでした。その厳しい条件においても、養父母は私に栄養を与え、早く丈夫になってもらおうと、私にお米を食べさせるために、一生懸命節約し、大変な苦労をしました。「とにかく、人から子供を預けてもらったもんだから、粗末に扱ってはだめだ」と、私を元気にするため、高値で少しのお米を買って、茶碗一杯のご飯を時々炊いてくれましたが、自分たちは一粒も食べようとしませんでした。炊飯用のエナメル茶碗は、両親が私を心配してくれた証です。昼夜を問わずに世話をした結果、私はだんだんと元気になり、他の子供と同じように、両親に甘やかされた幼少期を過ごせました。

何の憂いもなく、養父母の傍で少しずつ大きくなりました。彼らの唯一の子供として、両親からの無償の愛を独り占めにしていました。やがて学校へ行く歳となり、新しい服を着て、学校に行かせようと、養

母は毎晩暗い明かりの下で、服を作ってくれました。何日間も掛けたせいで、養母は目が悪くなりました。入学日当日に、養父が新しいかばんを整えながら、「今日からもう小学生だよ。もう子供じゃないんだから。授業中にちゃんと先生の話を聞いて、きょろきょろするなよ」と言い付けると、「わかったよ、行ってきます」と興奮気味の私が飛び出して行きました。養父は「どこまで勉強できるかはわからないね」とつぶやきながら家に入りました。見知らぬ学校、見知らぬ先生とクラスメートは私にとってはすごく新鮮でした。時間通りに登下校し、時間通りに宿題をした私を見て、養父母は勉強好きを自慢げに人に話したりして、目を細めていました。しかし長く続きませんでした。学校がだんだん魅力を失ってしまい、腕白な私は本ばかり読むのが退屈だと思い、授業中に集中しなかったり、授業をサボったりしました。そして、養父に知られてしまいました。ある日、養父は私を呼び出し、無断欠席のことを聞きましたが、私はたいしたことじゃないと思って、平気で認めました。養父は激怒したあまり、私を引っ張ってきて、ひどく殴りました。養母は止めようとしましたが、うまくいかず、外へ隠れて涙を流しました。私はいつも優しく、手を出したことのないお父さんがまさか体罰を下すとは、考えてもみませんでした。悔しい思いをした私は、思わず大泣きしてしまいました。養父はそれを見て、怒った反面、胸を痛めました。暫くして、父は私をひざに抱き上げて、「お前を、殴りたいと思って、殴ったんじゃない。お前のやることが頭に来たんだ。父さんと母さんはあまり学校に行ってないから、お前によく勉強してほしいんだよ。よく勉強できたら、自分を養えるし、人の助けにもなれる。すごいだろう。お前と同年代で学校に行けない子供がたくさんいる。お前は恵まれているんだよ。今日からしっかり勉強しなければだめだ。又同じことがあったら、また体罰を

下すよ。わかったか？」と言いました。私は泣きながら「わかった。」と父に返事しました。

黒土地の上に、優しい両親と香ばしいご飯のおかげで、丈夫な体ができ、自信がつくようになりました。父の厳しい管理のもと、毎日四時か五時に起きると、懸命に勉強しました。一九六五年に、優れた成績で北京放送学院外国語学部に合格しました。彼らは私を誇りに思っているし、私は息子が大学に合格したという知らせを聞いた時の両親の顔さえ想像できます。

当時母は主婦だったので、一家は父の給料六十元でまかなっていましたが、五年間の学校生活の中で、私が人並みの生活を送りちゃんと勉強ができるように、両親は毎月二十元もの仕送りしてくれました。これを思い出すと、胸が痛いです。養父母が厳しく管理しなければ、全てを注いでくれなければ、私は安心して勉強することができなかったし、現在の自分もいませんでした。学校で全力で勉強できたのは、両親が大変苦労して応援してくれたおかげです。

一九七〇年に大学を卒業し、政府の呼びかけに応じて河北省に行って自分を磨くことにしました。河北にいる間に、人生初めての給料四十三元をもらえました。私はすごく喜びました。やっとお金を稼ぎ、親孝行ができるようになったのです。それから、毎月給料から二十元を引き、両親に仕送りをしました。息子としてこの些細なお金で生活を改善し、もっと豊かに暮らしてほしいと思ったのです。一九七一年のある日に、両親から郵便包みをもらいました。開けてみると、びっくりしました。なんとスイス製の腕時計です。こんな高価なプレゼントをもらうなんて。私は腕時計をしたことはありませんでした。当時すごく嬉しかったです。やっと自分の腕時計が手に入りました。人に時間を聞く日々とはさよならです。腕

時計をする同級生もいましたが、輸入品の腕時計をする人は極わずかだったので、足が地に付かない気分でした。しかし一旦気持ちが落ち着くと、少、し違和感を感じました。この輸入品の腕時計は一般人が買えないほど高値で、両親はどうやってお金を用意したのだろうかと。父に連絡したところ、いやいやながらも実情を教えてくれました。実は毎月の仕送りは使わず、全部貯金していたのです。若者たちがみんな腕時計を持っていると聞いて、息子が持たなくては不便だと思い、人に頼んで二百元ほどの高値で貴重な腕時計を買ったのです。養父の話を聞いた私は、内心の鼓動を抑えられず、初めて大声で「父ちゃん何やってんだよ。親孝行で父ちゃんと母ちゃんにあげたお金だ。人生の大半を苦労したのだから、息子としては少しは楽をさせたいのに、どうして貯金して自分のために使うんだよ。辛くてたまらないよ。」と叫びました。すると、「俺らは使うところが無いよ。食べ物にさえ困らなければいいよ。お前こそ、知らない土地で右も左もわからなくて、自分の面倒をちゃんと見ないと。今はとても心配してるんだよ」と。その後の言葉はもう聞き取れなかったし、はっきり覚えていないです。なぜならもう大泣きしてしまったのです。このスイス製の腕時計はもう動きませんが、今も大切にしています。時々取り出して、眺めたり磨いたりしています。これを見ているうちに、針の音が聞こえるようになり、両親の傍にタイムスリップするのです。両親はわずかの貯金でお米を買い、ご飯を炊いたり、母は暗い明かりの下で新、しい服を作ってくれたり、遊びすぎて勉強しなかった時に父は激怒して私を殴ったり、お金を惜しみながら、私の時計を買ってくれたり…これが私の平凡ながらも偉大な中国の養父母です。彼らは生涯「愛」とは何であるか話すことはなかったかも知れませんが、それがいったいなんだというのでしょう。彼らの家に来てから、彼らは行

動で私への愛を表しました。彼らの愛は茶碗一杯のご飯にあり、朦朧とした明かりの下にあり、厳しい管理にあり、このスイス産腕時計にあり…私の養父母は金持ちではないけれど、厳しい年月の中、私のために全てを注いでくれました。実の両親でもこれを超えることはないだろうと、私はいつもそう思います。私の中で、彼らは実の両親で、我々の親愛の情はとっくに血縁や国境を越えているのです。

その後、チベットに転勤して給料も八十元ほどに上がりました。毎月大連に暮らした両親に二十元、北京で暮らす妻子に四十元の仕送りを送って、自分には二十元の生活費を残していました。一九八一年に、私は母校の北京放送学院に転勤しましたが、その年に私を深く愛してくれた養母が他界しました。私は天が半分崩れたかのように、列車に何時間乗って実家に戻ったかも分からないほどフラフラしていました。帰る途中でずっと母のことを思いました。一生苦労した母、私を大切にしてくれた母、まだ親孝行も味わっていない母…

悲しさと無力さのもと、息子は母親を見送りました。母に言いたいことが山ほどありましたが、父を北京に迎え、同居するようにしました。二度と残念な気持ちにならず、ベストを尽くして父に親孝行をし、楽しんでもらおうと思いました。しかし、現実はいつも厳しかったのです。一九八七年に、最愛の父も病気で他界し、私の心の支えもなくなりました。行動で彼らを慰めようと、私は養父母を北京通州通恵陵園に合葬しました。葬式を終え、家に帰ったら部屋の中ががらがらでした。父がいつも座る椅子に腰掛け、彼らの写真を何度も見ましたが、過去の出来事が走馬灯のように、頭の中に浮かんできました。彼らは今、もう逝ってしまいました。心の中にずっと光っていた明かりも消えて、私はもう堪えられず、養父母の写

真を胸に当てながら、「もう両親はいないんだ、本当に両親がいないんだ。」と、悲しい涙を思い存分に流しました。

二十世紀八十年代に残留孤児帰国肉親探しが盛んになりましたが、日本人と知っていても、あまり興味がありませんでした。私の心の中は、育ててくれた中国こそ自分の家です。養父母はいなくなりましたが、中国の生活にはとっくに慣れているので、日本に戻って何の意味があるのでしょうか。肉親探しに行こうという決断をなかなか出せませんでした。一九九七年春節直前になってから、探してみようと思い、妻と二人の子供をつれて、日本に戻りましたが、とうとう肉親の父と姉に会うことができませんでした。宮崎慶文という日本名は、宮崎が会長の苗字で、慶文が私の中国の名前です。日本に戻っても、養父母が残してくれた名前を決して捨てられません。中国の名前と日本の苗字に合わせたのも、心の広い中国養父母の養育の恩が永遠に忘れられないからです。日中両国友好がずっと続いてほしいと祈っています。しかし日

無料に中国を授業する

本に戻って、他の帰国孤児と同じように、一時期は心の帰着点を見失っていました。私のような残留孤児が日本に戻っても、もう四五十歳ですから、言葉も通じないし、苦しい生活を送った上、周りの日本人に特別な視線で見られてしまいました。私たちは一体何人なのか、わからなくなりました。その後、帰国した侵略戦争残留孤児たちは「NPO法人中国帰国者・日中友好の会」を立ち上げ、私が副理事長を務め、帰国残留孤児およびその家族のために活動しています。両親から立派な教育を受けましたので、私は人々が互いに支え、愛し合えば、世界も美しくなれるといつも信じています。幸いなことに、孫蘭香などのような文学ができる友達のおかげで、残留孤児の経験をもとに舞台劇『孤児の涙』を書きました。戦争によって見捨てられた日本人子供が中国で育てられた経歴を日中の視聴者に理解してもらった上、人生の善良と美を表現し、平和を大切にしてもらいたいためです。

ナレーション　子供の声（泣き声）：母さん、私は小日本なの？

ナレーション　母親の声（優しく）：違うよ。母さんは中国人、あなたも中国人よ。

ナレーション　子供の声：小日本、小日本、小日本…

老人（困惑）：わしは誰？

老人：大きくなっても、学校へ行っても、働いても、結婚しても、いつも疑問を持っているんだ。わしは中国人なんだろうか？

みんな：違いますよ！あなたは日本人です。

老人：子供が生まれた。

ナレーション：小日本、小日本、小日本…
老人：孫が生まれた。
ナレーション：小日本、小日本、小日本…
老人：四十年間、わしの国籍は中国じゃ。中国語を話し、中国の米で育てられた。だが、日本残留孤児なのに、どうして中国にくらしているんだ。
みんな：七十年前の戦争があるから…
老人：戦争がなければ、異国の地に落ちぶれるだろうか？
女：戦争がなければ、両親に捨てられるものですか。
みんな：戦争めよ、両親を返せ。戦争めよ、兄弟を返せ。
これで今の人々に戦争の残酷さを伝えたいし、歴史をはっきり見分けてほしいし、影響を与えたいと思います。日中両国の世代友好にユニークでポジティブな働きをしたいと思います。我々はいずれにして歳を取っていきますが、歴史上に残された問題も沢山あるの

黒竜江省方正県中日友好園林内に位置する平和友好記念碑

で、我々の奮闘もまだまだ続きます。
一九九七年に日本に戻りましたが、毎年の九月には北京に墓参りに行っています。日本での生活を話したり、中国の急速な発展を伝えたり…育ててくれた恩は天より大きいです。将来自分が歳を取っても、白髪となっても、歩けなくなっても、私の代わりに養父母の墓参りに子孫を行かせたいと思います。どこに行っても、養父母の養育の恩を忘れられません。彼らは私に家を与えてくれました。私はずっと彼らの息子です。

台東区 4–23–11 旧址に位置するNPO 法人中国帰国者・日中友好の会の事務所内の餃子製造区

寸草でも春輝の恩を忘れず

——高橋秀哉

私は高橋秀哉と言い、一九四四年十月に中国黒竜江省東寧に生まれました。私が生まれる前に、両親は八人の兄弟を連れて中国に来ました。そんな厳しい時代の中で、そんなに沢山の子供を連れてどうやって、中国の東寧のような小さい町にたどり着いたかは全く分かりません。その後日本は敗戦で撤退しましたが、その時私は僅か十八ヶ月でした。戦争の混乱の中、父は音信不通となり、母は生涯ずっと父の行方を探していましたが、亡くなるまでついに見つかりませんでした。父が失踪した後、母は兄妹九人を連れて、日本に帰ろうとしましたが、途中で次女と三女、六女の姉が病気で亡くなりました。母は飢餓や疲労に悩まされた末、私に飲ませる乳も出なくなりました。泣き続ける私を見て、何日間も食事ができず死にかけの兄や姉を見て、覚悟を決めて、近くの寧安県難民キャンプに行きました。難民キャンプにおいて、母は人を頼んで私と二番目の兄のもらい手を見つけ、さらに四番目の姉も人に引き取ってもらったそうです。ですので、母が日本に戻った時、母のそばには長男、長女と五女しかいませんでした。これは、私が日本に戻った後に母から聞いた話です。

私を引き取った王祥、孫文芝夫婦には、当時一人の女の子しかいなかったので、私を見たとたんに気に入ってくれて、迷わず私を抱き上げました。それから、私の中国人生が始まりました。養父母は中国名王

私と養父養母

常清を付けてくれました。

養父母は言葉で説明できないほど優しかったです。実親でも自分の子供をこれ以上には扱わないでしょう。姉の年は私よりずっと年上でした。私が家族に入る前に、姉は軍人である夫と結婚したので、とっくの前に養父母のもとを離れて、自分の生活を送っていました。しかし、私が十六歳の時、姉は二番目の子供を生んだ直後に亡くなりました。養父母はすごくショックを受けて、唯一の息子となった私をこれまで以上に愛してくれました。勝気な母は、姉の夫の負担を軽くするため、姉の長男を家族に迎え、面倒を見ました。さらに、姉の夫に一人の女性を紹介し、再婚させ新たな家庭を築かせました。姉の代わりに夫と子供を世話したこの女性も、本当の親子のように母と仲が良かったです。

しかし、運命は絶えず激しく変化します。姉の息子つまり私の甥っ子は、十三歳にして、脳膜炎で亡くなりました。度重なるショックで母は一般の人以上に子供を愛す

るようになりました。私の身の上について、養父母はずっと秘密を守りましたが、よその人に私のことを日本人と呼ばれるたびに、口論しました。だから養父母の愛は、中国の子供を愛する父母の想いをも越えていたと思います。

養父母は農民で教育水準が低かったため、文字もあまり知りませんでしたが、将来を見通す見識と精神力を備えており、万難を排してでも、私を学校に行かせました。私の将来の見込みが出るようにと、僅かな収入ででも、専門学校まで行かせてくれました。私と同世代の子供たちは、専門学校どころか、小学校卒業の人もあまりいませんでした。当時、村の子供の中で、専門学校に行ったのは二人だけでしたが、その中の一人が私でした。

両親の応援の下で、私は順調に農業機械化学校に入り、専門知識をたくさん勉強しました。ここで言いたいことは、両親の鞭撻と教育がなければ、現在の私はなかったということです。専門学校時代の私は反抗的でした。一時期は学校が嫌になり、勉強が何の役にも立たないと思い、「もう学校に行きたくない、社会に出て稼ぎたい」と両親に言いだしました。当時は本当に勉強がつまらなくて、何も稼げずにただ使うばかりで、両親の節約する姿を見て、一銭のお金も稼げないのを残念に思い、勉強する意欲を完全に失っていました。しかし、いつも優しかった両親はそれを聞くと激怒し、私を叩きながら、「こんなに苦労をして、お前を学校に行かせているのは、将来貧しい生活から抜け出して、出世してほしいからだ。私たちみたいな苦労をしてほしくないからだ。好きにすればいい、学校を辞めたければ辞めればいい。でも、もし辞めるんだったら、家を出ていきなさい。お前のことなんかもう知るものか。」と叱りました。ここまで激

しく怒る両親を見たことがなかったので、私は大変驚き、泣きながら部屋に逃げ込みました。そしてその後、勉強を怠ることは二度とありませんでした。

卒業後、私は両親の助言に従い、両親が所属する寧安公社に就職しました。私が十九歳の時です。公社に入り、機械修理業務を担当しました。二十歳の時に運転免許を取り、機械隊の隊長に昇進しました。当時の公社で専門学校に行ったのは私だけでしたので、皆は面白がって生産隊機械隊長の私を「秀才」と呼んでくれました。私の指導の下で、皆は必要に応じて時間通りに、各地に野菜を供給するための共同作業を行ないました。働くことはいつも楽しかったです。

一九六四年に私は結婚し、家庭を持つようになりました。両親が人づてに紹介してもらった妻は、東京城林業局で働いていて、善良で素朴な人でした。後に、私が日本人であることを知っても少しも疑うことなく、心より私を支えてくれました。私は仕事が忙しく、よく出張しましたが、彼女は息子の嫁として、妻として、そして母として、よく両親と家族の面倒を見ました。両親が私のそばで子や孫と家族団らんを楽しめることを、私はとても嬉しく思いました。両親の笑顔が見えることが、私の最大の願いでした。

一九六七年にして初めて、私はやっと中国国籍を取得しました。私を生んだ時に実親はすぐ日本国籍を用意してくれましたが、養父母は長年にわたって私を守るため、だれにも息子の国籍の問題を言いませんでした。一九六七年に中国共産党に参加する前に、国籍の問題を提起され、初めて日本人であることを知りました。それを聞いた直後は、本当に信じられなくて、養子ということを受け入れられませんでした。しかし日本人であることを知ったからこそ、育ててくれた中国の養父母と別れがたくなり、中国国籍

を取得する信念がますます強くなりました。私は中国人に育てられました。生後十八ヶ月から一九六七年までの二十年あまりの間における楽しい思い出は、全て養父母からもらったのです。日本人の血が流れていますが、それがいったい何なのでしょう？このすべてをくれたのは中国です。無論、組織に認められたので、中国国籍を取得することは予想できましたが、中国共産党に参加することは諦めました。その出身問題で、上司に迷惑をかけたくなかったからです。育ててくれた国を愛するからこそ、自分の特別な事情で、組織に困難をもたらしたくなかったのです。

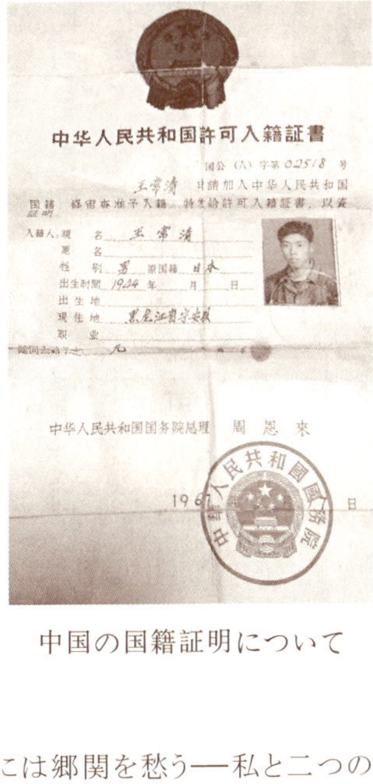

中国人の善良さと強靭さと勤勉さは、私の性格を作り上げました。その後の生活において、私は一層努力し、皆を率いて一心に仕事をやり遂げようとしました。小さい頃から養父母は無駄遣いをしないよう教えてくれましたが、人に助けを求められたら、応援しないわけにはいきませんでした。みんなは、私が敵の子供だからといって差別しなかったし、中国国籍を持つことを誇りに思っていました。

日中国交正常化の後、たくさんの孤児は相次いで日本に肉親を捜しに行き、私も両親に促され、一九七九年九月に日本の厚生省に手紙を出してみました。意外なことに、一九八〇年の初めに、実母から葉書をもらいました。彼女は厚生省から中国に残してきた末っ子の消息を聞いて興奮のあまり、すぐ日本に戻ってほしいという返事をしてきました。日本の家族はまだ生きていたのです。養父母にそれを伝えた時、

中国の国籍証明について

彼らにもとても意外なことでしたが、それでも私に見に行くべきだと答えてくれました。何といっても実の母なのだから、と。その年に、妻とともに日本へ親族訪問に行きました。実母や兄、姉は空港まで迎えに来てくれました。彼らは感極まって涙をこぼしました。この再会の機会を得ることがどんなに難しかったではう。妻が「見るだけで家族であることがわかるね。ほら、お母さんとそっくりよ。それからあなたは天然パーマだけど、お姉さんと一緒だね」とこっそり言ったことを、いまだにはっきり覚えています。そう、あの戦争がなければ、こんなに苦しい思いをさせられることはなかったです。どういうわけか知りませんが、その時の私の心はぽっかり穴があいたような気がして、家を探し当てたというような感覚はありませんでした。それはきっと中国の家が掛け替えのない存在だからでしょう。

親族訪問を終えると中国に戻り、日本の家族について養父母に説明しました。彼らも喜んでくれました。意外

日本親戚

なことに、日本の家族は帰国手続を進め始めました。日本に帰国できる知らせを聞いた私は、本当に意外でした。それを養父母に伝えたら、彼らは驚くだけで、何も言いませんでした。しばらくして、養父母は一致して帰国に賛成してくれました。彼らは年を取ったとはいえ、外国に対する理解や認識は私より詳しかったです。彼らがどのぐらい語ってくれたかは覚えていませんが、私がずっと涙を堪えていたことだけは覚えています。

その後、妻と五人の子供とともに一九八一年六月に日本に帰国しましたが、一つの執念のもと日本に来てもずっと走り回りました。日本にいる私は、養父母のことが一番心配でした。「両親が生きているうちは、遠いところに遊びに行かない」ということわざもあります。私はたびたび中国に帰ることができませんが、養父母がそばにいてくれれば、いつでも親孝行ができます。それで、養父母の来日の手続きを始めました。その間、私と妻は中国から離れようとしない両親を何度も説得し、妻は時には泣きながら両親に私たちのそばに来てほしいと懇願しました。家族全員で日本に帰国したばかりで、想像以上の様々な問題に直面していましたが、落ち込んでいても両親にはそばにいてほしかったのです。それが実現できたらどんなに心強いことかと、我々の努力の下、年取った両親は一九八二年四月にやっと来日し、日本で再会することができました。

こうして、日本の生活が始まりました。帰国したばかりで、何もかもやり直しでした。言葉の障壁は難問でしたが、家族のみんなが私を応援してくれるのですから、それに勝るものはないでしょう。私は少しも挫けず、中国で学んだ知識と技術を生かして、すぐに日本で理想的な仕事を見つけ、皆に認められた結

果、生活は段々とよくなりました。家に帰ると、どんなに疲れていても、子供と養父母の笑顔を見るだけで疲れが取れました。

無論、日本の生活がどうであれ、私の心はずっと中国にありました。年取った養父母は、いつも中国の親戚を気にかけていました。中国に帰るたびに、いつも同じ光景なのですが、息子が母を背負って飛行機や列車に乗り降りしました。母が八十四歳のその年、中国に戻って婿家族を訪問している時に、母は病気のため中国で亡くなりました。家族は一緒だという信念をもって、私は母の遺灰を日本まで背負って帰りました。それは私を育ててくれた母、息子のために散々苦労をした一人の女性、息子のために五人もの孫の面倒を見た偉大な母親でした。その息子があなたを背負って帰ります。

母の死で父の体は急激に弱っていき、病気のため他界しました。享年九十二歳でした。養父母の遺言に従い、私は二人の遺灰を背負って、中国に戻りました。私は中国黒竜江省牡丹江寧安で墓地を買い、養父母を合葬しました。彼らが帰国にこだわったのも、ここで息子を引き取ったからです。落ち葉が根に帰るように、今、息子が二人をその原点に届けました。息子は両親の教えをずっと忘れません。人には良くしなさい、善い行いをしなさい。

養父母が亡くなり、半生に亘って私についてきた妻も乳がんのため永遠の眠りにつきました。家族にとっては大きなショックでした。私はしばらくの間、目の前の全てを受け入れられませんでした。

妻を失って、生活面でいろんな支障が出た時に、おかげさまで、優しい于佩芝に出会いました。彼女は私と再婚し、家族の面倒を全力で見てくれました。幸運とはこういうことなのでしょう、私はいつもそう思

私達の集団活動

います。育ててくれた中国人の両親がいて、丁寧に世話してくれた二人の妻もいて、中国との縁がきっと運命なのでしょう。

今、私たちは公益事業に熱心に参加しています。個人の利益のためではなく、本当にみんなのために役立ちたいのです。どんなに多くの自分の問題を抱えていても、NPOの業務は最優先です。それで、よく妻に「事務所に泊まったら」と文句を言われます。でも、彼女が心より私を支えてくれていることを知っています。彼女は服を作れるので、NPOのイベント衣裳はすべて作ってもらっています。ある時はイベントの時間を確保するため、彼女はいつも深夜まで製作しながら、家族の面倒もよく見てくれました。彼女は文句も言わず、私に安心え人のために役立つことをやらせてくれました。

私たち残留孤児はよく集まりますが、中国の歌「里帰りに行こう」という歌を聞くたびに、合唱するのです。歌っているうちに涙をこぼし、自分を育ててくれた故郷と中

国の親友を懐かしく思います。我々は戦争の苦しみを経験した特別な団体です。実親から血をもらい、養父母から愛をもらいました。我々は養父母の恩を深く感じており、我々の中国に対する感情は掛け替えのないものです。

今、私はチャンスがあれば中国に戻り、養父母の墓参りに行ったり、日中友好をアピールしたりします。養父母はもういませんが、他の孤児の養父母にも同じように感謝しています。彼らに感謝するとともに、養父母への思いを届けたいと思います。

二〇一五年七月に、残留孤児訪中団とともに中国方正祭に参加し、養父母を祭ってきました。私は、皆さんも同じ気持ちだと思いますが、このような行動を通して戦争がもたらした傷害を心に刻み込み、悲劇を再び起こさないように、平和を維持していきたいと思います。

黒竜江省方正県中日友好園林内の中国人養父母死者の名簿壁

高い山に雲で架ける新しい橋

——宮夏明男

東京からハルビンまでの飛行機に乗るのが今回何回目かははっきり覚えていません。一九八四年に日本に戻り、すでに三十一年も経ちましたが、ほぼ毎年のように中国に帰っています。三十一年間を通して、日本の生活に慣れましたが、可笑しいことに、心の中ではここは家ではないと思い、逆に中国に帰るたびに旅人の里帰りのようにわくわくします。飛行機が中国大地に着陸する瞬間に、家に帰ったかのように落ち着くのです。

私は残留孤児の宮夏明男ですが、中国名は劉晶嶠です。殆どの残留孤児と同じく、日本開拓団民の子孫です。父の宮夏儀正と母の宮夏久江は一九三九年頃に中国黒竜江省密山県に定住し、一九四一年にそこで私は生まれました。さらに、一九四四年に妹も生まれました。家族四人で開拓団の皆さんとともに働き、暮らしていました。一九四五年に日本が敗戦となり、ソビエト軍が中国東北に進出したので、開拓団の日本人はあちこちに逃げました。その前に父親は日本に戻されていたため、音信不通、生死不明でした。母は妹を背負いながら私を引っ張って、馬車やらただ乗りやらで、逃亡の人々と南の牡丹江に辿り着き、さらに貨物列車に乗って、ハルビンまでたどり着きました。当時は馬家溝小学校が難民収容所で、私たちを収容してくれると聞き、母は私と妹を連れていきました。着いてから分かったのですが、難民収容所と言って

私と母親

も粗末な施設で、あちこちから風が入り込み、非常に寒くて、さらに病気で死にそうな難民がたくさんいました。薄い服を着た子供は震えながら、精一杯目を開けていましたが、顔も寒さで青白くなっていました。母はこれを見てびっくりしました。ここに来たら生き延びられると思っていたのに、唯一の希望も消えてしまったのです。すでに十一月となり、母は窓越しで降っている雪を見て、ぼうっとしていましたが、暫く経ってから、「ここで待っていてもだめだ」と言いました。そのまま私と妹を連れて外へ出ました。少し歩いたら、パン屋を見つけたので、母は私と妹を連れて中に入って、「子供が寒がっている。少し休憩させてくださいませんか」とパン屋の主人にお願いしました。パン屋の主人は子供の哀れな姿を見て、同意してくれました。その時、店員たちがざわついており、養父の劉喜超もいました。彼は日本語二等通訳を務めたことがあったので、母に話掛けてみました。会話の中で彼は、母がこの二人の子供を養えず、命を助けるため、誰かに引き取ってほしいと思っていることを知りました。店の主人の斉殿臣つまり私の叔父はそれを聞いて、「この子はまだ幼い。お母さんについていったら、命も危なくなる。

お前と延芳は子供がいないから、一人を引き取ったら。」と養父に言いました。養父も心を打たれて、養母である徐延芳と相談した結果、私を引き取ることとなりました。妹も店員の鄒殿英に引き取ってもらいました。それで私は劉家の子供となりました。日本人である記憶は、母親が養父に残した名前、生年月日、本籍などの僅かなものだけでした。

一九四六年に、母は日本に帰る前に、私と妹に会いに来ましたが、妹だけ連れて帰りました。中国で一家四人だった家族は、私一人だけが残されることとなりました。

幸いなことに、中国の新しい家庭では、みんなが親切にしてくれました。養父母はずっと私の身分を隠してくれていました。何しろあの時代において、日本人の子供は必ずしも友好に扱われるとは限らなかったからです。彼らは私を守るために、私の身分を人に言わず、そのために何度も引越ししました。

六歳の時に、私は突発性のめまいに罹り、発作が起きた時は天地がひっくり返ったように、立つこともできませんでした。時には嘔吐も伴いました。近所の子供たちは一緒に遊んでくれなくて、毎日家に閉じこもって、辛くて寂しかったです。養母はその私を見て、手元の仕事を休め、ピー玉などで一緒に遊んでくれました。私の病気を治すため、養母はあちこちに治療方法を聞き、民間療法まで試してみました。その後、黒砂糖と卵でこのめまいを治療できると聞きましたが、当時毎日はもちろんのこと、祭日でさえ卵は手に入りませんでした。鶏を飼っている人は卵を食べるのも惜しんでいましたし、飼っていない人にとって卵を食べるのは非常に難しいことでした。しかし不思議なことに、この方法が効くと知って以来、母は

中国の三番目の叔母と妹

毎日一個の卵を持って帰ってきました。私はおいしく頂くだけでしたが、その卵は養母が自分の嫁入り道具を売ったお金で買ってくれていたのです。

私が十一歳の時、叔母の子供は急性角膜炎となり、いつも一緒に遊んでいたせいで、私にも伝染してしまいました。最もひどい時は物も見えないほどでした。養母はとても心配し、人に頼んで当時とても有名なお医者さんに診てもらって、沢山の薬をもらいました。あの年代は衣食にも乏しいのに、ましてやお医者さんに診てもらうなんて。だが養母は迷いもしませんでした。治療代の足しにするために、自分のアクセサリーを全て売ってしまいました。母が心を込めた看病をしてくれたおかげで、私はだんだん元気になりましたが、やせていた母はますます細くなりました。

一九五五年に入り、中学校に進学しました。まじめに勉強したので、成績はいつもよかったでした。家庭内の事情で養父母と共同生活ができなくなり、叔母の家に住むようになりました。時に

は仲の良い友達の家に泊まったり、一緒に薪割りをしたり、家事をやったりしていました。クラスメートの親たちは私の事情を知っても、受け入れてくれて親切にしてくれました。その中に、陶志強というクラスメイトがいました。彼の家は裕福で、週に一度は肉を食べていたのですが、肉を食べるたびに彼のお婆さんが私を呼んでくれたのです。ある時一度行かなかったことがあるのですが、お婆さんは気にかけて、陶志強にわたしを呼びに来させました。向こうに着くや否や、お婆さんは即座にベッドから降りて、松葉杖を突いて台所へ行きながら、「寒いのに、どこへ行ってきたの。お腹が空いているのにどうしてご飯に来ないの。」と呟きながら、おいしそうな鶏肉とジャガイモの煮つけを取り出しました。家族もご飯を食べ終わっていたのに、もも肉二本と好物の首肉がそのままお椀に残されていました…私はのどが詰まったように苦しく、箸を持ち俯きながらバクバクと食べ始めると、涙がとめどなく溢れてきました。

一九五八年に中学校を卒業した時、チチハル医師学校が母校に巡査に来たのですが、私は運よく推薦されました。しかし、当時養父が家にいなかったし、養母も祖母も私をそんな遠いところに行かせたくありませんでした。私は苦労した母と高齢の祖母を見て、チチハルに行くのを諦めることにしました。その後、卒業証書を持って、ハルビン電機工場の試験を受け、首尾よく合格することができ、第九工場の実習生になりました。一九六〇年に卒業後、電機工業大学の溶接専門学科に推薦してもらえました。高級技術者を育成するところに入り、学校からもらったチャンスをより大切にし、滅多にない恵まれたチャンスなので、無駄にしてはならないと思い、技術への研究にも格別に真剣に打ち込み、少しも怠りませんでした。

電機工場に働く時の写真

自分の努力で社会ならびに母に貢献できると思い、私はさらに自信を深めました。一九七一年に電機工場の代表として、武漢へ国務院葛州ダム水利ターミナル工事審査設計会議に参加することができました。それはずっと母の誇りでした。

二十六歳の時、私は結婚しました。妻の李桂雲は電機メーター工場の社員でした。結婚後も母と同居しました。私は工場でますます評価され、妻は私を支え、家族の面倒もよく見てくれ、生活は次第に良くなっていきました。しかし、良い時はいつまでも続かず、母は半身不随になってしまいました。ベッドで衰えた母を見て、私はすごく悔しかったです。母に苦労ばかりさせて、やっと親孝行できると思ったのに、母は倒れてしまったのです。三日間ずっと病床のそばに座っていると、子供時代からの育ててもらった光景が何度も頭に浮かんできました。「お母さん、分かりますか、息子があなたをすごく心配していますよ」と、もう動けない母を見て、涙が止まりませんでした。母も私に気づくと、濁った目が急に澄み切っ

て、涙が皺だらけの顔から流れ落ちてきました。私は母とそのように静かに見つめ合っていました。暫くして妻に支えられた時には、感覚を失っていたほどでした。

妻は私の経歴を知っているので、非常に養母のことを感謝しており、養母を丁寧に介護しました。彼女は、この素朴で善良たる養母がいなければ、養母から愛がなければ、今の我々もいなかったと分かっていました。冬でも夏でも、毎日朝四時半に、妻は母のオムツを工場で綺麗に洗ってから、電気コンロで乾し、それから戻って母に交換しました。このような日々が何年も続きました。

一九七五年に母は他界しました。そして私の心の中の明かりが消えてしまいました。お母さん、あなたからたくさんの「借り」をもらったのに、この世で恩返しできませんでした。もし来世があるのであれば、私はずっと離れることなく、必ずそばにいたいです。

日中国交正常化となって、私は日本の厚生省の戸籍科に手紙を出したところ、意外にも三か月後に実父からの手紙をもらいました。手紙によると、彼は一九四四年に日本に戻り、実母は妹を連れて、一九四六年に大阪に戻り合流したとのことです。私の実母も一九七三年に他界していました。息子を探すため父は長野開拓団のすべての名簿を調べましたが、幸いなことに宮夏明男という名前は一人しかいませんでした。父はその名前こそが息子だと思い、迷わずに返信したのです。こうやって、父との距離は何度も文通しているうちに近づいてきました。

一九八四年に、養父の応援のもと、家族で日本に戻りました。日本に着いてから、まず日常会話を四か

月勉強し、その後東京へ引越しました。生活のために、東京職業学校で溶接に関する専門用語を勉強し、そして溶接工の職に就きました。熟練した技術で真面目に働いたので、すぐに認めてもらえました。私は中国に感謝しています。なぜなら、溶接や電機などの技術はすべて中国で習ったからです。この技術のおかげで、日本に戻っても自分や家族を養うことができました。

日本にいる間に、私たちが安心して暮らせるようにと、養父は何度も日本に来て、好きな食べ物や親族の思いを届けてくれました。生活はますますよくなっていきましたが、二人の父は長く付き合ってくれませんでした。養父は一九九六年、実父は二〇〇〇年に他界しました。息子はいつまであなたたちを偲んでいます。

陽射しが満ちた部屋で、私は窓際に座り、窓越しで風に揺れた枝を見ながら、子供たちの無邪気な笑い声を聞いていると、記憶が洪水のように溢れてきます。恩人はすでに他界し、写真も色褪せてきました。歴史を教訓とし、悲劇が再び起こらないようにしなければなりません。私は日本人ですが、中国のことがすごく好きです。そこにはたくさんの感謝すべき人がいて、そこからたくさんの感動をもらったからです。中国の漢字において、「日」が三つで「晶」となり、「嶠」は「尖った高い山」のことです。私の夢ですが、日本人として自分のルーツを見つけ、その山に雲で架け橋を作り、二つの故郷を連結させ、日中国民の心を連結させれたらと思います。だから自分の中国名である「劉晶嶠」が好きなのです。

数載育恩重、三生報答軽

——橘高弘子

私は橘高弘子です。自分が生まれた年が一九四一年か一九四二年なのか、定かではありませんが、私の中国の母である矯俊清が、一九四五年に吉林省のある村の鉄道沿いの難民キャンプで、私を発見した時は、まだ五歳足らずでした。当時の私は疥癬だらけで、生母はもう死ぬんだと思い諦めていましたが、ちょうどそんなところへ養父母の龍宝珠と矯俊清が通りかかってきたのです。彼らが私を優しく抱き上げた時、生母は土下座で何度も頭を下げて、引き取ってくださいとお願いしました。一人の母親の哀れな視線を見て、一人の子供の可憐な表情を見て、龍宝珠も矯俊清も心が揺らぎました。彼らは即座にこの子を救おうと決めました。それ以降、龍宝珠と矯俊清は私の中国の父母となりました。

神様のおかげと、中国の父母が心のこもった世話をしてくれた結果、私の疥癬は奇跡的に治りました。私も本当の娘として育てられ、時間が経つに連れ、一家の長女となり、安心して父母からの愛を受けました。物資に乏しい年代において、彼らは少しでもおいしい物があれば、真っ先に私に与え、お腹がどんなに空いていても腹いっぱいまで食べさせてくれました。ある日の夜九時頃のことですが、母は父の反対に構わず、寝ていた私を起こしました。母は熱々の饅頭を持って帰って、熱いうちに私に食べさせたかったのです。そして六歳の春ですが、村では麻疹ウィルスが大流行となり、たくさんの子供の命が洪水のように

私の養父母

疫病に奪われました。私も急に高熱を出して、父母にものすごく心配を掛けました。意識が朦朧としている中、私は父が母に「全財産を失ってもこの子の命を救おう」と話すのを聞きました。彼らは素早く値打ちのあるものを換金し、私を交代で背負って一晩中凸凹の山道を走り、明け方にようやく町の病院にたどり着きました。救助が間に合い、父母は死神から私の命を引き止めてくれたのですが、その時母のお腹が痛み始めました。彼女は心配や緊張、疲労などにより、流産してしまったのです。母は妊娠三ヶ月を知りながら、命がけで走って、死神と勝負したのです。その明け方には、美しい雲が流れていました。父母は私の無事を見て、希望を感じ、「龍鳳雲」と言う中国名を私につけました。

飢えと寒さに襲われる日々の中、私はお姫様のように愛されました。父母は食事を我慢してでも、一角の「大金」でリボンを買ってくれました。私に少しでもいやな事があれば、彼らは私以上に悲しんでくれました。やがて学校に

行く歳になると、周りの子供全員が私が日本人であることを知ることとなり、「馬鹿野郎日本人め、日本に帰れよ」と、いつもわたしの後ろで騒ぎ立てました。中には手を出してくる子もいました。養父は私を連れて、その子たちの家を訪ね、「引き取った時は五歳にもなってない。人も殺さなければ、放火もしたこともない。ただの子供なのだから、いじめるのは許さんぞ。」と言いました。ある家の親は「非国民、馬鹿野郎」と言い返したので、近所の仲裁が入らなかったら、大喧嘩するところでした。日本人は十数年間にわたって東北地方をめちゃくちゃにし、すごく恨まれていたこともあり、養父は言い返せなかったのです。

それ以降、周囲から次々と非難された我が家は、私に楽しい環境で勉強や生活をさせようと、ハルビンまで引っ越しをする羽目になりました。松花江が養父母の寛大な愛を見守っているなか、中央大街のパン石は、私が児童から少女へ、そしてハルビンでの成長や勉強、仕事、結婚出産の各場面を記録してくれました。あれは中国の故郷での最も楽しい記憶です。養父母はその後も苦労を厭わず、私の三人の子供の面倒も見てくれました。

私を引き取った後、養母は息子一人、娘三人を生みました。私の弟や妹たちは私のせいで「文革」において大学を断念せざるを得ませんでした。なぜなら養父の登録資料には「外国内通のスパイ疑惑」とはっきり記載されていたのです。後に私の弟や妹たちは母に「鳳雲姉さんを引き取り、実の子供にこんな迷惑を掛けたけど、後悔したの」と聞きましたが、養母は「何を言ってるの。人の命を救って何を後悔するか。」と微笑みながら答えたそうです。

一九七八年となり、当時日中友好協会の会長を務める山本咨召先生が残留孤児を探す活動を発起し、

私は日本に戻る条件を満たしました。養母はこつこつと貯金したお金でたくさんの食べ物や日用品を準備してくれて、まるで娘に嫁入り道具を準備するようでした。さらに、養母は息子の嫁つまり私の義理の妹である李彦民に「お姉ちゃんにチャイナドレスを作ってあげようね」と言ったのです。青いチャイナドレスでしたが、養母は暗い明かりのもとで丹念に縫ってくれました。暗いしかない明かりでチャイナドレスを丁寧に縫った養母の姿を思うたび、私はいつも思わず涙を流します。慈母の手の中の糸は、遊子の身の衣服なり。愛すべき養母よ、敬うべき養母よ、母親の愛を異国孤児に与えつつ、苦しみを耐え、無私に努めてきたのに、自分はどんなにひどい目に遭ったことか。私は中国を去ってから、いつになればあなたのそばに帰れるのでしょうか。

餞別の日がやってきました。私は、養母が自ら作り、彼女の温もりと、彼女の汗そして彼女の愛のこもったチャイナドレスを着ました。細かい針穴が母親の娘への惜別を語っています。彼女がアイロンで何度もかけたチャイナドレスは私にぴったりで、中国人女性ならではの古典的な美しさが私の体で完全に体現され、私は果たして中国人なのか日本人なのか分からなくなりました。母親は私を抱きしめて、二人とも涙まみれとなり、チャイナドレスも濡れました。その日の宴ではご馳走ばかり並びましたが、家族全員それは喉を通りませんでした。自分が三十年間も育てた娘、そして三人の孫を見て、彼女は笑みを見せながら、口づけしたり撫でたりして、心の中に別れがたくても、「日本についたら元気でね」と言ってくれました。家族全員は涙をこらえ、養父は悲しさのあまりその場から離れました。この一家の大黒柱が、涙を見せるわけにはいかなかったのでしょう。私は母親の肩に寄せ、「日本に着いたら手紙を送るから。育ててく

二〇一〇年、私たち夫婦・養父母の息子と嫁及び日本遺児たちの後世が中国ハルビンに帰って養父母を追悼する

れた恩を絶対忘れないよ。チャンスがあればきっと里帰りするから。」と泣きながら言いました。その時の母親の哀愁を私は一生忘れません。やがて車が到着しましたが、私は行きたくないと後悔しました。母は私の手を離し、私の髪型を整え、「鳳雲よ、日本で何か困ったことがあれば、手紙を送ってね。いやになったらこっちに戻ってもいいよ、ママが待ってるよ」と言いました。

家族の見送りの中、私は振り向きながら去っていきました。後に弟の嫁である李彦民から聞きましたが、私が去っていってから、母親はようやく抑えられなくなって、遠くまで聞こえる泣き声で泣き出して、近所の人も悲しんだそうです。

私は無事に日本に帰りましたが、母は私のことを思いすぎて、泣きすぎたあげく、右目が見えなくなりました。お母さん、鳳雲は借りばかりして、あなたの愛にどう償えばいいのでしょう。私にできることは、ただ仕事の合間を利用し、母に手紙を書くことです。弟や弟

の嫁は、私の手紙をもらうたびに、母は何度も彼らに読ませた上、丁寧に畳みながら封筒を何度も袖で擦って、胸に当てていたと言ってくれました。小さいころリボンをつけていた娘である鳳雲を静かに感じたのでしょうね。だが、彼女とは遠く離れています。母の私に対する思いは、一通一通の手紙に隠れています。彼女はその特別なやり方で、愛娘に会えない苦痛を隠そうとしていました。

日本に戻って、私は叔父と叔母を見つけました。彼らは日本の家族のことを教えてくれました。私は実の母親の位牌を見ました。彼女は当時の厄病から逃げられず、帰りの途中で死んでしまい、日本に戻れませんでした。叔父と叔母は私も動乱の時代に死んだと思い、位牌まで立ててくれていました。本当に感無量ですし、一層中国の養父母への感謝が深まりました。彼らがいなければ、私もここにはいません。私は中国そして養父母を思いつつ、徐々に日本の生活に慣れていきました。

光陰矢の如し。一九九七年十二月二十一日に、疲れた母親は脳梗塞で入院し、一週間の救命活動を経て、医者にもう手を打てないと言われました。この晴天の霹靂のような知らせを聞いて、私は素早く中国に行く手続を行いました。母のそばに行きたい！母のそばにいたい！弟や妹たちは何度も母の耳元に呼びましたが、何も反応もありませんでした。医者は脳死亡と宣言しましたが、私は母が待っていると信じていました。彼女は、私が帰りたかったら、いつまでも待ってるよと言ったことがあります。彼女はきっと私を待っているに違いないのです。十二月二十七日に、六十歳となった私はやっと母親のそばに帰れました。私は病床の前で泣き倒れて、母親の感覚もない顔を抱き上げて、「帰ってきたよ、あなたの鳳雲が帰ってきたよ、あなたの鳳雲が会いにきたよ、聞こえますか」と叫びました。その時、母親はまるでテレパシー

でもあったかのように、大粒の涙を無意識の目尻から落とし、反応してくれました。何分後かは分かりませんが、私にとっては一世紀も過ぎたように感じましたが、母はこの世から去っていました。私の中国の母は、私を救い、私を育て、私を愛する母親は永遠に去っていきました。疥癬だらけの体を拭いた母、病院に運ぶため夜中に山道を走り続いた母、唯一の饅頭を残してくれた母、私をいじめた子供のうちに上がって議論した母、明かりの下で服を作ってくれた母、昔のことが目の前に次々と現れました。彼女は右目から私を思って涙を流し果て、血のつながりもない娘をひたすら待ち続け、私を孤児から両親のある健全で健康な子供に変身させてくれました。今母は私の元を去っていき、私は再び孤児となりました。私は彼女からたくさんの借りをしましたが、彼女はその愛で私の人生の軌跡を変え、一生の運命を救い、二つの故郷を私に与えてくれました。

わたしは日本の橘高弘子で、中国の龍鳳雲でもあります。この一生は、この二つの故郷、そして二人の母親に気を掛け、愛を捧げたいと思います。

黒竜江省方正県中日友好庭園内の中国人養父母の共同墓地

中国に対する幸せな涙

——金井睦世

日本に住む残留孤児はみんな、団体の作曲した歌を歌えます。それは『本音を話す』という曲名です。歌詞は以下です：『本音を話そう、家は二つあるよ、一つは日本に、もう一つは中国に…私も憎む、戦争の悲劇を永遠に覚える…私も感情を持つ、中国の恩が海より深く、空よりも高く、祖国に帰っても、中国の家を忘れられない、夢に涙ながら、中国のお母さんを大声で叫ぶ、中国のお母さんよ。』それは、血と涙で作曲したものです。残留孤児たちの本音です。その歌を歌う時または聞く時に、熱い涙が目に溢れ、考えが乱れるようになり、さらに育てくれた、二度目の生命を与えてくれた中国の家を懐かしみます。

私は金井睦世と申しまして、父親の故郷は新潟県牧村です。明治中期から昭和三十年代にかけて、そこでは石油を大量に産出しました。大量に石油を開発することのためだけに、占有された農地は多く、そのため中国に行く農民たちは多かったです。私の父母は、一九三六年の新潟開拓団について、中国に行きました。あとから、家族の四番目の叔父さん(金井徳四郎)も一緒に中国の新京(現在の長春)に行き、満州師範学校に入学しました。

一九四一年一月二日に、二番目の子供、つまり私が生まれました。生まれたばかりに、父親の金井国蔵か

私の養父母

ら金井睦世を名付けられました。中国で、父母は子供を四人産みました。次女としての私と、姉一人と弟二人がいました。あの時、私たちは烏林屯と呼ばれるところに住んでいました。父は正直で温厚でした。母は外向的で、人との付き合いが上手でした。ですから、隣の施氏とよく付き合っていました。施氏は大家でした。施洪生と呼ばれる男主人は蛟河炭鉱に電気工として働き、後に私の養父になりました。王淑貞と呼ばれる女主人は雑貨店を営み、後に私の養母になりました。母親はいつも彼女の雑貨店に買い物に行き、行き来しているうちに、だんだんとよく付き合うようになりました。

そんな気持ちの良い暮らしは短かったです。一九四四年、父は徴兵されました。仕方がなくて、母は子供達を家に残して、一人で野良に出て働かなければなりませんでした。母に会えず、私たちは大声で泣きました。隣の養母は泣き声を聞くと、お菓子などを持ってきて、私たちをあやしました。あの頃から、いつも養父母の世話になってました。

先のことは分からないものです。一九四五年八月のある日、戦争のため、母親に連れられて避難にいく途中に、幼い弟は苦痛に耐えられず亡くなりました。姉も病気を治すことができず私たちの元を去りました。あんな混乱の時期に、開拓団の人たちはバラバラになりました。生活のために、母は私と弟、生き残った二人を連れて、烏林屯を離れ蛟河町に行き、他人の乳母になりました。夫がどこにいるかわからなく、四人の子供のうち二人が亡くなり、生活はとても苦しかったです。重圧で母は体も心も疲労し、ある日ついに耐えきれず、井戸の枠で倒れました。母親もいなくなり、二人の幼い子供だけ残りました。徳四郎叔父さんはそれを聞き、母親を葬りにやって来ました。

あの時の徳四郎叔父さんは十六歳で、誰も知り合いがいませんでした。仕方がなく、私と弟を連れてまた烏林屯に戻りました。そこに生き残る希望を探そうとしたのです。もしかすると私は養父母と一緒に暮らす運命だったのかもしれません。窮地に陥った時に、退勤して家に帰る養父に出会いました。一目だけで私と弟とわかりました。そんな状況を見ると、何も言わずに三人を連れて彼の家に戻りました。私を見て、養母は痩せたねと言って、涙を流しました。私と弟の服が、服には見えないくらいの有様を見ると、養母はその夜に新しい服を作ってくれました。それから風呂に入れ、髪を切り、小さな布団を作ってくれました。夜に、弟が寝小便をするので、養母は私と弟をそばに寝させ、私たちに布団をかけ、弟を小便させ…そのまま、三人は養父母の家に住み、ひとまずの落ち着きを得ました。あんな不安定な時期に、私たちを住まわせるために、養父母は大金をかけました。これも私が一生忘れられないことです。

実の父母

一九四六年の秋、養父母は徳四郎叔父さんと相談した末に、私を養父母のところに残し、十七歳の叔父さんが三歳の弟を連れて日本に戻りました。まだ何も分からない私は家族を離れ、養父母の娘になりました。養父母は私のことが大好きで、私に施桂香という名を付けました。私も彼らのことが好きで、いつも雑貨店で遊びました。彼らのそばで楽しく暮らしていました。養父母をパパ、ママと呼ぶことにも慣れました。六歳の時、ママは私を烏林小学校に入学させました。あの頃、クラスメートから「小日本児」と呼ばれ、悲しくて泣きました。ママはそれを知って、怒りました。学校に来て、「日本の子供が何だと言うの、侵略したのは日本の兵隊でしょ、子供がいったいなにをしたの。この子だって十分可哀想なのよ、同情の気持ちは少しもないの，今後、誰かまたそんな風にあの子を呼ぶなら、私は怒るわよ」と話しました。ママの話しで、クラスメートからそんな風に呼ばれなくなりました。そう、私のために、ママは何も惜しまなかったのです。実の母親でもここまでしないだ

ろうと思いました。

経済状態がよかったので、入学した時、ママから素晴らしいコート、セーター、革靴を買ってもらいました。美味しいものを食べさせてくれ、良い服を与えてくれ、ほかの子供よりずっと楽しい幼年期を与えてくれました。

私にもっとよい勉強と成長の環境を与えるために、養父母はしっかりと相談してから、家も雑貨店も農地も諦め、烏林屯から蛟河町に引越しました。引っ越した日、彼らが泣いていたのを見ました。私のために、彼らはいろいろなことをしました。蛟河町に引っ越した後に、パパは蛟河電業局に働き、ママも靴工場に働きに行きました。それに、私の名前を変えて(今度は施亜莉と名付けました)、また学校に送りました。パパとママの世話になり、私は楽しく成長していきました。勉強も進歩し、成績も良くなりました。あの頃、そのことは両親の自慢でした。中学校二年の時、私は青年団に入る資格をもらいました。申し込み書で組織に出身の状況を紹介する際に、パパとママから出身のことを聞きました。私を守るために、両親は子供のためにできる一切のことをやってくれました。

あの時期、生活は豊かではなかったけれど、ママは少しも余すことなく、物でも精神でもできる限りをかけて私を育ててくれました。愛している娘のために、ママは大部分の貯金を使いました。ある日、ママと一緒に買い物に行きました。商店に小さな腕時計を見つけ、好きだと言ったら、数日後、彼女は精巧な指輪を売って三十元であの腕時計を買ってくれました。今でもあの腕時計を大事にとっています。それを

見ると、親愛なる父母が目に浮かび、あの楽しくて幸福的な家に戻った気がします。

私が十七歳になる時、弟が生まれました。その後、様々な事情もあり、叔父さんの子供も父母に育てられました。後半、家に子供が多かったですが、父母はずっと善良で、広い心で数人の子供を育てていました。私は成績がよくて、各方面での表現も優れていたので、中学校を卒業してから、高等学校に推薦されました。それから、学校に残って教師になりました。一九六二年、ママと友達が仲人をして夫と知り合い、そして結婚しました。夫は私の出身を知ると、理解し同情してくれて、それから一緒に努力すると言ってくれました。夫が理解してくれて、嬉しかったです。夫はよその土地で働いていたので、結婚後、何度も私を自分のそばに呼ぼうとしました。ママはよその土地に行くという話を聞くと、こっそりと泣きました。娘と離れたくないからだと分かりました。私も本当にママと離れたくありませんでした。子供の頃から大事にされ、もう両親と離れて暮らすことは考えられませんでした。なので結婚した後は、夫とずっと別居していました。父母との愛情が深いとわかったので、夫は理解しました。私の子供は三人で、ママに育てられました。三人の祖母との愛情も深いです。今から考えると、ママには負い目を感じます。限りない博愛のもとに育ててくれた恩は一生忘れられません。

家族のためにママは本当に多くの気苦労をしました。年を取り、晩年の時、ママは糖尿病になりました。あの時、その病気についての知識と理解が足りず、ママに栄養を取らせたい一心で、お菓子、リンゴなどの甘いものを買いました。今考えても、本当に自分を憎み、後悔して止みません。その日は一生忘れら

れない日です。医療条件の制限で、インシュリンを過量に注射され、養母は意識不明になりました。私は狂ったようにお医者さん達に助けてくださいと懇願し、お医者さん方も力を尽くしましたが、ママは回復しませんでした。臨終の際に、「本当にあなたと別れたくない、家のことはよろしくね。教えてあげる、あなたの日本ママはずっとあなたを木匠と呼んでいた(その後、その読み方で日本の家族を見つけました)。多分、それがあなたの日本の名字よ。あなたの家族みんないい人だった、もう数十年になるのね、チャンスがあったら、叔父さんと弟を探してみて…」とママから話してくれました。あの時、私は何もせず、ただママの手を握って、ママの顔を見て、ママの体温を感じ、また一度ママの苦しみと苦難を味わった顔をただ見るだけでした。どうしてもママと別れたくなかったのです。しかしながら、愛するママは、本当に私から離れていきました。ママのは生前、もし死んだら西山の中腹に葬って欲しいと言っていました。マ

日本に親戚を探した時叔父さんと見知る

マの話によれば、そこでは家が見え、私が見えますから。ママに最後の孝行を尽くすために、ママの願いを実現するために、私はママにチョウセンマツの棺桶を購入し、彼女を西山に埋葬しました。ママがいなくなり、パパはとても悲しみました。パパの世話をしやすいよう、年いったパパをそばに迎えたいと思いました。孫たちと一緒にいれば、彼の悲しみがいくらか弱まることを望んで。

一九八二年から、残留孤児は日本に帰って、親戚を探し始めました。親戚と友達から日本に帰って、親戚を探すよう励まされ、パパからも自分の家族を探しに行くべきだと言われ…私も自分のことを知りたかったのですが、自分の家族を見つけたかったですが、ママを思い出したら、パパの顔を見たら、どうしても決められませんでした。

一九八六年三月十三日、パパは急性肺心病で突然に亡くなりました。臨終の際に、ずっと自分の家族を探すようにと言いました。兄弟四人は悲しい、懐かしい気持ちで養父母を同じ墓に葬り、墓石を立てました。あの時期、いつも夢で養父母と会い、彼らの優しい顔を見ましたが、目が覚めたら涙でいっぱいでした。

一九八六年十二月三日、第十四回の中国からの遺児訪問団について日本に帰りました。日本に帰った後の三日目に、金井徳四郎叔父さんが来ました。四十年の別れと五分間の出会い、叔父さんはどうしても自分の気持ちを抑えられませんでした。私を抱いて、二人は泣きました。

その後、叔父さんの話によると、父はシベリアに連れられ、三年後シベリアから日本に戻ったとのこと

です。叔父さんから私を中国に残したと聞いた後、父はずっと私を探していました。父はずっと私を見つけると信じ、諦めませんでした。日本に帰った後の四日目は、父の命日でした。私は、彼は最期の瞬間まできっと自分の娘を心配していたと思いました。中国に戻る前に、叔父さんに実の母が葬られたところの地図を書いてもらいました。帰国した後に、地図を頼りに母を葬ったところを見つけ、日本から持ってきた父親の遺遺品を彼女の墓の前に埋めました。二人がずっと一緒になることを祈りました。もしできたら、実の父母が、彼らの娘が中国の養父母によく育てられたと見ることができると望みました。そうすることで彼らが安心できると信じています。

一九九一年四月五日、家族を連れて、日本に戻りました。日本にいても、心の中ではずっと中国の家族を心配しています。中国東北の松花江の畔で生まれ、あの黒土地の上で五十年間育ちました。中国の陽光は私の人生の方向を照らし、養父母の汗は私の成長を促進しました。彼らの養育の恩は千万の中国人の心を代表しています。あの戦争の時代に、彼らは命をかけて、彼らの故郷を侵略した敵の子供を育てました。生活に非常に苦労する状況で、戦争に負けた敵の遺児を引き取るというのは、何という気高い精神でしょうか。私は二つの家を愛し、いつも中国の家を懐かしみます。

睦世という名前には、戦争がなく、世代が友好になるという父親の気持ちが現れていると思います。自分の経験をもって、戦争は非情ですが人民には罪がないと皆さんに教えたいです。第二代、第三代の残留孤児がでないこと心から望んでいます。

愛は語ることがなく、恩は報い難し

——間野澈

私は間野澈と言い、日本人です。私にはもう一つの名前は邱継友という中国名もあります。中国は私の第二の故郷で、四十年近くの年月において、そこには最愛の親友と大切な思い出が数多くあります。

私の話は一九四四年の東京大空襲から始まります。当時、東京の浅草に住んでおり、両親と兄弟五人の七人家族の中で、私は末っ子でした。空爆されたため、現地の人たちは皆避難せざるを得ず、両親は娘二人と次男と私をつれて中国に来ました。長男は成人していたため来ませんでした。当時の私はわずか三歳でしたので、両親の名前や顔つきについては何も覚えていません。

最初は中国牡丹江寧安県沙兰鎮八丈島の開拓団に入り、その後二道溝屯に住み着きました。中国に来てまもなく、母と一番上の姉は腸チフスにかかり、適切な手当を受けられずに亡くなりました。家族を亡くしたことは私たちへのショックが大きく、心を痛め、生きるための条件も悪化しなりましたそのことは父をどんどんと弱めていき、我々を世話する気力も失わせました。父は次女、次男と私を沙兰に連れていきましたが、何度も考えた結果、中国人に引き取ってもらうことにしました。別れがたかったのですが、私たちが生き延びられるためには、それ以外に方法がありませんでした。養母の話によると、父は当時激しく痩せていて、見た目も弱々しかったそうです。父は長くいると涙を流してしまいそうなので、何も言

わずに去っていったそうです。劉という苗字の中国人は、子供を連れて弱まった父を見ていられなくて、兄と私を引き取ってくれましたが、貧しい時代に二人の男の子を育てるのが大変なので、四、五歳年上の兄を引き取り、私を信頼できる人に引き取ってもらおうと考えました。二ヵ月後に、人の紹介で、私はある家に引き取られることになりました。それが、ずっと私を育ててくれることになる邱家でした。

養母の褚孝芳は子宮摘出のため、ずっと自分の子供がいませんでした。養母によると、トウモロコシ一斗で私を引き換えたらしいです。これを思い出すたびに彼女は笑いながら、母親特有の優しい目をしたものです。養父である邱喜文は食堂の門番をしていて、アルバイトで家計を支え、養母は主婦として家族の世話をしていました。この家に来たのち、養父母は私に、家の系譜となる中国名、邱継友という名前を付けてくれました。それは「友好を継承してほしい」という両親の願いかもしれません。

当時の暮らしぶりは悪くなく、土地もあり、収穫した食糧で一家は食べていくことができました。学校に行く歳になると、両親は全力で支援してくれ、学費は全部父の給料でした。この家族は実の子以上に私を扱ってくれました。両親は私を溺愛し、おいしいものがあれば、真っ先に食べさせてくれました。養父母は養母の家族と一緒に住んでいるので、本当に大家族です。養母は長女で、兄弟も

私と養母

たくさんいました。一番下は私より一歳下でした。そのため、私はほぼ同じ年の叔父や叔母と仲がよく、友達のように一緒に学校に行ったり、遊んだりしました。大家族が故に農作業も多くて、祖父と祖母はみんなを集めて一緒に作業をしました。というのは、アルバイトしていた養父以外の家族は、みんな農民だったからです。忙しくない時期は、祖父は麻花や揚げパンなどの御菓子を作って売っていました。幸いにも、我々はいつも祖父の御菓子を食べたり、養父のバイト先である食堂でおいしいものを食べたりしました。あの時の味は、本当に忘れられません。

養父母は私一人しかいませんので、よく面倒を見てくれました。十三歳になった時に、進学した中学校はかなり離れていて、寄宿せざるを得ませんでした。寄宿している間、父は私を学校に行かせるため、家から離れる林場に転職し、母も父の面倒を見るために引っ越しました。三年後、私はハルビン東北林学院林業機械学科に入り、そこで五年間勉強しました。その間も寄宿や食事などにお金がかかりましたが、新学期が始まる前に、父は十分な食事代と宿泊費を準備してくれました。当時父はすでに定年退職していましたが、僅かな年金で支えてくれました。でも、私が学校でまじめに勉強したことで、いつも奨学金をもらえたことは父を喜ばせました。一九六二年、卒業を間近にして、私は結核性腹膜炎とリンパの病気を罹ったせいで、退学を強いられました。当時は立てることもできず、半年以上入院することになり、両親にすごく心配をかけてしまいました。母は涙を流しっぱなしで、父は焦る一方でした。病気を治すため、両親は半生の貯金を使った上、借金まで背負ってしまいました。お蔭様で、献身的な両親の看病と親友の応援の下、私はだんだん元気になり、退院することができました。入院している間、親族はほぼ毎日お見

舞いに来てくれて、よく面倒を見てくれました。その時、体は元気ではなかったけれど、気持ちは晴々とし、少しも病気に影響されませんでした。退院後、家で何ヶ月かの間静養してから、就職することになりました。一九六三年、私が二十二歳の時、ちょうど林業局が人手を募集していたので、東京城林業局に就職することができました。

一九六六年に、人の紹介で妻の範淑環と知り合いました。気立ての優しい彼女は、当時は同じ会社で働いていましたが、私が日本人であることを知っていても、差別することなく、たくさんの理解と同情をくれました。結婚後も両親と同居しましたが、後年、養父母が認知症となってからも、私たちはずっと面倒を見ました。

学校時代の私

私の身の上については、養父母はずっと教えてくれませんでしたが、心から私のことを実の子として見てくれていたのかもしれません。こんなにも長く共に過ごしたことは分かち難い絆となり、それはすでに世間の限界をも超えたものです。話によると、開拓団が日本に戻る前に実父は私を探しに来たそうですが、養母は私と別れがたく、私を隠してしまいました。何年後かに、姉を探し当てましたが、彼女の話では、彼女は当時ハルビン残留孤児を

探していた開拓団団長とともに日本に戻ったそうです。当時団長は十二、三人を連れて帰りましたが、私は養父母と別れがたくて、日本に帰りませんでした。

本能に駆り立てられ、私はずっと姉を探していました。先に帰国した残留孤児とのつながりで、一九七八年に姉が見つかり、それから姉と連絡をとっていた兄が見つかりました。初めて兄と姉に電話した時に、何を話していいのか分からず、ただ小声ですすり泣きしました。このような生き別れと死別を経ての再会は、人によっては一生経験することもないでしょうが、すでに亡くなった親族を思うと、複雑な想いが入り混じり、このように泣いて発散するしかありません。一九八〇年に姉の手助けのもとで、妻と子供四人を連れて日本に帰りました。帰国を決めた時は、養母は別れがたく密かに涙を流しました。それを知った私は、帰国が正しい選択なのかと悩みましたが、母はそれを察知して、「今は別れを惜しんでいるのよ。でも、あなたたちが日本に戻れず親族と再会できなかったら、きっと後悔して気に病むだろうから、それは本意ではないのよ。」と言いました。このように、私たちは日本に帰国し、直接に東京に戻りました。今も東京に定住しており、以前住んでいたところからも遠くありません。姉の主人は材木屋を営んでおり、帰国する際も彼らが対応してくれ、保証人にまでなってくれました。私はついていたといえるでしょう。中国でしっかりと育てられた上、日本に戻り肉親も順調に捜し当てれたのですから。

団長は兄も見つけましたが、兄は日本の家はみな爆撃されたから、帰りたくないと言いました。彼は中国に残り、病気のため中国で他界しました。

一九七五年に養父は亡くなり、養母は私が帰国する二年前に再婚しました。養母とはずっと連絡をと

友達と日本での会合

り続け、仲睦まじかったです。日本に戻って間もなく、養母は肝ガンで亡くなりました。当時、私は母の死を知らず、後になって親戚から伝えられました。彼らは私が日本に帰ったばかりで、生活も安定していないので、しばらく言わないように決めたのです。その知らせを聞いた私はとても悲しくて、小さい頃からずっと受け取った愛護、いつも取っておいてくれたおいしい食べ物のこと、真っ先に買ってくれた服のこと、病気のときは私より辛そうにしていたことを思い出しました。これらの些細な出来事が心の奥底にしまわれています。母の死に対し、すごく無力さを感じましたが、親戚に幾らかのお金を送って、母を祭ってもらうことしかできませんでした。今も中国の養母の妹や弟等の親戚と連絡しています。毎年、私は中国に戻って、養父母の墓参りに行っています。

日本に戻ってから言葉が通じなくて、子供も幼かったので、いろんな困難に直面しました。三十歳にして語学の勉強は難しかったのですが、それを克服して生活も徐

々に良くなりました。

中国に三十年間いましたが、親族に対しても土地に対しても、熱い思いを持っています。日本に帰国しても、時間があったら中国に帰ったりしています。中国の親戚や友達に会いたいし、中国のおいしい食べ物や楽しい場所が懐かしいのです。日本にいる時はよく帰国孤児と集まり、中国の話をしています。昔のこと、昔の楽しい年月を思い出します。

今は七十歳ですが、まだ元気です。子供たちも近くに住んでいて、よく会ったりします。彼らもいい生活を送っています。現在の生活にはいささかの心残りもありませんが、唯一の気がかりは中国故郷の親戚や友達です。一九八七年に中国に戻った時に、八台の十八インチカラーテレビを持って帰りました。彼らに生活を楽しんでもらいたかったのです。中国に戻ったら、みんなも喜んでくれますし、久しく会えなかったと感じると、自分も本当に心から帰りたかったのだと気付きます。時々子供を連れて帰って、私の暮らしていた故郷を見せました。

故郷の町に立って、日々繁栄する街を見ると、すべては本当に変わっていくのだと実感しました。昔のことが目の前に浮かび、まるで若かった自分、養父母に愛される少年、そして両親の優しい顔を見た気がします。いろいろ挫折もありましたが、私はとても幸運でした。自分を愛し続けた中国の養父母がいて、この人生にはもう悔いはありません。

青い空と白い雲の内モンゴルの情

——立花珠美

目の前に広がる草原は、驕れるように、徹底的に、生き生きとした緑に映え、万里に伸びきる青い空と広さを競っています。草の先にある露は昇ったばかりの太陽の光を映し、清くて、まるで赤ちゃんの瞳のようです。どんな荒ぶれた男でも、目前の景色には引き寄せられ、笑みを禁じ得ないでしょう。千里の草原は見渡す限り果てがなく、それらが次第に広がっていき、懐に抱いた時、馬隊は喜んで大声をあげます。若者たち、俊足の馬、全ての馬隊は清々しい朝のようにハツラツとしています。パオは一つ一つに草原に分散しています。昇ったばかりの太陽に面して、一つ一つのパオからかまどの煙がゆらゆらと立ち上がります。遠くから見ると、白いパオはできたばかりのあんまんのように見えます。若い遊牧民は先輩から真面目に牧畜の技術を学んでいます。起きたばかりの子供たちはパオをかけ巡って、楽しそうに遊んでいます。婦人たちは早く家族のために暖かい朝ご飯を準備します。口当たりのよいチーズと香りが満ちるミルク茶は牧畜民の美しい一日のスタートです。

ここは、私の故郷で、お父さんとお母さんの満ち満ちる愛を載せた心の土地です。私はゆっくり草原に横になります。体は休むのですが、心はどうしても落ち着けません。草原を見ると、私が育った家を思い出します。心は一瞬で過去に飛んでいきます。

私の内モンゴルの名前は烏雲で、モンゴル語で賢い、聡明などの意味です。一九三八年、私は日本の徳島市に生まれ、日本の名前は立花珠美と言います。一九四〇年、父親の立花政市は日本政府により中国に文官の職務として派遣されました。それで、母親は姉と私を連れて、父親と一緒に徳島市から中国の東北偽興安総省政府の所在地王爺廟、つまり現在の内モンゴル自治区烏蘭浩特市に来ました。兄の立花甫は当時中学校に上がっていたので、日本の徳島に残りました。中国に来てから、暮らしは完全に日本式でした。日本の学校にあがり、日本語を話し、弟と妹もここで生まれました。

しかし、戦争から、だれも逃がれることはできなかったのです。戦争は冷酷で情け容赦なく、野火のように土地の上をどこまでも続きました。一九四五年八月九日、ソ連紅軍がすでに私たちの駐在地に到着したと知ると、科左前旗（注：地名）参事官の浅野良三に率いられ、偽興安総省の一部分の軍政人員と千二百人の開拓団の団民は緊急に南西方向へと撤退しました。当時、父は用事があったので、別の場所にいました。母親は姉、私と弟を連れて、部隊と一緒に逃がれました。十四日の昼、葛根庙の近くの道路で、ソ連紅軍に遭遇しました。たちまち部隊は乱れました。隊を率いる軍官は、全員道路の南にある深い溝に逃げこむよう命令を下しました。あらん限りの声での命令と銃剣で脅かされ、十一歳の姉は先に溝の中に跳び下りました。それから、ほかの人もつぎつぎに跳びこんだため、姉は押しつぶされ、亡くなりました。行き詰まった状況に直面し、絶望を感じた日本の指揮官は、全ての日本軍人と家族にすぐ自殺するようと命令しました。あっという間に、刀が光り、血や肉片が飛び散り、溝には悲惨で、絶望的な泣き声が反響しました。絶望の中、母は妹を包むマントを開き、マントを地面に敷き、妹の顔を上に置いた後に、彼女は

刀で妹の心臓を刺しました。妹を殺した後に、母は血に塗れた刀を私に向けました。それを見た途端、私は恐怖のあまり、逃げだしたのです。五六十メートルを走った後に、振り返ると、母が刀を自分の心臓に刺すのが見えました。「ママ」と呼びながら私はママのそばに戻りました。最後の一息で母は家族写真を一枚持ち出して、「これを持って、お兄さんを探しに行くのよ」と言い、そう言い終えると、母は最後の息を引き取りました。母、姉、妹と二人の弟はみな亡くなりました。あの日、溝で死亡した人は千人以上にのぼり、道路は血に塗れ、空気には血生臭い匂いが漂っていました。死人が満ちた溝に隠れて、のどが渇くと、血が混ざった水を飲みました。「日本にお兄さんを探しに行くのよ」と、耳に残る母の言葉が生きたいと願う気持ちを呼び起こしました。二日後、私はやっと道路に這い上がりましたが、恐怖と飢餓で、もう疲れきって全く力が入らなくなりました。数歩を歩いた後に、目の前が何も見えなくなり、そのまま道路に卒倒しました。通りがかった崔叔父さんは私を発見し、私を背負

学生たちと一緒に

い、村でトウモロコシ粥を無心して、私を救いました。しかし、暮らし向きのよくない崔叔父さんは私を引き取ることはできませんでした。しばらくして、張氏の家庭に引き取られましたが、張家は七人家族で、常に食べ物にも困っていました。一年後、私にもっと良い生活をさせるために、張叔父さんは私を現在の養父母のところに送りました。養父はモンゴル人で、アラダン・オキルという名前です。養母は漢族人で、王秀廷という名前です。養父母には子供がなかったので、私を掌中の珠として、烏雲と名づけました。その名前は彼らの私への祝福と期待が込められています。こうして、私にはモンゴルのパパと漢族のママができ、ここに根を下ろし、ここで健やかに育ったのです。

ここに、豪快奔放で、熱烈にもてなし好きなモンゴルの同胞は、私を彼らの寛大な翼の下に庇護し、私は幸せで、健康的に馬上の少女として成長しました。養父と養母は私を自分の子供として育て、実の父母でないけれども、実の父母より親身に私を気にかけてくれました。そこにある、見渡す限り果てしない草原にある、綺麗なパオ、親切なパパ、豊かな草湿地、群れを成す牛と羊、美味しいミルク茶、香り立つ炒めご飯は、私に知恵と力、丈夫な体を与え、私は体も心も本当のモンゴル人になりました。馬に乗ること、羊を放牧すること、牛と羊の乳絞りをすること、香り豊かな炒めご飯を作ることができるようになりました。

十歳の私は学校にあがる年齢になりました。あのような時代に、どの家も暮らし向きは悪く、食べ物も満足に食べられず、学校に行ける子供は率直にとても少なく、ましてや私は女の子でした。しかし、養父は進歩的な考えで、私を知識人にさせるために、なんとしてでも私を学校に入学させました。父は私に「したい勉強は何だってさせてやる」と言ってくれました。入学してから、父母は生活を切り詰めるように

なりました。一番寒い時期に、母は野に出てアルカリ土類を集め、その塊を作り売りました。アルカリ性の水に彼女の手は腐食されました。養父母は飼育した鶏の卵を惜しみ、自分たちでは食べずに、全部私に食べさせてくれました。養母はくず拾いして売り、私の学費に充てました。ある時、私は高熱を出し、医者が見つかりません。養母はソーダ鍋でモワモワと蒸気を立ちこませ、布団で私と自分を包み、彼女の体温で私に汗をかかせました。

世界で一番親しいのは血縁で、肉親の情ですが、養父母の私への愛は血縁を、肉親の情を超えました。その愛は、ただ平和を愛し、豊かな気持ちを持つ民族だけができるのです。

養父と養母の期待を裏切らないために、私は一生懸命に勉強しました。最終的に、優れた成績で内モンゴル師範大学に入学しました。一九五七年、大学を卒業し、内モンゴル庫倫旗第一中学校の教師になりました。一九五九年、庫倫中学校の教師である馬振源と結婚しました。結婚した後に、息子を一人、娘を一人産みました。

三十年以上が経ち、私はもう正真正銘の中国人になっていました。しかし、実の母親がなくなる時に言った言葉が忘れられず、心の中で、はずっと日本に帰って、兄を探したいという想いがありました。一九七二年、日中関係が正常化し、やっとその日がやって来ました。日本の華僑を通じて、一九八〇年に、ようやく日本の徳島県にいる兄を見つけました。一九八一年八月、日本に行き、兄に会いました。四十年間以上の別れを経た私たちは、白髪になったお互いを見た時、口が痙攣し、何も言えなくなり、抱き合い、泣きまし

た。兄から、父親は私たちをずっと探していたけれど、ソ連軍隊が迫ってきたため、道路も封鎖され、どうしても私たちを見つけることができず、一九四五年の冬に帰国し、ずっと兄と一緒に暮らしていたと聞きました。一九七二年に、父親は亡くなっていました。もともと幸せだった家庭は、ただ兄と私二人だけが残りました。兄は、また私と離れたくなかったので、早めに日本に定住してほしいと言いました。中国での生活はもう四十年になりますが、やはり日本人ですので、故郷を懐かしく思います、しかし、日本での生活に直面した時、どうしても慣れることができませんでした。それに、養父と養母は二回目の命を私に与えてくれました。一九七七年、養父は心臓病で亡くなり、養母も年寄りになっていました。彼女の世話をしなければならず、そのまま離れることはできませんでした。また、中国で好きな教師の仕事もあり、私の学生たちと一緒にいたかったのです。あの時の中国は貧しかったですが、私は中国の精神のもとで充実していました。私は、それは経済

私がボランティアたちと一緒にチャリティー・植樹活動を参加する

での豊かさよりもっと大切だと感じました。だから、兄からの日本に定住してほしいという要望は丁重に断りました。一九九三年、私は哲里木盟の政協副主席に異動しました。一九九四年に通遼市の人大常委員会に異動しました。そしてその後に、通遼市人大常委員会の副主任の職位を経て退職しました。いまの私は、日中の友好交流に力を尽くし、いつも日中両国の間を往復しています。兄もいつも日本の友達を連れて、中国に「烏雲の森」というボランティアの植樹活動に参加してくれ、日中民間の友好交流を促進するために努力しています。

現在、私は内モンゴルの通遼市に住んでいます。養母は九十歳になりました。私にとって、養母が健康に暮らしているのは最大の幸福です。私は残った命で、私を育てた中国の母親に恩返しをし、私を培った大草原に恩返しをしたいと思います。

日本は立花珠美の故郷ですが、中国は烏雲の故郷です。中国は、私に命、理想、事業、家庭及び息子と娘を与えてくれました。私の魂も私の家もここにあります。「気候風土が違えば、作られる人も違う」、庫倫溝の黄土は私を育てました。私の根はもう深く黄土に下ろしています。数十年来、中国人民の根と交差して成長し、お互いの関係はすでに密接なものとなり、その根は、もはや切っても切れないものなのです。

氷城への感情は海のように深い

——鈴木静子

私の一生で、最も美しく、楽しく、忘れ難いのは、中国で暮らした日々です。あの時、もし私の善良な中国の養父母がいなかったら、私は見知らぬ異国で死んでいたかもしれません。心の中では、ずっと中国で暮らしている親戚が気にかかり、偉大なる中国に対して感謝しています。いま、日本に暮らしていますが、心の中では、ずっと私を育てた中国が気にかかります。

歳を取ってしまいましたが、中国での四十年間以上の経験は、私にとって焼き印を押されたように忘れられません。

一九四六年の初秋の日、黒竜江省寧安市東京城汽車駅の前に、母親は一歳と少しの私を抱いて、ずっと目の前を通り過ぎる人に泣きながら哀願していました。多くの人が興味を示し、駅に人を送りに来た沙玉珍、つまり養母の妹である私の叔母も見に来ました。拙い中国語ながらも皆は、私たちが日本人で父親は日本で敗戦後になくなり、赤ん坊の私は一歳過ぎで、母親も私も病気になり、誰かに私を引き取って育てて欲しい、助けて欲しいということが分かりました。でも、日本人だと聞いて、周りの人は離れていきました。そうです、その侵略戦争で普通の中国人民は致命的な災難に会いました。毎日、水火の苦しみのなか

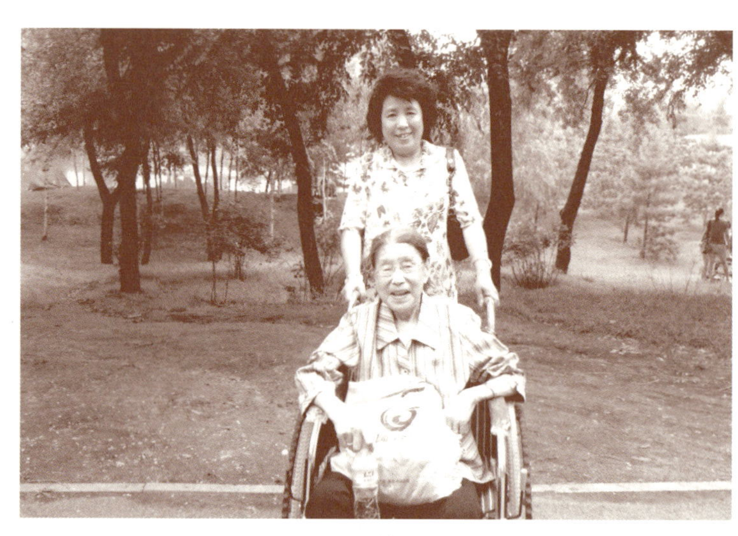

私と養母

で、恐れと病気と失望の中で苦難の暮らしを送っていました。あれは中国人とっては思い出したくない記憶です。

みんなが離れていくのを見て、母親は絶望的な気持ちになりました。泣きながら、「お願いします、赤ちゃんを助けてお願いします。このままではこの子が死んでしまいます。」と訴え続けました。その時、叔母は私たちを一目見たのです。当時、十四五歳のおばさんにとって、その一瞥が私の運命を変えたとは想像できなかったかもしれませんが。吹き出物がいっぱいで、痩せて骨と皮だけになる私が彼女を見つめているると見ると、叔母は私の絶望的な眼差しから彼女の姉を思い出しました。つまり、私の養母です。養母は子供を亡くしたばかりで、おばさんは子供を失った母親の悲惨さを知っています。叔母は心の中で、自分に対し「戦ったのは日本の侵略者であり、子供にはその罪はない。昔から中国人は恩と仇を区別する、見殺しにすることができない」と言いました。それで、叔母は後へ引けなくなり、私

を家に連れていきました。

家族は叔母が駅まで人を送りに行ったと思っており、まさか赤ん坊を抱いて帰ってくるとは想像もしませんでした。みんなが慌てて問いかけると、叔母は詳しいいきさつを説明しました。子供を失ったばかりの養母はそれ聞きながら涙を流しました。子供を失う悲しみを知っていたからです。かわいそうな私を見て、養母と、養父である洪萬銀は迷わずに私を育てると決めました。そして、中国の名前——洪静茹、好運という意味の乳名——代弟児を付けました。

養父母のおかげで、私の体は徐々によくなっていきました。養父母は私を自分の子供として育て、私が来たことはその家庭にとっても新たな楽しみとなりました。しかし、何事も隠し通すことはできません。しばらくすると、隣の人たちに「沙秀清は日本の子供を育てる」と知られるようになりました。全民族の敵の子供を育てるということを、だれも理解できませんでした。それで、私の家は噂の的となりました。養父母は気にしませんでしたが、私にまともな生活環境を与えようと、また私が大人になったあとに差別されないようにと、養父母は自分の父母と別れ、ある晩に、彼らが生まれ育った場所——寧安市を離れ、ハルピンに行くことにしました。

ハルピンに来てから、しばらくして弟が生まれました。養母は、私のおかげで、「代弟児」という乳名をつけたからかもしれないと笑って言いました。自分の子供が生まれても、養母は以前と同じように私のことを可愛がりました。あの当時、解放したばかりでしたから、経済状態は良くありません。それでも、春

節は子供たちが一番期待しますし、私もそうでした。春節になると、新しい服、新しい元結を貰えました。働くのは養父一人だけで、生活は貧しかったですが、春節になった時、養母はいつも私をつれて買い物に行き、似合う服を見ると迷わずに買ってくれましたが、弟は私のお古だけでした。弟が文句を言った時、養母は「どうしたの、みんな上の子の服を着るのよ」と言いました。当時、私はいつも新しい服でしたから、友達から羨ましがられました。

食べ物に関して、養母は弟と私二人にはまったく惜しみませんでした。経済状態はよくなかったですが、養母はいつも私と弟に美味しいものを作ってくれました。弟が幼かったので養母が食事を作ると、私はいつも弟に譲りました。子供ですから美味しい物があると、どうしても我慢できず、弟はいつも残らず食べ尽くしました。養母はそのことに気付くと、なにを作っても、あらかじめ私の分を残してくれました。ある時、養母は隣の人に何をしているのと聞かれると、「娘の分ですよ、あの子はまだ何も食べてませんから」と答えました。一九六五年、妹が生まれました。このように、子供三人は父母に育てられ、楽しく成長していきました。

あの苦しい時代に、私と弟が学校にあがるチャンスをもらえたことは本当に稀有なことです。養父母の期待の元、私は小学校を卒業して、中学校に入りました。中学卒業後、父親に従い、ハルピン第四百貨商店に入社しました。そして、それから三十年間働きました。

一九六七年、知人の紹介を通じて、私は夫の張樹江と結婚しました。彼はとてもいい人で、徳がありオ

中国での私たち一家四人

能もあり、私の家族を支えてくれました。結婚後、息子が二人生まれました。結婚前に夫は私のことを知り、私に同情し大事にしてくれ、養父母にも良くしてくれました。私の長男も養父母に育てられました。正直、養父母がいなければ、私の素晴らしい家庭もなかったでしょう。

一九八六年から、日本の親戚を探し始めました。日本から帰ると、養母は親身に向こうの状況とそれからの予定を聞いてくれました。本音では日本に帰りたくなかったです。中国の養父母が心配ですし、日本では自分の親戚が見つからず、失望していました。養母は私の心配を察知し、私の話を聞かずとも、「帰りなさい。あそこはあなたのルーツなのだから。帰ってから、もし自分の実父母を見つかれば、素晴らしいことじゃない」と言いました。何回も心の中で葛藤し、やはり日本に帰ると決めました。「ママ、もし日本での暮らしになじめたら、そこで暮らします。でもそうじゃなきゃ、また中国に戻ってきます」と私は養母に話しました。「あなたがそう思うんだったら、安心して行きなさい。私のことは心配しないで、うちにまだ弟と妹がいるから」。養母の話を聴いていたまらずに涙を流しました。私は一生、母と娘で一緒に泣いたあの光景を忘れられません。

一九八八年十二月六日、家族を連れて、四十年間以上暮らした中国を離れて、何もわからない日本に帰りました。あの期間、とても苦しかったですが、日本で親戚を探すことを諦めてはいませんでした。しかし、結局はなんの手がかりもなく終わりました。日本語がわからなかったので、日本に着いた後の四ヶ月間、ずっと大阪で日本語を勉強しました。中年になり、日本語もわからなく、なんの技術も身につけていなかったので、プレッシャーを感じました。生きていくために、なんの努力も惜しみませんでした。暇があれば、中国での暮らしを思い出しました。そこに、自分を愛している養父母がいて、一緒に育った弟と妹もいることを思うと、涙が止まりませんでした。いつも、家族との再会することを期待していました。我慢して、日本での苦しい時期を経た後、人並みの生活を始めました。

からすに反哺の孝あり、羊はひざまずいて親の乳を吸う、他郷にいても毎年、中国に帰っては養父母を訪ねます。長女である私は遠く離れ、養父母の心も持っていきました。彼らはいつも私のことを心配していました。一九九一年、養父は亡くなり、養母は大変なショックを受けました。親孝行として養母を日本に迎え、一緒に住もうとしましたが、彼女はどうしても日本に来ようとしませんでした。仕方がなくてハルピンに新しい家を購入し、母親と妹を一緒に住まわせました。そのほうが、中国に帰って母親を訪ねるのに便利でしたから。それにママがいるところが私の家なのですから。二〇〇八年、私は日本で定年を迎え、春節に家族と一緒に中国に帰って、年越しを祝いました。ママと一緒に正月を過ごすのは本当に楽しかったです。あれは一番忘れ難い春節でした。

家族全員の写真

今、日本にいても、心の中ではいつも中国の家を心配しています。中国の親戚を訪ねるのに便利なので、黒竜江省のハルビンに家を買いました。いつでも中国に帰ることができるし、親戚と一緒に暮らす時間と場所を増やせます。夫と子供達も賛成してくれました。養母の喜びが、私の喜びでもありますから。二〇〇九年、妹は乳ガンになりました。私と家族全員で一緒に努力して、妹に手術を受けさせ、治しました。養母はその件を思い出すたびに、「代弟児、妹の命は君のおかげだよ」と思わず言うのですが、「ママ、私の命はママのおかげですよ」と私は答えます。

しかし、二〇一三年に養母は亡くなりました。私にとって、それはとてつもない衝撃でした。長い間、悲しみの中に陥りました。養母がいなくなったという事実を受けいれられませんでした。しかし、亡くなった人はもう二度と戻りません。養母の霊を慰めるために、残りの半生を尽くして私のような孤児を助けるしかありません。それもき

っと養母が望んでいることだと思います。養父母の墓を購入し、二人を同じ墓に埋葬しました。毎年、中国に帰って墓参りをして、弟と妹に再会することが姉としてできる精一杯です。心の中で中国の弟と妹を気にかけ、養父母を安心させることが私の一番の願いです。私のルーツは中国にありますから、歩けるうちは何歳になっても毎年自分の祖国に帰ります。ただ見るだけでも、歩くだけでも構わないのです。

両国での生活を経験し、二つの故郷を持ち、いつも自分が中国人に育てられたことを忘れられません。中国の養父母がいなければ、今の私もいません。戦争がもたらした苦難は、だれもが忘れられません。しかし、中国の人民は広い心で私のような日本孤児をたくさん引き取りました。それは、世界中のどの国家でもやっていないことです。彼らは仇を恩で報います。恩を受けとった私は、いつまでも中国の家を忘れられません。

日本人の母の中国への情

——入澤睦子物語

私は張桂英と言いますが、日本名は入澤美和子です。今日は私の母である残留婦人、入澤睦子の話を紹介します。

小さい頃は母と彼女の友達から戦争の年代を生き抜いた話、善良な中国人に助けてもらった話をよく聞きました。母は晩年に自分自身が体験したことを書いて、より多くの人たちにその時代の真実を知ってもらおうと思っていましたが、五十五歳にして他界しました。彼女の人生を描く文章は未完成のままとなり、私の「心の病」でした。娘として、母の話を書かずに、彼女の生前の願いが実現できないのであれば、これほど残念なことはありません。

今年は中国人民抗日戦争ならびに世界反ファシズム戦争勝利七十周年ですが、黒竜江省教育出版社から母の話を書く機会を頂き、本に収録されることとなりました。私は知る限りの話を全て書いて、より多くの人たちにその歴史を知ってもらい、歴史を教訓に平和を大切にしてもらい、その悲劇が二度と現れないようにと心より願っています。

私の母、入澤睦子は残留婦人です。彼女は岡山県下長田のある村に暮らしていました。家族は両親と七人姉妹で、母は次女でした。母は十八歳の時、日本政府によって、中国を開拓するよう命じられました。元

父親、母親、兄と私

々は叔母が行くはずだったのですが、彼女が必死に抵抗した結果、母は自ら立ち上がり、「私が行く。死ぬわけではありませんし、新しい土地を開拓して、国のためになることであれば、私が行きたいのです。」と言いました。

このように、母は「万隆開拓団」と一緒にフェリーに乗って、中国に来ました。中国に着いて間もなく、日本は敗戦し、降参しました。ソ連軍は東北に進入し、母の所属する開拓団は散り散りになりました。当時の団長は一部の人を連れて、朝鮮経由で日本に帰ろうとしましたが、鴨緑江に跨る橋を半分渡ったところで、機関銃の掃射で多くの人たちが死んでしまいました。母は生存者として森まで逃げ込みました。昼間に移動すれば発見されるので、夜間に移動していましたが、騒ぐ子供がいればすべて殺すということになり、死なせたくない人々は子供を捨てたり、人に引き取ってもらったりしました。それで残留孤児がたくさん作り出されたのです。

その後、母は牡丹江の東京城駅(当時「世環鎮」と呼ば

れた)まで逃げましたが、体調を崩した人々がマラリアに罹り、死にかけました。その中に私の母もいました。そんな時に母は父に出会ったのです。

父はこう述懐しました。「当時うちの家は駅の近くに煎餅屋を開いていたんだけど、『駅に行こう、敗戦の日本人がたくさんいるぞ。』と言われ、ヤジ馬で見に行ったんだ。凄まじい光景だったよ。横になったり、座り込んだりする日本人だらけで、お母さんの上に乗っかって死にかけた子供さえいた。するといきなり女の人に脚を抱きしめられて、無力な眼差しで助けを求められたんだ。初めて彼女を見た時の印象は、善良そうで美人だなと思ったよ。彼女に手を貸したんだけど、隣の女の人も一緒に連れて行こうとするんだ。彼女たちが何を言っているのか分からなかったけど、その身振りで『連れて行ってくれるなら、二人を連れて行ってください』と言っているのは分かった。それでわしは何も考えずに、二人を連れて帰ったんだ。塩水で傷口を消毒して、漢方薬を飲ませてあげると、二人とも段々元気になっ

家族全員の写真

たよ。彼女たちを引き取る前は商売はよかったんだけど、日本人を引き取ったら、売国奴だと言われて、商売できなくなってな。まあ、ちょうどいいと思って、店を畳んだ。大杉昌子という女性を料理人の妻書田に紹介して、わしは入澤睦子を故郷に連れて行ったんだよ。」

父は母を連れて、実家で結婚しようと思いましたが、祖母から強い反対を受けました。祖母は日本人の女性を嫁にすることに猛反対しました。父は腹を決めて、母と暮らしていこうと思っていましたので、その晩に母を山にある日本人の弾薬洞窟に連れていき、自給自足の生活を始めました。父は薪を割って売り、その代金で生計を立てました。しばらくして、母はその洞窟で男の子を生みました。厳寒のなか、布団さえありませんでした。仕方がなく、ボロボロのコートを半分ちぎって、その男の子を包みました。吹雪の冬において、食べ物もないまま、母はお腹をすかせ、赤ちゃんはもっとお腹をすかせました。乳が出なかったので、この子は7日目にして死んでしまいました。

その後、現地の林業局が労働者を募集し始めました。父は母を連れて、新たな林業開発建設に飛び込みました。林業作業員となり、生活は徐々に回復しました。一九五二年に日中両国の関係も緩和となり、母と同じ体験を持つ日本人が「帰国ブーム」を起こしました。母も日本行きの切符を手に入れました。母を見送りに行く日に、父は二歳未満の兄の宝柱(名前は張君元)を抱っこしながら、宝柱より五歳上の叔父も連れていきましたが、黙り込んでいました。叔父は宝柱を父から奪い、一緒に土下座して騒ぎました。母と同行した日本人が懸命に母を車両に引っ張り込もうとしました。叔父は「姉さん、この子を見捨てて帰るのか。姉さんがいなければ、兄とこの子はどうやって生活するの。」と叫びました。本当に大騒ぎでし

た。停車している列車の下で、二人の子供は心臓が張り裂けるくらいの大声で叫びました。「ママ行かないで、姉さん行かないで。」と。その叫び声を聴いた母は、耐えられず列車を降りて、二人の子供を抱きしめながら泣き出しました。母はその場で切符をちぎりました。ほかの人にバカだと言われても、母はその時から中国を自分の故郷にしました。その後、さらに五人の子供を産みました。

二十世紀半ば、中国は最も困難な時代に陥りました。物資に乏しくて、生活水準も低かったです。祖父母は当時農村に住んでいました。祖父は病気にかかり寝込んでいましたが、祖母は一人で農業をやりながら、叔父の学校費用まで出していたので、非常に貧しかったのです。母は古い恨みを忘れ、彼らを我が家に迎え、叔父を牡丹江師範学校卒業まで行かせました。その後、叔父は三年間にわたって軍隊に入りました。ある日、母は私に叔父への郵便物を出させる頃、二元を挟みいれて、「家で何かあったら何とかなるけど、外にいる叔父さんはもしもの時にお金がないと何もできないからね」と言っていました。

生活は少し豊かになった頃、叔母は三人の子供を残して、病気で亡くなりました。長男は六歳、次男は四歳、末っ子は二歳未満でした。母はその三人のを我が家に迎え、自分の六人の子供と叔母の三人子供および祖母(祖父は他界した)を加えて、十二人家族となりました。ご飯を炊くときも一番大きい鍋ですし、屋根裏部屋まで子供でいっぱいでした。母は仕事が終わった後も、疲れたまま子供の世話をしました。苦しいながらも、母は何も言わずに、すべてこなしました。

母はこのような人間です。体はどんなに苦しくても、メンツは保とうとしていました。両親は林業局に就職してから毎年、労働模範でした。その後、父は細木作業場の工場長まで昇進しましたし、母はその年

にも労働模範でした。彼女の発言の番になると、「私は日本人です。私の国は中国を侵略し、中国人に戦争という災難をもたらしました。わたしは罪を犯した人間ですが、中国人民に引き取られて、二度目の命を私に与えてく水て、そして仕事まで頂きました。私は倍以上に努力し、中国そして中国人民に恩返しをしたいと思っています。」と言いました。当時の書記長は「あなたは侵略者ではありません。あなたも戦争の被害者です。今後はそれを考えずに、新たな中国を建設しましょう」と励ましてくれました。拍手の中、母は表彰飾りをつけたまま、同僚に囲まれ、歓迎の演奏とともに家へ帰りました。母は心の重荷をやっと卸すことができました。その不安だらけな時代に、母は幸運でした。母は日本人なのに闘争対象にならなかったし、父は日本人と結婚したのに、事件に巻き込まれなかったのです。

長期間にわたった重労働の末、母はいろいろな病気にかかり、心臓や腎臓、腰などの痛みにずっと悩まされました。私の記憶の中で、母はいつもたくさんの薬を口にしていま

母親と日本の兄弟姉妹

した。発作中の母の苦しい姿を見て、父は心を痛めました。ある日、父は「日本に帰って、病気を診てもらったほうがいいよ」と母に言いました。家族の支持と応援のもと、母は一九七二年に再び日本に帰り、日本の家族と再会しました。

母は帰国しても、残留孤児を助けようとしました。孤児の資料を持って、日本の厚生省および関係機関に連絡したり、新聞に肉親捜しの広告を掲載したりしました。そのおかげで、二人の孤児が自分の家族を見つけました。その情報は広がるようになり、母が中国に戻ってくると、たくさんの残留孤児は、日本に連絡する手紙を書いてもらい、肉親を見つけようと、母を尋ねました。それ以降、我が家が残留孤児の集会所となりました。羅家のおばさん、熊家のおばさん、東康李家のおばさん、それからもう名前は忘れてしまいましたが、多くの人がよく我が家を尋ねました。我が家は豊かではありませんでしたが、来客のたびにお米を出したり、ご馳走をしたりしました。集まった彼女たちは歌ったり、踊ったり、私たちがわからない言葉で話したりして、ものすごく喜んでいました。

私の記憶の中で、母は手が空くと、わからない文字を紙に書いたりしました。その後、母はだんだん元気を失いましたが、止めようともせずに、クッションに凭れながらも懸命に書きました。ある日、私は母の肩を揉みながら、「母さん、もう疲れたでしょう。どうしてやめないの」と母に聞きました。母は、「于家のお兄さんや張家のお兄さんの肉親はまだ見つからないから、その資料をまとめたら、写真と一緒に日本の新聞社に送らなければならないの。彼らに肉親を見つけるチャンスを与えたいのよ。」と答えてくれました。母はその件に多くの心血を注ぎ込んでいましたが、私にはよく理解できました。彼女も戦争の被害

者ですが、幸いなことに父と出会って、父の愛と庇護のもとで心が強くなり、それが彼女に、戦争で傷つけられた人々を助けようとする勇気を与えたのです。

年取った母は一回だけ激怒しました。我々兄妹はいまだに覚えています。四男が母の原稿を引き裂き、紙飛行機を作ったのですが、診察を終え、病院から帰ってきた母はそれを見て、兄にその弟をひどく叩かせました（当時母は病気のため叩く気力も失っていました）。激怒した母は、「その歴史を書くのは、私が戦争の被害者であり、私を含めてすべての被害者の話を書いて、より多くの人たちにその歴史を知ってもらいたいからよ。さらに、戦争体験者の実話として、悲劇を再び起こさないように、戦争を二度と起こさないように、人々の目を覚まさせたい。そして、優しく引き取ってくれた中国人の感動的な話を世の中に伝え、子孫にもその恩を銘記してもらい、恩返ししてもらいたい」と、我々に教えてくれました。

私と遺児たちがよく餃子のチャリティー・バザーを開いて、事務所の会費を調達する

母の原稿は未完成のまま、一九八〇年十一月三日に心臓病で他界しました。我々兄妹たちはその後次第に日本に帰国し、新たな生活を始めました。しかし、母に言われたことをずっと忘れることができず、母が書きたかった話を彼女の代わりに私が完成させるしかないと思いました。この母の話における、母の本音を述べたいと思います。彼女は十九世紀五十年代に帰国するチャンスがありましたが、中国に残ると決めました。それは中国が、母の新たな命の始まった場所で、彼女の第二の故郷だからです。母はここを愛し、彼女の子供たちも母のようにいつまでも中国を愛し、故郷を愛しています。

遺児たちは中国帰国者・日中友好の会謝恩団懇親会で踊りの『中国のお母さん』を踊る

限りない春の陽光は私の心を照る

——松田桂子

一般の人から見ると、私は単なる数千人いる中国残留孤児のうちの一人だけかもしれませんが、中国の親族から見れば私は、数奇な運命をたどった、善良で賢く、多彩な才能に溢れ、恩情というものを知る人物になるでしょう。

一九四〇年、日本で生まれた私は、二歳ぐらいの時、母に連れられて中国のハルビンに、父親を探しに来ました。母に分かっていたのは、父が日本開拓団について、ハルビンに行ったということだけでした。一九四五年、日本が戦敗になった後、中国を侵略した日本軍が撤退と送還をする期間に、数千人の子供が中国に残されました。私もその一人です。あの時、服がボロボロで、痩せた私は黒竜江省ハルビン市南崗区に住み、子供のいない中国人の家庭に引き取られました。

養父母の劉富臣、李雲芳は私にとても良くしてくれました。私を劉桂芝と名づけました。それに、乳名を「領弟」(注：中国語で弟をもたらすという意味)にしたのは、その家庭に吉祥と活力をもたらすとの願いをこめたからです。当時、どの家庭も生活の状況件は非常に困難でしたが、彼らが私を不公平に扱ったこ

養母(左一)の家族全員の写真

とはありませんでした。長期の栄養不良で、その家庭に来たばかりの私は非常に痩せていました。私の栄養を補い、早く健康を回復させるために、養父母は普段は惜しんで食べないような食事を、私に食べさせてくれました。養父母の心を込めた介護のおかげで、私はだんだんと健康になっていきました。養父母にとって、私は掌中の珠のようでした。生活をきりつめて彼らは、毎年の春節にはいつも新しい服を買ってくれました。ただ私の欲しい物だけを求め、私の要求が満たされるよう養父母は尽力しました。幼い私は、毎日養父母の関心と愛を一身に受け、まるで蜜つぼに落ちたように甘い幸せを感じ、満足でした。

数年後、養母は弟を産みました。隣の人は養父母を見たら、「お嬢様の名前がよかったね。領弟って、本当に弟をもたらしたね」と言いました。弟の到来で、私たちの家庭は喜びと笑い

声に満ちました。しかしある時、彼らに自分の子供ができたら、以前のように私のことを好きだろうかと、一人で思い至り呆然としました。養父母は私の異常に気づきました。ある日、養母から「領弟ちゃん、最近はどうしたの。何かあるみたいね」と聞きました。「いいえ、何もない」「何もなくないでしょ、弟ができたから、おまえのことが好きではなくなると心配してるんじゃないの」私は何も言わなかったけれど、養母は私の赤い目から、その答えがわかりました。養母は大事そうに私を抱いて、私の頬を軽く撫でながら、「領弟ちゃん、いつになっても、あなたは私たちの子供だよ。不公平になるとか不安しなくていい。あなたもママを助けて、弟の面倒を見てやってね」と言ってくれました。養母の話は、私の不安を取り除きました。以前に比べて、養父母はより私のことを気にするようになりました。あの頃、貧困でしたが、家族全員で一緒に考え、一緒に頑張っていたので、毎日の生活は幸せだと感じていました。

自分は避難する港を見つけることができ、それからは養父母と楽しく暮らしていけると思っていましたが、不運がまたやって来ました。私がまだ小学校を卒業していない一九五三年、私の愛する養父母が立て続けに亡くなりました。当時の私はまだ世の中のことを何も知りませんでし

実の母親

た。拠り所を失くした私と弟は故郷の山東省掖県の親戚に預けられました。そこで私は高級小学校を卒業しました。一九五八年、山東の鉄工場で働きました。二年目に、黒竜江省にある大荒原を開拓する募集に応募し、私は黒竜江省密山県にある辺境地区の支援に行きました。一年目の仕事はダムを建てることでした。山東から黒竜江省までの間、乗っている汽車は走ったり止まったりを繰り返し、目的地に到達するのに一週間もかかりました。ダムを建てる仕事は非常に苦しかったですが、国家を建設する情熱で毎日は楽しかったです。疲れすぎた時は、歌を歌いました。同僚たちは私の歌が好きだったので、疲れた時には、私は歌で彼らの疲れを取り除きました。ある日、土を積むトロッコをダムの上に運ぶことに励んでいると、一人の背の高い人が私のそばに来ました。よくよく見ると、王震将軍が工事現場に視察に来たのでした。私は緊張して何も言えませんでした。将軍は優しく私の手を取り、疲れていないか、家が恋しくないか、と聞いてくれました。更に親しみをこめて「偉い小鬼」(注:中国語での小鬼は可愛い子という意味)と呼んでくれました。あの時の光景は、今思い出しても感動します。

一九六〇年、私は虎林制材工場の仕事に配属されました。勝気な私はこの職場で頑張り、きっと良い成績を出すと決意し仕事を勤勉に努め、リーダーや同僚は私を認めることとなりました。やがて虎林制材工場は東方紅林業局の管轄となり，東方紅に移ることになりました。このとき商業部門のある食堂に配属され、配給チケット売る仕事を担当しました。食堂での仕事の何年か後に，商店での仕事に異動となりま

した。商店時代，私は仕事に励み，売上額は常に高く、商店に高い収益をもたらしました。このため私は商業部門の「三八紅旗手」と評されました。

一九六二年、夫の肖蘭華と結婚しました。夫は私の身分がわかったとき、非常に私に同情し、とても良くしてくれました。二人の仕事も順調で、結婚後の生活は温かく安らぎましたが、どうしても遠い山東省にいる弟が心配でした。妹を早くに山東省で病気で失くしていたため、弟は一人で山東省で暮らしていました。弟をそばに迎え、一緒に暮らしたいと夫と相談しました。賢明な夫は私を理解してくれ、すぐに賛成してくれました。一九六四年、弟は山東省から私たちのそばにやって来ました。数ヶ月後、徴兵が始まったことを弟に知らせると、弟も申込みました。それから、弟は軍隊に入り、軍隊で頭角を現していきました。一年と少しで中国青年団に入り、数年後、栄誉ある中国共産党に入りました。彼の努力に部隊のリーダーの指導も加わり、八年目になると、彼は連隊長に昇進しました。しかし、彼は私のことを心配し、部隊のリーダーに転職を申し願いました。推薦を受けて、彼は大慶油田に転職しました。鉱建事務所で調達の

私と育ててくれた山東の従姉

仕事を担う主任になりました。それを聞いた時、本当に嬉しかったです。私たち姉弟は同じ地区で働いていなかったので、通信が不便なあの時代に、私たちの交流は主に手紙だけが頼りでした。仕事を頑張ることが私たちの努力する道だと、お互いに励ましあいました。

すでに退職した弟は、友達と世間話をする時、いつもそういう話をします。姉が彼を非常に気にかけ、彼を山東省から黒竜江省に迎え、軍隊に入らせ、そこから革命の人生の道を歩み、革命の道で絶え間なく成長してきましたと。もし姉の関心と助けがなかったら、今の自分はなかったので、永遠に姉のことを忘れることはできないと言いました。弟は私にも面と向かって何度もそういう話をしました。私はそれは姉としてやるべき当然のことだと思っています。あの時、養父母が私の命を救ってくれた恩と比べたら、それは取るに足らないことです。私は早くより自分が日本人だと知っていましたが、養父母の大きな愛で、私はこの家庭に馴染むことができ、ずっとほかの中国人の子どもと同じだと思っていました。日本に起こされた侵略戦争は、中国の人民に深刻な災難をもたらしただけでなく、日本人をも苦痛に陥れました。日本が戦敗した後に、数えきれない日本の難民が中国政府から助けてもらい、数千人の残留孤児は善良な中国人民に死亡から救われました。中国の養父母は民族の憎しみを超えた人間愛で私たちを育てました。いつまでも、このような再生の恩、博愛、貢献する気持ちを私たちは忘れられません。

一九八六年、中国の公安局と親友の助けで、日本に親族を探しに行きました。日本での親族の情報を見

つけた後に、一九九〇年十月、家族みんなで日本の故郷埼玉に定住しました。中年になって帰国し、言葉もわからないし、技術も持っていない。日本に着いた時、そういった実際の困難に弱り果てました。あの時が一番家族を懐かしんだ時でした。中国国内にいる弟からの励みと帰国した残留孤児たちからの助けで、だんだんと困難から抜けだせ、私は日中友好に自分の力を貢献すべきだと思うようになりました。日本で、いつも日中友好の交流活動に参加し、帰国した残留孤児が構成した「斉心会」の理事を担当しています。二〇〇九年十一月九日、四十六名の帰国残留孤児の関係者と一緒に「残留孤児は中国人民の養育の恩に感謝する」訪問団に参加しました。ハルビンのまだ健在な中国養父母への訪問は、中国内外のメディアの注目を引きました。十一月十一日、感恩団は北京で当時の国家総理だった温家宝から親密な会見を受けました。私は孤児を代表して、残留孤児の配偶者に改編された『本音を話す』を歌いました。

本音を話すと、私には家が二つあるよ、

一つは日本に、もう一つは中国にある。

祖国に帰っても、中国の家をもっと懐かしむ。

中国の養父母がいなければ、だれが引き取ってくれたのか、育ててくれたのか。

帰国した遺児たちは、どうしても中国のお母さんを忘れないと望む。

二〇一一年五月、交通事故で腰を負傷しました。ベッドに伏し、傷を治す一年間以上の間、二回目の生命

を与えてくれた中国、家族のように気にかけてくれた中国の親族を非常に懐かしみました。杖でようやく立てられるようになった時に、娘に車椅子で私を中国に送らせました。中国に帰りたくて、待ちきれませんでした。黒竜江省が「中国母親の博愛——中国養父母と残留日本人」をテーマとする展示会を開催し、それがもうすぐ始まると聞くと、どうしても現地に行きたかったのです。半世紀の歴史を記録した、貴重な写真を見て、数千人の中国養父母の名前リストを見て、一つ一つの感動されたストーリーを味わいながら、涙を流しました。養父母の写真で「愛」の文字を構成した壁の前で、私は必死で車椅子を支えて立ち、三回お辞儀をしました。残留日本人が中国人民の養育恩情訪問団を紹介する看板の前に来た時、すべての残留孤児がハルビンで養父母と一緒に撮った写真と文字説明を見た時、もう一度感動し、涙を流しました。そこからどうしても離れたくありませんでした。

日本は祖国ですが、中国は故郷です。中国に私を育ててくれた養父母がいて、兄弟がいます。父母の養育の恩は天より大きいです。あの時、善良な中国の養父母に引き取られなかったら、私の人生はどうなっていたか分かりません。中国の養父母の私に対する無私の愛と貢献がなかったら、今の私はありません。戦争は残酷です。戦争は人々を翻弄し、妻子と離れさせます。戦争が醸造した苦い酒を、数世代の人が飲むことになります。この世界にまた戦争が起きないこと、もう生き別れや死別がおきないこと、平和の旗が永遠に翻ることを私は望んでいます。

情系中国慰親人

——宇都宮孝良

今日の天気は格別によく、陽射しも私の気持ちより明るいです。私は今、中国黒竜江省ジャムス市への列車に乗っています。少し肌寒いですが、私の気持ちは沸かしたお湯のように、落ち着きがなくワクワクしています。もうすぐ故郷の地を踏むから、どんなに興奮することか。今の私は故郷に帰る旅人のように、非常に楽しみにしています。

ジャムスは静かで美しい都市でもあり、私を育てた故郷でもあります。緩やかに流れていく清川、人々の楽観的な性格と日常の爽やかな笑顔、いつも夢見たこれらのものに、やっと再会するチャンスに恵まれました。今の幸せは言葉で言い表せないほどです。故郷の地を踏む瞬間に、故郷の人々に昔のままの自分を、水のように温和な自分をお見せしたいです。

私の名は宇都宮孝良ですが、宇都宮孝良より、中国名の張有才のほうがもっと好きだからです。なぜならこの名前は私自身を表すだけでなく、私を立派に育てたいという養父母から頂いた愛の象徴だからです。これは私が人生を歩む時のモットーであり、中国文化の表れでもあります。

いつ頃のことかもうはっきり覚えていませんが、当時両親は開拓団とともに日本の愛媛県から中国ジャムス郊外で農地を開墾するようになりました。間もなく父が無理やり兵隊に加入させられました。話に

よるとその後にソ連軍に捕まり、シベリア強制収容所に連れて行かれて、そこで肺炎で亡くなったそうです。母子家庭となり、互いに支えあって生きるしかありません。一九四五年に日本が敗戦となり、ソ連軍に攻められた時に、母は四歳の私を連れて、千振という地方からジャムスに逃げました。「災いは単独ではやってこない」と言われるとおり、母はジャムスに着くや否や、病気で体調を崩し、治療を受けないまま、私を残して死んでしまいました。当時の私は死の意味が分からなくて、何もできずに母と離れましたが、唯一分かっていたのは、自分は一人ぼっちとなり、本当の孤児となったことです。その時の私は何も知らなくて、ひたすら泣いて、ママがほしい、ママに抱っこされたいと思っていました。

母の温かい保護を失って、母とともに死ぬのではないかと思っていました。最も辛く最も絶望的な時、この人生で一番大事なお二人に出会いました。彼らは若い中国人の張宝隆夫婦です。まるで運命のよう

私は東京都台東区台東 4−23−11に位置するNPO 法人中国帰国者・日中友好の会の旧址の窓前に記念写真を撮る

に私は彼らに抱き上げられ、じっと見られている間、私は泣きも叫びもせず、静かに彼らを見つめました。まるで彼らを待っていたようでした。それで、彼らは私の養父母となりました。母は何年後にこれを話した時に、「父の抱っこで全然騒がなくて、ただ一人の子供が彼に寄り添って静かに彼を見ていた。騒がないのはあの頃からもう大人だったからじゃないの。」と言いました。私は笑いながら、「きっとお腹がものすごく空いていたのでしょう」と答えました。それは父の力強い腕と母の優しい眼差しのおかげで、実母が死んでからはじめて温かさを感じたからだったのでしょう。

こうして私は温かい家族に加わることができました。当時は幼く、自分の名前すら忘れていたので、張有才と名づけられました。名前までつけてもらった私は笑ってばかりで、両親に名前を呼ばれても笑ってばかりいました。父は「名前だけでこんなに喜ぶなんて、馬鹿な子だね」と微笑みながら言い、母はそれを聞いて、私を見て、うれしく笑いました。こうやって、新たに組んだ三人家族は初めて楽しい環境に溶け込みました。両親は最期の日までわからなかったと思いますが、その地味な名前、人生にして始めての笑いは、幼い私の中で非常に重要な意味を持っていました。彼らの愛に最も単純な表情で答えていたのです。

父は正真正銘の農民で、母は専業主婦でした。経済状況は富裕とは言えませんが、私に楽しさと安心を与えてくれました。父は素朴で善良な人、母は優しい人でした。彼らは自分のベストを尽くして、全てを私に与えてくれました。私が明るくなったのは、どんなことがあっても庇ってくれる人がいたからです。

家に居れば楽しく過ごせましたが、どうしても避けられないことがあります。やがて学校に行く歳となりました。父は「学校に行ったら、新しい友達や同級生、先生と出会い、知識を勉強できるから、もっと

楽しくなるよ」と言っていました。学校に行く前にそれを強く信じていました。学校へ行く前日、母は連続徹夜で作った洋服の代金でかばんや鉛筆、消しゴム、ノート、そして文房具ケースを買ってくれました。私は「まじめに勉強します。新しい友達をたくさん作って、腕白なことを一切しません。良い子になるよ」とうれしそうに母を抱きしめました。しかし、初日から自分の約束を破ってしまいました。子供は単純な反面、率直です。大人の計算などがなく、最もシンプルな言葉で本当の気持ちを表します。当時私は興味津々に同級生に挨拶したら、「日本鬼子と付き合いたくない」という冷たい言葉を聞き、冷たい表情を見てしまいました。人生において初めてこんなに残酷で冷たい言葉を掛けられ、どうすれば良いかわかりませんでした。彼の後ろ姿を見て、心の中に母への約束だけが浮かんで、教室に戻って、まじめに勉強し始めました。だが、私と遊ぼうとするクラスメートは一人もいないし、私を避けたり、からかったりしました。私は非常に悲しくなりました。どうして私のことが嫌いなの、どうしてみんなから仲間はずれにされるのか。私は彼らと目を合わせる勇気もなく、話す勇気もなく、気が晴れずに帰りました。母の再三の質問で、「学校に行きたくない、勉強したくない。学校が嫌い。」といいました。それを聞いて、黙っていた母は立ち上がって、平手打ちをしようとしましたが、何かを思い出したように、「誰かに何か言われたの」と私に聞きました。学校での出来事を母に説明したら、しばらく黙り込んでいましたが、そして私を強く抱きしめて、「学校に行くのよ、出世するのよ」と私の耳元で何度も何度も繰返しました。その後分かつたのですが、母はそのクラスメートの家に行って、「息子にそんなことをしないで、子供は悪くない」と説得しました。それで私は安心して学校に行くようになりました。

父はいつもこう言いました。「真の男は約束を果たすんだ。能力を持ち人をいじめるのではなく、守りたい人を守れるんだ。」「人々の交流は心の交流で、人と真摯に付き合ってはじめて、人から真摯に付き合ってもらえるんだ」と。これを思い出すと、頭の中に「父を見上げると、強い日差しでその表情がはっきり見えないが、その体がたくましく見えてくる」という光景が浮かんでくるのです。

両親に丁寧に教わったおかげで、たくさんのクラスメートと知り合うようになって、本当の友達もできました。両親はあまり学歴がありませんが、人生における最も重要な道理を教えてくれました。父はいつも「善が小さいからやらないのではない。小さいことであれ、大きいことであれ、良いことであれば、やるべきだ。」と言いました。母はいつも「満足を知れば幸せになる。楽しさとは、家族団欒よ。」と言いました。これらの道理は私の心の中にしっかり刻まれ、私を正確な人生の道に案内してくれ

私・池田澄江さん及び遺児たちが中国帰国者・日中友好の会謝恩団懇親会で『本音を話す』という歌を歌う

るのです。中国で長年に暮らしましたが、私が日本人であることを覚えていますし、日本が中国にもたらした莫大な損害も覚えていますし、善良たる中国人が恨みを忘れて、私のような残留孤児を育てることも覚えています。私は大きくなったら両親そして社会に貢献すると両親に言いました。両親はそれを聞いて、すごくうれしそうに「息子は大きくなったね」と言いました。幼い頃から良い教育を与えてくれたおかげで、私は人々が互いに親切に付き合えば、都市または国そして世界も美しくなれるといつも信じています。学校を卒業し、ジャムス鉄道機関区に配置されました。どんなに忙しくなっても、みんなを助けようと、自分の力の限りに社会貢献しようと思いました。

一九六〇年に母が亡くなると、深い悲しみに陥りました。彼女の他界を惜しみながらも、何もできませんでした。私が十八歳の時のことでした。その時に立派な人間となり、彼女を悲しませないと、母に誓いました。一九六二年に結婚し、自分の家族を持つようになりましたが、父の面倒を見るため、同いすることにしました。しかし、わずか二年で父も一九六四年に他界しました。私は両親を合葬しました。彼らからたくさんの借りを作りましたが、来世も彼らの息子でいたいと祈りました。

私の身の上に関しては、両親は私を守るため、ずっと教えませんでした。日中国交正常化となってから、私は日本人孤児という事実を知るようになりました。自分のルーツを究明しようという気持ちも強まってきました。最初の収容所を思い出して、そこに私と同じ中国で育てられた日本人孤児が居るはずだと思いました。その中に森実一喜という女性がいて、当時私と同じ収容所で同じ開拓団だったことを、彼女を通して知りました。これにはびっくりしました。本当であれば、森実さんの父親は私の実父を知っ

ているかもしれません。そうすれば自分のことが明らかになるかもしれません。そして、家族の応援のもとで、森実さんの父親に手紙を書き、同封に十一歳の写真を添付しました。肉親の消息を知りたかったのです。意外なことに、森実さんの父親から私の日本名、家族そして実母の家族のことを知らされ、叔父さんなどの親戚も見つかりました。

一九八二年に、日本に戻れるチャンスが与えられました。最初にこの話を聞いた時は、喜んでいいのか、または悲しんでいいのか、呆然としていました。これがいい知らせなのか、悪い知らせなのかも分かりませんでした。自分の国に帰ることができて、自分のルーツを探ることができて、本当にうれしく思いますが、四十年近くに私を育てた黒土地と離れることになります。非常に難しい決断です。前進することなく、まごまごしていました。善良温厚な妻である紀淑琴は、私の悩みをよく理解していましたから、「今日から二つの故郷を持つようになりましたね。中国の親族も日本の親族もあなたの親族です。みんな祝福していますよ。心配せず、自分の心に従えばいいんですよ。お父さんとお母さんが生きていれば、あなたを応援しますよ。」と慰めてくれました。そうですね、両親は私を育て、私を愛し、私にいろいろ教えてくれました。「お父さん、お母さん、長年の養育ありがとうございました。お父さんお母さんのことを決して忘れません。私は永遠にあなたたちの息子です。」と。

その三月に、家族とともに日本に戻りました。この三十年間あまり、中国に何回帰ったかはもう覚えていません。時間があれば中国に戻り、養父母の墓参りに行きました。彼らとおしゃべりしたり、親戚と会

友達と一緒にチャリティー・バザーに参加する

ったりします。私は二つの故郷を持っていますから、私を育てた中国の故郷を忘れられないです。日本にいても、いつも自分の努力で中国の家族に何かをしてあげたいと思っています。私と同じような孤児に連絡しましたが、彼らの養育恩情のある中国と社会に恩返ししたいという願望を聞いて、非常に共感しました。我々は一緒に他人を助ける活動を行い、いい友達にもなりました。汶川地震の際に、私たちは各地の孤児および帰国者家族とともに、四川省眉山市の農村で小学校を一軒建てようと、貯めたお金で一百万元を寄付しました。そこの小学生たちに会いに行ったこともありますが、彼らに生活用具と勉強用具などを寄付しました。彼らの喜ぶ顔を見て、私たちも心から喜びました。世間をびっくりさせるような大仕事はできませんが、些細な力で人を助け、平和友愛の雰囲気の中で暮らせるような信念こそ、善良素朴な中国の両親から頂いた、最も素晴らしい教育でしょう。

「お客様、お客様、ああ、どうしました。」私は目を開けると、乗務員の親切な眼差しが見えました。振り返って窓の外を見れば、日差しはまだ強いままです。「お客様、大丈夫ですか。」これを聞いた私は、やっと昔の思い出で流した涙に気付きました。「ああ、大丈夫です。昔のことを思い出したのです。美しく、忘れがたい思い出です。」『ジャムスで降りますよね。もうすぐ着きますので、どうぞご準備ください。』『はい、ありがとうございます。』乗務員の後姿を見て、私はゆっくり立ち上げ、気持ちを整理し、服装を直しました。年とはいえ、ベストな状態で故郷の地を踏みたいと思います。

お父さん、お母さん、ただいま。私を育てた故郷、ただいま。息子が帰ってきましたよ。

二〇一五年七月五日、NPO法人中国帰国者・日中友好の会の事務所で、中国に帰って「中国帰国者日中友好の会謝恩団懇親会」に出席するために遺児たちはリハーサルをする

芝居により手をつなぐ

——桜井幸子

中国の東北地区にある黒竜江省に黒河と呼ばれる町があります。ここには、山丘が続き、河が多く交差しています。小興安嶺は緑の衝立のように北西から南東まで全市を貫いています。昔からここは「北国の真珠」「欧亜の窓」と呼ばれています。私にとって、黒河の意義は静かで豊かで美しい風景だけでなく、暖かさと保護を与えてくれることにあります。黒河のように人を安心させ、懐かしくさせる町はどこにもないと思います。それが私の故郷です。

私は桜井幸子と申し、戦争の残留孤児です。養父母から、一九四五年二月二十三日に黒河市で生まれたと聞きました。一九三六年、日本の関東軍は「満州農業移民を百万戸にする計画」を制定したため、日本からの農業貧民はつぎつぎと中国の東北に入りました。それらは「日本開拓団」と呼ばれました。私の父母も開拓団について中国に来ました。一九四五年八月九日に、ソ連紅軍は中国の東北に出兵しました。あの時、関東軍は自分たちさえ守ることができず、東北にある開拓民の安全を守る余裕などありませんでした。数えられない開拓団民が一夜にして天国から地獄に落とされ、この先どうなるかも分かりませんでした。ソ

連軍隊に侮辱されないために、自殺した開拓民は多かったです。私の母もその一人でした。父は六ヶ月になる、熱が出ている私を抱いて十五キロ以上を走り、黒河にある小さな村にたどり着きました。養父母の家を訪れ、私を引き取ってくださいとお願いしました。父親の哀願する目と息も絶え絶えの私を見ると、養父母は心を動かされました。

養父は山東の出身ですが、生活を求めて関東の黒河に来てから、養母と結婚しました。養父母は結婚して五年が経っていましたが、ずっと子供がありませんでした。当時、私の養父母は日本人のところで働く現場監督であり、養母も商売をしていたため、当時としては経済条件はよく、基本的に生活に不自由はなかったのです。それに、養父母は実の父母と隣になったことがありました。日本人でしたが、開拓民の手に持っているのは武器ではなく、耕作の鋤と道路作業用の工具でした。中国の百姓を傷つけることはなかったのです。逆に言えば、彼らも戦争の被害者でした。ですから、養父母はいつも実の父母に米や服などを支援し、仲良くしていました。父はずっと養父母の善良と寛容さに恩を感じていました。どうしようもなくなり、父はまず養父母の家を訪れ、私を救うため引き取

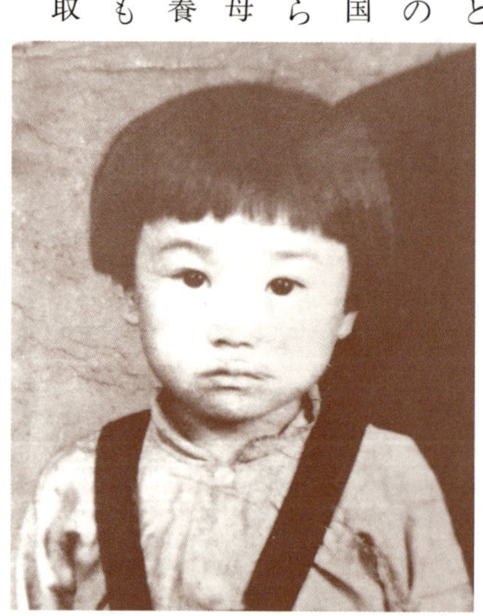

五歳の私

って欲しいと願ったのです。養父母はしばらく考えてから、父から顔が赤くて息も絶え絶えの私を受け取り、「こちらで育てるから、心配しないでください」と言いました。それから、逃げやすいように、彼らは父親に労働服を送りました。父は感謝してから、振り返えることなくそこを離れました。あの時から、和服の帯に包まった六ヶ月の日本の赤ちゃんは、養父となる孫子鳳、養母となる趙澄文と一生の縁を結んだのです。その赤ちゃんこそが私で、素晴らしい中国の名前——孫世芳を持つようになりました。

養子になってから、私は胃腸が良くなかったので、いつもお腹を下しました。ここを綺麗にしたばかりなのに、すぐあそこに大便をしました。布団の上に大便をしたこともありました。養父母は私のことを嫌うことなく、毎日商売が終わって帰った後に、疲れても、私の体を綺麗に洗ってもらい、汚れた布団を洗濯してくれました。経済状況が悪くないとはいえ、あんな苦しい時代に私の胃腸を養生するために、いつも米と小麦粉などを食べれたのは本当に贅沢でした。養父母の世話になり、私の胃腸はだんだんよくなり、やがて元気になりました。三年後、弟が生まれました。養父母は自分の子供が生まれても、私への態度は以前と同じでした。自分の子供ができて、より私の父親の気持ちを理解できたのかもしれません。以前よりもっとその父母と別れた子供を気にかけるようになりました。

私は子供の時から、歌を歌うのが好きでした。生まれながら素晴らしい声をもっていて、小学校から卒業した後、一九五八年ごろに、芝居学校の京劇科に入学し、京劇を勉強を始めました。始めた時はとても

新鮮で、毎日楽しく学校に行きました。数日後、京劇と歌を歌うことは全然違うと気付きました。歌の調子、セリフ、動作、カンフーなど基本技を鍛えるために、毎日のどを鍛えたり、先生の指導のもと、逆立ち、とんぼ返り、側方倒立回転、前方倒立回転などの訓練をしたりしました。それらは味気ないだけでなく、十歳わずかでそんな苦労に耐えている女の子はいないと思いました。ですから、授業をサボり始め、家に帰りました。養母から聞かれると、京劇を勉強するのはとても疲れるから、勉強したくないと気軽に答えました。私を可愛がってくれる養母なら慰めてくれると思っていたのですが、養母は突然真っ青な顔で怒り出しました。私を指差して、怒りのあまり言葉を発することができず、オンドルにある箒で私を殴り始めました。殴りながら、「疲れたのかい、ならいいよ。おまえは将来何ができるの、私たちが苦しくても金を稼ぎ、お前を学校に送っているのに、勉強したくないって、おまえの良心はどこあるの？すぐ学校に戻りなさい、また授業をサボるなら、腿を殴って折るよ」と言いました。突然に殴られ、私はびっくりして動けなくなりました。「まだ学校に戻らないのか」と養父から言われました。それで、泣きながら外に走りました。後に、私が出かけた後、養母がオンドルに座って泣いていたと養父から聞き

私、養父と弟

ました。それからは、もう授業をサボったことはありません。卒業後、私を早く有名な俳優に成長させるために、養母は私を有名な先生のところに送りました。それで、早くして主要な俳優になることができ、金を稼ぎ始めました。今から考えると、あの時に殴られなければ今の成績を取ることができなかったでしょう。

金を稼げることは本当に嬉しかったです。やっと自分の力で養父母に恩返しができるようになりました。あの当時、給料をもらったら、養母に綺麗な服と美味しいお菓子を、養父にはタバコを買いました。生活費用も基本的に私が担うようになり、本当に豊かになりました。養父母がもうあんな苦労をしなくてもよくなったので、とても嬉しく思いました。しかし、しばらくの後に養父は病気になりました。その時、養父は長春鉄路病院に入院しました。私は休暇をもらい、病院で養父の世話をしました。会社の責任者から、すぐ仕事に来ないとクビになるよと数回言われましたが、「解雇したいなら、解雇してください。父は私を育てるため苦労しました。病気になった今、私が何もしないなんてありえません」と静かに答えました。それを見た会社の責任者は、もう何も言いませんでした。入院期間の医療費用は高くて、やがて賄えなくなりました。養父に輸入薬を一つ飲ませるために、毎日病室の掃除をしたり、長い回廊をきれいに掃除したりしました。その輸入薬を養父に使ってくださいと医者にお願いしました。考えられることは少なかったですが、ただできるだけ養父の命を伸ばしたかったのです。

結局、養父は病気には勝てず、私たちの元を去りました。養父が亡くなると、養母はとても悲しみまし

た。養母が寂しくないように、私は養母と一緒に住みました。一九七七年、息子が生まれました。息子の誕生は家族に楽しみをもたらしました。私の仕事が忙しかったので、息子も基本的には養母に育てられました。

日中関係が正常になってから、私は日本に帰って親戚を探し始めました。実の父親を懐かしみ、何回も彼の様子と彼の生活状況を想像しました。本当に父を見つけたかったのです。ですから、率直にその考えを養母に話しました。養母から「探しに行きなさい。どんな子供も自分の家族を懐かしむものだから」と言われましたが、彼女の目にある慌てようがはっきりと見えました。それを見たら、悲しく感じました。母親を傷つけたくはなかったのですが、本当に自分の実親を見つけたかったのです。しばらく、外事事務室から父親を見つけたから、養母が賛成したら、日本に帰って彼と会うことができると連絡をもらいました。そのことを養母に話すと、しばらく黙りこみ、突然に涙を流しました。「芳ちゃん、あそこに行ったら、ママを…ママを忘れるか」と言われました。「ママ、何を言ってるの。何があってもママのことを忘れないよ。私はどこに行っても、ママを忘れられない。ママの老後の世話をすると約束するから」と話しました。どう言っても、養母はずっと泣いていました。「子供の時からずっと苦労したね。ママもあなたの苦労をわかってる。見に帰っていい。あそこはあなたのルーツだから」と言って、私の帰国手続きによろよろとしながらもサインしてくれました。

一九八六年、私は日本に帰りました。父親は日本に帰ってから再婚し、継母との間に娘も生まれていました。それは以前に何回も想像したことと異なりました。いろいろな原因で、結局は父親には会いませんでした。あの日、人生で一番寒い日でした。その時は四月で、日本では桜が満開になる時期でした。涼しくても桜の意志は固いのか、満開でした。大丈夫、自分の本名が分からないなら、姓は「桜井」にしよう。中国で好運にも生きることができ、幸いにも生存できたのだから、「桜井幸子」にしよう！

日本に帰った後は、ただひたすらにアルバイトしながら、日本語を勉強しました。娘としての孝行を尽くし、養母をそばに迎え世話をすることが便利になるように。ですから、二年目に、養母を日本に迎え、日本に住まわせました。養母は中国の親戚を懐かしがりましたから、一年に数回は中国を訪問しました。最後の一回に中国に帰った時、養母は病気になりました。それを聞くと、私はすぐ中国に戻って看病をしました。安心な治療を受けさせるために、中国に戻ったと実感があるように、中国で家を購買し、家政婦を雇いました。養母が病気になった時期に、「あの時、あんなにおまえを殴ったのに、まだこんな風に私を看病してくれて、私のことを憎んでないの」と数回に聞かれました。「ママ、ママが引き取ってくれなかったら、私はここにいなかったよ。あの時、もし殴られなかったら、今の生活は無かったよ。感謝こそあれ、憎しみなんかないよ」と答えました。そう、もし養母がいなかったら、「ママ」という呼称は私にはなんの意味もありません。二〇〇〇年、養母は永遠に私の元から去りました。中国で、養父母のために墓を購買し、養父

母を同じ墓に埋葬しました。彼らの前で、絶対にしっかりと暮らしていき、自分の暖かさでもっと多くの人を暖ためることで養育の恩を返すという誓いを立てました。

中国の父母はもういなくなりましたが、私の中国への感情はすこしも弱くはなりません。育てられた中国を愛し、中国の一切を愛し、私の故郷のために貢献するべきであり、もっと多くの人に中国のことを紹介するべきです。だから自分の特技を利用して、日本の芝居班に京劇を授業しています。私の力の限り、中国の国粋を日本に、更には世界に広め、ますます盛んにすることを期待しています。それは私の願いです。それのために、一生汗をかいて頑張ります。

以上が、私のことです。記憶の門を閉ざしてゆっくりと立ち、墓の前に行き、墓に落ちた塵と落葉を軽く落としました。墓に刻まれた養父母の名前を撫でながら、嗚咽

日本の芝居班に授業する

しました。

命の不幸に遭いましたが、また好運でもありました。善良な中国人に引き取られ、育てられ、親戚もいない孤児ではなくなりました。もし養父母の助けがなかったら、どこで死亡していたかも分かりません。年いった養父母は一家団らんを楽しみたかったでしょうが、泣いて馬謖を斬らなければならないように、私が帰国を選ぶことを受けいれてくれました。今日本に帰ったら、日本の同胞と自分のことを分かち合いたいです。私が本当に感じていること、ふるさとが中国であり、中国の父母があり、中国の名前があるというのが一生の好運だと、それを誇りに思うとみんなに話したいです。

戦争は残酷です。ただ、硝煙の中にある死体、激しい炎の中にある悲鳴だけをもたらします。戦争で、家を失い、逃亡と混乱に日を送り、罪の無い子供が孤児になります。戦後に家を建て直し、土地が復興しても、人間の心にある傷は治せません。世界に戦争がなくなり、血を流すことや涙がなくなることを望んでいます。人間の間に、民族及び国家に関わらず、お互いを助け、友情の橋を掛けることを望んでいます。空気が永遠に清くて、空が永遠に青いことを望んでいます。

恩光は父母の恩を忘れず

——中村恵子

「本音を話すと、私には家が二つあるよ、一つは日本に、もう一つは中国にある。祖国に帰っても、中国の家をもっと懐かしむ、中国の養父母がいなければ、だれが引き取ってくれたのか、育ててくれたのか、父母の恩恵が海より深く、天より広い。」この歌を歌うたびに、涙が止まりません。その歌詞のすべてに共感できあるからです。

私は中村恵子と申します。一九四二年十月一日に生まれました。今年七十四歳です。一九四五年に、中国の養父母が当時三歳未満の私と僅か八ヶ月の弟を引き取ってくれました。私も弟も残留孤児ですが、養父母に大切に育てられて、二回目の命をもらい、そしてすべての愛と心血を注いでもらいました。

養父は姜瑞芝と言います。彼は一生を通して、ずっと温厚で善良な人で、素朴で穏やかな人でした。私の記憶の中に、彼は人と喧嘩することもなく、私や弟を叩いたこともありませんでした。父は字がきれいで、山水画が好きでした。彼が絵を書くときは、私はいつも机の横で正座しながら見ていました。彼の影響を受け、私も絵を書くことが好きです。その後、学校で黒板新聞や展示を行う時に、私は美術担当でした。たくさんの趣味を持つ父は、あの厳しい時代においても、彼のこだわりと努力をもって私に影響を与えました。

父は植物が好きでした。彼の栽培した植物は花の季節ともなると、蝶々をたくさん引き寄せました。幼い私は手で蝶々を掴み、人の真似をして厚い本に入れてから、額縁に入れて標本を作りました。ある日、父に見られてしまい、すぐに解放しなさいと厳しく注意されました。彼は、「蝶々も小さな命。恩光(私の名)はこの世のすべての命を愛すべきだ。もう蝶々やトンボを掴まえては駄目だよ」と言いました。これは父の情操教育です。彼は私にずっと善良でいてほしいと願っていました。

父は清潔好きでした。小さい頃の話ですが、母が棉入れ服を作ってあげたのですが、ちょっとした汚れがあっても、すぐ水で拭いて乾かしました。夏のシャツは継ぎだらけでしたが、いつもきれいに洗っていました。父の影響かもしれませんが、私も成長して綺麗好きになりました。

両親は私と弟を引き取る前に、雑貨店を開き、油や塩、醤油、酢などの日用品を売り、生活はまずまずでし

二〇一五年七月十三日で私は遺児たちと一緒に中国黒竜江省へ養父母共同墓地を墓参りする

た。私と弟を引き取ってから、一気に二人も増えたので、両親は売店と家にある貴重品をすべて売り出して、その代金で私たちに食べ物や日用品を買ってくれました。生活のため、この二人の日本人の子供を養うため、彼らは豆腐売りや袋縫い、お菓子の販売、果物園の門番、石炭台車の搬送、学校のアルバイト等、様々な重労働をしました。お金さえ稼げれば、私たちを養えれば、彼らはどんなことでもしましたが、大変とは思わなかったのです。

父が果物園の門番をしていた時、心優しいオーナーは売れない果物を持って帰ることを許してくれました。父が帰ってくると、私と弟はいつも彼のポケットをじっと見ていました。彼はいつもポケットから梨やら杏やらを出してくれて、笑いながら食べさせてくれました。それは幼少時代の最も幸せな記憶です。やがて私は道理をわきまえるようになりました。父は冬でマイナス三十度の室外で仕事をしたら、手がヒビだらけで出血もしました。それを見た私は、父の手を捧げ持ち、「父さん、やめてちょうだいよ。私が大きくなったら、たくさん稼いで、父さん母さんを養ってあげるよ」と言いました。クリームを塗ってあげた時は、ちらっと父の嬉しそうな笑顔を見ました。その表情は、娘が大きくなったなと言ったかのようでした。

養母は汪淑貞と言います。彼女の性格は養父と全然違います。彼女は熱心な人で、優しくて、よく人の手助けをしました。人が困ったら、彼女は飲まず食わずに人の困難を解決しようとしました。近所の人たちは何か困ることがあったら、いつも母に助けを求めていました。師範学校で勉強したとき、劉淑蘭というクラスメートがいて、遠いところから来た彼女は父親もおらず、とても貧乏でした。それを知った母は、彼女にズボン下を作ってあげたうえ、よく家に連れて来るようにと私に言い付けました。

一九六一年に、延辺師範に『唱灯』を演じる

母は優しい反面、厳しい時もありました。彼女は喧嘩しないこと、人を罵らないこと、うそをつかないこと、他人のものを取らないことを私たちに求めました。両親のしっかりとした教育の下で、我が家は喧嘩の声はせず、温かで幸せな声だけが響きました。

母は手先も器用でした。家計を補うため、彼女はよく他人にセーターを編んでいました。石炭を節約したいから、暖房をつけず布団に引きこもって、深夜まで編みました。ある日、夜中に目が覚めたら、母は布団をかけて、まだ編んでいました。「母さん、もう編まないで。一緒に寝ましょう」と言ったら、母は私の布団を直しながら、「先に寝ていいよ。もう少し編むから。良い子だから早く寝なさい。明日学校に行くでしょう」とあやしてくれました。母の負担を軽減させるため、わたしは放課後に袖を編んであげました。その袖がきちんと仕上がったと、母がほめてくれたことをいまだに覚えています。それを聞いた私は非常にうれしかったのです。

母は料理も上手でした。彼女の料理は絶品でした。同じ

ジャガイモでも、彼女が作ると一味違いました。それはよく言われる「母の味」というものでしょう。生活を豊かにするため、母は一つのアイデアを生み出しました。それは豆や団子を揚げて、ナツメの煮つけとともに串を刺して、一本五分で売り出しました。休みの時は私も弟も手伝いました。隣に干し豆腐屋さんがいて、ほぼ同じ年の女の子もいました。彼女は売り物にならないものと団子やナツメを交換しました。私と弟はその干し豆腐で団子を巻いて食べましたが、あれは本当に一番おいしい食べ物でした。それを聞いた母は、「すごいね、もう商売できるね」と笑ってくれました。私は弟といつもこれを思い出しますが、このくだりになると二人とも笑い出します。それは幼少時代の楽しいひと時でした。

ある日、母はどこかからご飯のおこげをたくさん持って帰ってきました。彼女はまず手品のようにおこげをお湯で溶かしてから、ご飯を炊きました。なんと、新米で作ったようなおいしいご飯が出来上がりました。私と弟は楽しく食べてばかりいて、両親が味見しかしなかったことに気づきませんでした。彼らはいつもおいしい物を私たちに残してくれました。

近くに製鉄工場があって、他の子供はよく暖房用の石炭の屑を拾いに行きました。ある日、私もバケツを持って、一緒に行きましたが、母に阻まれた上、「もう行かないでちょうだい」と言いました。彼女は万が一私がやけどや事故に遭うことを恐れていました。彼女は「お母さんはどんなに苦しくても大丈夫だけど、もしおまえに何かあったら、気がおかしくなってしまうよ」と言いました。

ある時、私は刺繍入りの青い靴をもらい、とても気にいって、ずっと履いていました。ある日、友達とゴム跳びで遊ぶ時に、靴を汚すのが嫌で脱いでいました。裸足でゴム跳びをしたら、靴をなくしてしまいま

した。私は涙ながらに家に走りましたが、母に叱られるではないかと、心配しました。彼女は涙や鼻水だらけの私を見ると、胸を痛めて、「いい子だから泣かないで、また作ってあげるから」とずっと慰めてくれました。

母はシルクのチャイナドレスを持っていました。彼女は非常に大切にして、よく箱の底から出して、撫でたりしました。私は日々成長して、母と同じぐらいになった時、母はそのチャイナドレスをワンピースに直してくれました。見た人はみんな素敵だと言ってくれました。私は「惜しいと思わないの」と母にこっそり聞いたら、母は「可愛い娘や、母さんの全てはあなたの物よ。何が惜しいことがあるの」と答えてくれました。

時は立つのは早いものです。あっという間に中学校を卒業した私は、成績が良かったので、師範学校に推薦で進学できました。一九六二年に卒業し、成績もよかったので、省の重点学校北山小学校に就職しました。当時父はもう七十代でした。一生を通して苦労した父は、とうとうひどい喘息に罹り、倒れました。父は危篤の時にミカンが食べたくなり、私は全

養父母共同墓地の前で私の哀悼の意を深く表す

ての店を訪ねたのですが、冷たくて小さいミカンをたった数個しか買えませんでした。だから父が他界した後に、私はミカンを見るのを恐れました。特に大きな甘いミカンを見ると、当時のことをすぐ思い出し、胸が痛くなります。もし両親が今も生きていてくれれば、一番大きくて一番甘いミカンを毎日買ってあげたいです。残念なことに、彼らはもう他界しました。私と弟しか知り得ませんが、彼らは私たちのために苦労した末、倒れてしまったのです。「誰が言ったか、寸草の心が三春の輝きに報いるとは」。両親は大変苦労して、全ての愛と心血を私たちに注いでくれましたが、我々は報いることができませんでした。それは私の一生の心残りです。

一九九九年六月に、主人と二人の子供を連れて日本へ帰りました。もう十六年経ちましたが、実親は誰なのか、兄弟はいるのか、本当の名前は何なのか、いまだに分かりません。その疑問と無念さをもって、わたしは日本語を勉強し、日本の生活に慣れるようになりました。幸いなことに、弟の姜恩慶と家族も日本に戻ることができました。今になっても、私たち姉弟がお互いを支えあう関係でいられるのも、両親からこの切れない縁をもらったおかげです。

時々、ハトになれたらいいなと思っています。故郷が恋しい時は黒い大地の上を自由に飛べますから。私は日中両国を繋ぐかけ橋になりたいです。なぜなら、わたしは中国人が愛をこめて日本人を育てたことの証言者と経験者ですから。私は姜恩光。姜瑞芝と王淑貞の娘です。体に日本人の血が流れている中国人です。今は古希の年ですが、夢の中でいつも父の描く姿を見つめる自分を見ます。それは暖かい午後で、父から絵の描き方を学び、初めて描いた作品が父の賞賛をもらうのです。お父さん、お母さん、娘はとても会いたいよ。聞こえますか。二度目の命と第二の故郷を私にくださり、ありがとうございました。

私の中国コンプレックス

——増島秀子

私は孫秀琴と言いますが、日本名は増島秀子です。記録によると、一九四一年十二月十六日に生まれたそうですが、日本で生まれたか中国で生まれたかは分かりません。それは実親が見つからなかったからです。いつどこで彼らと離れ離れとなり、彼らがどんな顔をしているのか、他の兄弟もいるかどうかも分かりません。知っているのは、私が牡丹江難民キャンプで養父母に引き取られたことだけです。養父の孫敬忱と養母の張淑清は現地でシルク屋を経営しており、地元ではお金持ちでした。彼らには自分の子供がありませんでした。縁があって、彼らは難民キャンプで私と出会い、二人で相談のうえ、私を引き取ることになりました。それについては、私は何も覚えていません。養父母は私を守るため、身の上の話をずっと教えてくれませんでした。私の幼少時代にとって、最初の記憶はここから始まります：飛行機が空を飛んでいて、外部から銃声がたくさん聞こえてきました。私はテーブルの下に潜り、出る勇気もありませんでした。ある日、私は広い部屋に座っていましたが、周りにたくさんの人が立っていて、わからない言葉で話をして、時々私に笑ってくれました。わたしはどこにいるか、どうしてここにいるかを知りたいのですが、慣れない環境に通じない言葉が加わり、まごまごしていて、訳の分からない言葉を発してしまいました。取り

私と養母

乱した私を見て、養父母は微笑みながらいろいろなご馳走を持ってきました。彼らの優しいまなざしを見て、見たこともない新鮮な食べ物を見て、私も周囲の見知らぬ環境のことを忘れ、静かに食べ始めました。

その後、この家族の生活にだんだんと慣れました。おかげさまで、唯一の子供として、養父母に入念に世話された結果、私はすぐに彼らの生活に溶け込んでいき、最初来た頃の不慣れさもわだかまりも無くなりました。家業の店は大きく、養父は店員たちと仕事に打ち込み、養母は私を世話しながら家族の面倒を見ていました。父は母よりかなり年上で、母のことをよく可愛がっていました。商売の女将として、母はとてもきれいで、賢くておしゃれでした。それと同時に、娘、つまり私の身なりも一般の人よりすごくよかったです。一般家庭の子供が履けない革靴やオーバーなど、わたしはたくさん持っていました。忙しい合間に、母はいつも私を連れて、アクセサリー屋さんや洋服屋さんなどのお金持ちの奥さんとのパー

ティーに参加しました。ですから、わたしはほかの子供と比べ見識があり、本物の金持ちのお嬢ちゃんとなりました。それでも、よその人や友達に、私が日本人であることをからかわれることは避けられませんでした。そのために、母はよく口論して、私を日本人の子供と言う近所とも絶縁しました。

しかし、不幸にも、私が六歳の時に父は結核で亡くなりました。彼の保護でずっと裕福な生活を送っていた母娘は、互いに支えあう関係となりました。母は一人で店を管理することが不可能で、主人を失っても、娘まで失ってはいけないという考えがずっと脳裏にありました。日本から親族が探しに来ることを心配し、娘を守るため、母は悩んだ末、店などを売って、私を連れて牡丹江からハルビンへ行きました。

ハルビンに来てから、母は立地条件のいい場所でマンションを買いました。父の死が寂しかったのでしょう、母はその悲しみから抜け出そうと、にぎやかな町に住むことにしたのです。家の真正面はダンスホールで、周りはレストランばかりでした。音楽の音や呼び売りの声が盛んで、いつも賑やかで、とても楽しかったです。母は時々私を連れて有名なレストランに食事に行きました。一番印象深かったのは、人込みの中にロシア人(当時はソ連人)がたくさんいたことです。ハルビンで落ち着いてから、私は小学校に行きました。母子家庭であることを知った学校も、一部免除してくれました。学校に通う私を見て、母も父を失った悲しみから次第に回復しました。衣食を確保するため、母はよく自分のアクセサリーを売って、その代金で米や小麦粉を買いました。それで母がいつも密かに泣いていたことを私は知っています。何しろ父が生きている時とははるかに違った光景でしたので。放課後家に帰って夜になると、私もいつも母

たです。それで怠ることなく、いつも真面目に取り組む精神が培われました。小学校の子供には当時理解できませんでしたが、振り返ってみると、あの頃学校に行けることはとても珍しいことで、母がいなければ、今の私はありません。

近所と長く付き合うことにつれ、彼らは母と私の状況が大体わかりました。優しい人は母娘家庭が大変だよと、母に再婚を勧めました。一九五三年、人の紹介で、母は元軍人の王洪熬と知り合いました。二人は意気投合し、しばらくしてから結婚しました。継父として、母も私も可愛がってくれました。

母の丁寧な指導の下、私は中学校を卒業後にハルビン建城機械工場に入り、重要な業務を任されました。通勤のため、会社の寮に入りました。そこで四、五年間働きましたが、母は年とともにだんだん元気を失っていきました。彼女のそばに行きたいので、彼女に一番近い道外肉連加工工場に転職しました。そこで社内の合コンを通じて、共青団委員会書記の王景和と知り合いました。主任のおかげで、私たちは結婚することになりました。彼は温厚な人で、私より八歳上です。日本人であることを知っても何も恐れることなく、よそからの非難を無視しました。彼は私をよく理解し、一緒に母の面倒を見てくれました。

一九五八年のある日、日本から孤児探しの人が訪ねてきて、私が日本人であることを教えてくれました。彼は母と私にいくつかの情報を照合したかったのです。それを聞いた私は、すごくショックを受けました。私は母が拾ってきた子供なんかではないと、その問題に不安を感じていた時、母は自分の娘を邪魔

されたくないと、相手の要求を断りました。こうして、私は安心して母のそばにいられました。自分の身の上についてはは考えないことにしました。母は臨終の時も何も教えてくれませんでした。

一九六三年、長女が生まれました。母は子供を世話してくれました。孫娘との時間を楽しんでいる母を見て、私もうれしく思いました。当時の私は何年も仕事をしましたが、給料はそんなに高くありませんでした。それでも、母の要求に応じて、月二十元の生活費を渡しました。それは私が就職してから母が要求したものです。母のためではなく、私のためにお金を貯めてくれたことは、だれも想像できませんでした。一九七二年の母の臨終までに、二〇〇〇元近く貯金してくれていました。母は臨終の際に、この重たい二千元を私に渡し、「おまえと別れたくないよ。帰らないで、こっちもいいところでしょう」とつぶやいていました。私がどんなに叫んでも、それを最後まで聞くことはなく、母の目は永遠に閉じてしまいました。私は涙ながらに叫びましたが、母は応じてくれませんでした。母さん、私は本当の孤児になってしまったよ。

私はかろうじて母の死を受け入れ、悲しみに堪えながら母を見送りました。母から二度目の命をもらったのですから、母を失望させてはいけないと思い、私は元気を出していかなければなりませんでした。もう両親に守られている子供ではありませんが、主人と苦難を共にする妻ではあるのです。当時主人は高血圧の持病がありました。私は母から強さを学んで、努力して妻としての役割を果たしました。

その後、日中関係正常化になり、日本肉親捜しに希望がもたらされました。中国外交事務や華僑事務部門の協力の下、日本から手紙が届き、日本へ肉親捜しに行けるようになりました。一九八三年に日本に行

きましたが、残念なことに、肉親を見つけれませんでした。中国に戻ると、主人はストレスのため病気で倒れました。一九八五年に主人は私と四人の子供を残して、永眠しました。私にとっては、すごく大きなダメージでしたが、四人子供の母として、ここで強くならないといけないと思いました。主人を見送って、今後どうすればいいかを悩んでいるところ、日本から知らせが来ました。日本に帰国することが許可されました。

私にも子供にも難しい判断でした。当時長女の佐藤麗子（中国名：王艶麗）はすでに大学三年生でしたし、卒業したら結婚する予定でした。ほかの子供も中学校に上がったところで、まだ世の中のことは何も分からないのです。ですので、日本に帰国するかどうかについて、何度も相談したうえで、やっと決心をつけました。保証人の協力のもと、一九八六年にようやく四人の子供と長女の夫を連れて、山梨県に戻りました。

日本に戻ってから、全てを一から始めなければなりませ

子供達と一緒に

んでしたが、言葉は一番の難関でした。最初は、家族全員が重労働をしてかろうじて家計を立てるような状態で、新しい環境になれませんでした。娘は辛さのあまり、どうして孤児の家庭に生まれたのかと私に聞いたことがあります。私はその特別なレッテルを貼られた子供に心の傷をもたらしたくないので、挫けないで辛抱強く生きようと決心し、子供たちのためにも頑張ろうと思いました。その後、一緒に帰国した友達の紹介で中国饅頭工場の仕事を見つけましたが、湿気っぽい環境の中で、いろいろ病気にかかりました。娘は可哀想に、二十歳ちょっとで庭の重荷を担いで、私を慰めながら、弟や妹の面倒を見て、新婚の主人と仕事を得る困難さを克服し、家族を養いました。娘の頑張りのもと、私たちは東京に移り住みました。私と長女が熱心に教えたおかげで、下の子供たちも徐々に物事が分かってきました。条件はつらく、子どもたちは昼間働くだけでなく、夜には言語学校にも通い、自立するための仕事を見つけるために、みんなで努力しました。喜ばしいことに、家の状況が好転するに伴い、長女は二人の子供を授かり、家の中に楽しみを添えました。

養父母から辛抱強く、善良で、勤勉な性格を受け継いだ私は、中年を過ぎても子供に養われるような生活には馴染めず、少しでも仕事しようと思い、電子工場のパートを始めました。そこで優しい日本人の増島幸一と出会いました。彼は正直な人で、私と家族たちをいろいろ助けてくれました。それを見た子供たちの応援の下で、一九九三年に彼と再婚しました。彼が私と家族たちを応援してくれましたので、私は非常に満足しています。生活が安定するようになりましたが、機会があれば、私は同じような経験を持っている孤児たちに力の限りのことをしてあげようと子供に教えています。うれしいことに、長女の佐藤麗

娘が(左一)公益活動に参加する時

子は孤児二世として、ずっとこれに打ち込んでいます。中国帰国者日中友好の会の理事を務めながら、孤児の現実問題の解決に向け、他の方と一緒に努力しています。もう安心できると思います。

私の実の両親は、その娘が中国で育てられ、今や子供と孫に囲まれた古希の老人となったとは思いもしないでしょう。しかし、この全ては現実で、歴史と共に積み重ねた変えられない結果です。

私には日本人の血が体に流れていますが、中国の地に育てられた私は、この戦争によって、肉親と離れ離れになり、結局見つけられませんでした。私は自分の身の上、そして自分が誰なのかを永遠に知ることはできませんでした。戦争は残酷かつ非情で、野火のように大地に広がり、一人も逃しません。我々は戦争の経験者であり、戦争による傷跡と平和の大切さを最も証言できる者です。私は平和、友好を強く願っており、戦争を再び起こさないように祈っています。

七十年の人生の道　半世紀に渡る中国への思い
（代後記）

「本音を話すと、私には家が二つあるよ、一つは日本に、もう一つは中国に…祖国に帰っても、中国の家をもっと懐かしむ、中国の養父母がいなければ、だれが引き取ってくれたのか、育ててくれたのか」

初めてこの曲を聴いたのは、二〇一五年七月五日に、日本東京都台東区のＮＰＯ法人中国帰国者・日中友好会の会所にいた頃で、これを七十才以上のお年寄りたちは思い深く歌い続けました。

彼らは日本が中国を侵略した戦争に失敗した後、中国黒竜江に取り残された日本の孤児で、当時はまだとても小さい子供だったと友人から教えてもらいました。そのほとんどは中国で数十年も暮らしていて、日本に戻って三十年以上経ちました。彼らの子供たちは日本で学校に通って働き、ほぼ日本の社会に溶け込みました。しかし、このようなお年寄りたちは大きく育ててくれた中国と、中国の義父母たちのことをずっと忘れていません。日本に帰った後も時々義父母に生活費を送る者、日本に義父母を連れてきて一緒に暮らしている者、義父母がなくなってから日本に帰って定住するようになった者もいました。この場所で、彼らが下稽古に励んでいるのは、中国人が日中戦争、反ファシズム戦争に勝利して七十周年に当り、「日中友好会感恩団」を結成し、自費で中国黒竜江に戻り、「中国義父母公墓」でお墓参りを行い、苦労しても育ててくれた中国にいる義父母たちをまつるためだからです。これを以て義父母への深い思いを表し、今

後も日中両国が仲良く付き合って欲しいという願いが込められました。『本音』という曲の歌詞は、彼らがアレンジして創作したもので、半世紀にも渡って暮らしていた黒土地帯と中国にいる年取った母への恋しい思いを表しています。

「本音を話すと、私にも情けがある、
中国の恩情は海よりも深く空よりも広く、
自分の国に戻って来ても、中国の故郷を忘れていない、
夢で熱い涙をこぼし、中国にいる年取った母を呼ぶ。」

私は、このようなお年寄りたちの真心に感動しました。ハルビンでまた会おうと約束しました。

二〇一五年七月十一日の夜、五十名以上の日本の遺児は日中友好会の会長である池田澄江さんのもと、大連から高速鉄道でハルビンにやって来ました。十二日、黒竜江省外交事務所及びハルビン市赤十字社、中国義父母親睦会などにより共に歓迎会が開催されました。歓迎会では、『本音』の合唱や『中国にいる母』の踊り、京劇など様々なパフォーマンスを披露し、中国側も曲や踊り、武術などのパフォーマンスを用意し、会場全体は感動の雰囲気になりました。

十三日、遺児たちはハルビン市方正県の「中国義父母公墓」に向かってお墓参りをし、十四日、北京に行きました。十五日、北京人民大会堂で中国国家副主席李源潮から接見を受け、十七日、日本に戻りました。

日本人孤児の身に起ったことは、世の中のすべての侵略戦争が必ず人々に深い災難をもたらすのに違いないことを証明しています。日本の人々もあの侵略戦争の被害者と言えます。日中戦争が終了後、中国

の人々は徳をもって恨みに報い、多くの日僑が再び故郷に戻れるよう手を差し伸べ、日本戦争で取り残された数千名の孤児たちを大きく育て、中国人としての寛大な心と無限なる愛を示しました。

数日間の接待とインタビューで、私はこのような高齢者が年を取っているにもかかわらず、海を渡って義父母に恩返ししようとすることに対して、尊敬する気持ちを抱く一方、黒土地帯で生きた善良で素朴な義父母たちに深く感心し、中華民族の博愛の心に感動しました。

私はこのような人々の大いなる愛に感動し感心し、悟ったからこそ、残留孤児たちと出版社に手を組んでもらい、日本の侵略戦争により両国の人々にもたらされた傷や、日本人孤児と中国の義父母が共に暮らしていた数十年の真実の感情を記録し、今後の世代の人たちに平和の大切さを理解してもらうよう歴史を刻み、友好的な発展を図るという提案をしたのです。その結果、各残留孤児から大いに支持を得ました。彼らの多くは七十歳以上の身だが労をいとわず、メールや電話、動画などで出版社に積極的に協力しました。枚数や時間の制限があるため、出版社は二十名の残留孤児の物語だけを代表として選び、中国語・日本語の二種類の言語で出版しました。

本書の出版企画に、日中友好会の会長である池田澄江様や白山明徳さま、入澤美和子様からご指導とご協力をいただきました。彼らは残留孤児かその子供として、よく日中両国を行き来して、日中を仲良くする使者となっています。また、三十年以上ずっと中国の義父母の世話をしていて、心をこめて日本人孤児に手を差し伸べていたハルビン市赤十字社の胡暁慧さんという老人は、より多くの感動を与えてくれました。彼女が先頭に立って主導した中国義父母展は、ハルビンで長期的に開催されているだけでなく、

日本でも巡回展を行われ、痩せて弱い体で日本人孤児と中国と密接に繋がる橋をかけました。

日本人孤児が他郷に取り残され、善良な中国の義父母に育てられたということは、古今中外の戦争では見られない事例でした。このように、人格の輝いた中国の義父母と残留孤児との情けが世を温め、多くの人々を感動させました。日本人孤児、そしてその子供たちは必ず日中友好の話を次の世代に教え、自ら経験したことを通じて、両国の人々の交流を促進し、両国の各業界の者、特に若い世代が日中友好の事業に身を投じて活躍するように感動を与えて引きつけ、その交流・提携のうち理解を深め、信頼関係を構築し、友情を高めていくと私は信じています。これにより、両国の人々は歴史を戒めに、未来に向かい、共に平和の発展を進め、代々の友好を図り、共に両国発展の素晴らしい未来を作り、アジアと世界の平和のために貢献を尽くし、平和の歌を世界中に響かせるでしょう。

丁一平

二〇一五年秋たけなわのハルビン